CHRISTIAN SOLMECKE

**Der
TASCHEN
ANWALT**

Die spannendsten
Rechtsfragen einfach geklärt

CHRISTIAN SOLMECKE

Der
TASCHEN
ANWALT

Die spannendsten
Rechtsfragen einfach geklärt

YES

Originalausgabe
1. Auflage 2022
© 2022 by Yes Publishing – Pascale Breitenstein & Oliver Kuhn GbR
Türkenstraße 89, 80799 München
info@yes-publishing.de
Alle Rechte vorbehalten.

Illustrationen: Dirk Meissner
Redaktion: Matthias Teiting
Umschlaggestaltung: Ivan Kurylenko (hortasar covers)
Umschlagabbildung und Autorenfoto S. 272: Tim Hufnagl
Layout und Satz: Daniel Förster, Belgern
Druck: CPI books GmbH, Leck
Printed in Germany

ISBN Print 978-3-96905-106-1
ISBN E-Book (EPUB, Mobi) 978-3-96905-108-5
ISBN E-Book (PDF) 978-3-96905-107-8

§ INHALT

4. Shoppingspaß mit Komplikationen 67

5. Ärger mit der Polizei 85

9. Arbeitsleben auf Abwegen 151

10. Der eigene Chef: selbst und ständig 167

11. Restaurantbesuch – der Teufel steckt im Detail .. 185

14. Eigenheim: Der (Alb-)Traum von den eigenen vier Wänden 233

15. Elternfreude: Mit den Kindern wachsen die Rechtsfragen 247

16. Der Tod: Auch sterben ist nicht so einfach 257

§ EINLEITUNG

Rechtsfragen bestimmen meinen Alltag als Rechtsanwalt, das verwundert wohl niemanden. In größter Regelmäßigkeit höre ich, dass Jura doch so »trocken« sei – was auch immer sich so mancher bei diesem Satz vorstellt! Natürlich stehe ich nicht im Labor und mache interessante Experimente, trotzdem können Rechtsfragen interessant und zeitweise auch wirklich lustig sein. Noch dazu hilfreich für den Alltag, schließlich begleitet uns das Recht in allen Lebenslagen: von der Geburt bis zum Tod und in allen Stadien dazwischen. Ob es das erste Mal, der erste Job oder die erste eigene Wohnung ist: Einiges gilt es zu wissen, vieles zu beachten. Zu manchen Themen haben wir häufig schon eine rechtliche Meinung, doch nicht selten dreht uns das gefährliche Halbwissen einen Strick um den Hals. Denn vieles hat sich in den Köpfen der Menschen schlicht falsch eingebrannt. Ein Klassiker: Wer auffährt, ist schuld – das stimmt, jedoch nicht immer! Es kommt darauf an …

An dieser Stelle möchte ich ansetzen und euch die spannendsten und verrücktesten Rechtsfragen aus meinem Alltag als Rechtsanwalt einmal einfach erklären. Alltagssituationen, wie sie jeder kennt, aber auch solche, über die man lieber amüsiert lesen möchte, anstatt sie selbst zu erleben. Mein Alltag besteht übrigens nicht nur aus Mandanten, die in mein Büro kommen und klassische Fragen zum Miet- oder Arbeitsrecht stellen. Vielleicht kennt der ein oder andere mich auch von meinem YouTube-Kanal »KanzleiWBS«, auf dem ich regelmäßig die skurrilsten Fragen meiner derzeit knapp 850 000 Abonnenten (Stand Februar 2022) beantworte. Die erleben und fragen nämlich auch so einiges, an dem ich euch teilhaben lassen möchte.

Viel Spaß beim Lesen!

Euer Christian Solmecke

Wenn er nach mir kommt, sollten wir die Haftpflicht-versicherung vielleicht erhöhen...

KAPITEL 1

RECHTSFRAGEN BEGINNEN SCHON VOR DER GEBURT

Kaum ist ein Kind gezeugt, geht es schon los mit Rechten und Gesetzen – kaum zu glauben, aber wahr! Viele nennen das Lebewesen im Mutterleib schon Kind. Man könnte also meinen, es sei in jeder Hinsicht ein ganzer Mensch. Aber ist das auch so? Und was hat es eigentlich für ein Geschlecht? Na ja, die Chancen stehen 50/50, denkt ihr vielleicht, entweder ein Junge oder ein Mädchen. Aber was, wenn es weder das eine noch das andere ist?

Mit der Frage nach dem Geschlecht geht in der Regel auch der Name des Kindes einher. Eltern suchen diesen meist sehr mühsam aus. Doch das muss nicht immer etwas Gutes heißen. Was, wenn einem selbst der Name später nicht gefällt? Kann man ihn dann wechseln?

Schneller als man sich versieht, ist es schon Zeit für den Kindergarten. Doch müssen eigentlich alle Kinder in den Kindergarten? Und können zu freche Kinder aus dem Kindergarten geworfen werden? Sind doch schließlich nur Kinder …

Kommen die Kinder ins Schulalter, wollen sie meist mit ihren Freunden auf dieselbe Schule. Doch was, wenn diese spezielle Schule gar nicht zur Wahl steht? Kann man einen Antrag stellen und muss dort genommen werden? Und wenn man von der favorisierten Einrichtung nicht angenommen wird, kann man dann einfach zu Hause bleiben und sich von seinen Eltern unterrichten lassen? Und wie viele Jahre muss man eigentlich unterrichtet werden?

§ IST DAS BABY IM MUTTERLEIB BEREITS EIN MENSCH?

Es ist kaum zu glauben, aber die rechtlichen Angelegenheiten beginnen nicht erst mit der Geburt eines Menschen. Schon während der Nachwuchs sich noch im Mutterleib befindet, stellen sich die ersten Rechtsfragen. Klingt vielleicht seltsam, ist aber eigentlich logisch, wenn man bedenkt, dass der Embryo ja ein Lebewesen ist. Aber ist er auch ein Mensch? Wer oder was ist eigentlich genau ein Mensch? Ab wann kann man »etwas« oder »jemanden« Mensch nennen?

Ganz so einfach ist das gar nicht zu beantworten. Insbesondere aus juristischer Sicht muss man nach Zivilrecht und Strafrecht unterscheiden. Im Zivilrecht beginnt nach § 1 BGB das Menschsein erst mit der Vollendung der Geburt, also der vollständigen Loslösung des Neugeborenen von der Mutter. Ab diesem Zeitpunkt ist das kleine Menschlein rechtsfähig, jedoch noch nicht – und das ist ein großer juristischer Unterschied – geschäftsfähig. Im Strafrecht dagegen beginnt das Menschsein in dem Moment, in dem die Eröffnungswehen einsetzen. Der Unterschied wird damit begründet, dass im Strafrecht das Kind schon während des Geburtsvorgangs vor eventuellen Gefahren geschützt werden soll.

Dieser kleine, aber feine Unterschied kann vor allem Ärzte in äußerst brenzlige Situationen bringen, wie das beispielsweise zwei Gynäkologen geschehen ist. Diese hatten 2010 einer werdenden Mutter bei ihrer Zwillingsgeburt per Kaiserschnitt helfen wollen. Da eines der Kinder an einem schweren Hirnschaden litt, entschieden sie, dass die Mutter eins gebären und das kranke Kind abtreiben solle. Eine Spätabtreibung planten die Ärzte ihrer eigenen Auffassung nach also. Die Strafrichter des Landgerichts Berlin sahen dies anders und verurteilten die Ärzte wegen gemeinschaftlichen Totschlags (Urteil vom 19.11.2010, Aktenzeichen 532 Ks 7/16). Der Grund? Eine Spätabtreibung liegt dann nicht mehr vor, wenn die Eröffnungswehen bereits eingesetzt haben. Denn dann ist das Baby ein Mensch und dessen Tötung keine Abtreibung mehr, sondern Totschlag. Vor Einsatz der Eröffnungswehen hätten die Ärzte wohl nichts zu befürchten gehabt, doch irgendwo muss das Gesetz ja eine Grenze setzen.

§ IST MAN ENTWEDER EIN JUNGE ODER EIN MÄDCHEN?

Während Juristen sich im Zusammenhang mit einer Schwangerschaft fragen, ab wann man eigentlich ein Mensch ist, beschäftigt die werdenden Eltern eine ganz andere Frage: Welches Geschlecht wird mein Kind haben? Promis und Influencer jeglichen Geschlechts schmeißen gern große »Gender-Reveal-Partys«, in denen selbstverständlich alles ganz klassisch in Rosa und Blau gehalten wird. Andererseits wird in unserer Gesellschaft aber auch der Wunsch immer stärker, von solchen Geschlechterstereotypen abzurücken. Denn es ist nicht alles immer Rosa oder Blau. Geschlechteridentitäten abseits von männlich und weiblich stehen zunehmend im Fokus und verlangen nach Akzeptanz. Da könnte man auf die Idee kommen, dem Kind einfach kein Geschlecht zuordnen zu lassen, damit es dies später im Leben selbst bestimmen kann. Aber geht das rechtlich gesehen überhaupt?

Das Personenstandsgesetz sieht vor, dass im Geburtenregister das Geschlecht des Kindes beurkundet wird. In den meisten Fällen wird eins der binären Geschlechter in die Geburtsurkunde eingetragen. Hat das Baby einen Penis und Hoden, soll es ein Junge sein, hat es eine Vulva, soll es ein Mädchen sein. Jedoch gibt es auch Personen, die sich biologisch weder als zweifelsfrei weiblich noch als männlich einordnen lassen. Dies nennt man »Intergeschlechtlichkeit« oder »Variante der Geschlechtsentwicklung«. Die Anzahl dieser Fälle ist aber relativ gering. Man schätzt, dass es rund 150 Babys jährlich in Deutschland sind. Und in vielen Fällen wird eine Intergeschlechtlichkeit nicht gleich bei der Geburt erkannt, sondern erst später in der Pubertät. Wird sie allerdings schon beim Baby festgestellt, darf »divers« eingetragen werden. Auch später darf man sich diese Kategorie rechtlich als Geschlecht eintragen lassen, wenn medizinisch eine Variante der Geschlechtsentwicklung nachgewiesen wird. Zudem ist es erlaubt, den Geschlechtereintrag bei intergeschlechtlichen Babys komplett freizulassen.

Diese Möglichkeiten bestehen nach dem Gesetz aber tatsächlich nur, wenn das Kind »weder dem weiblichen noch dem männlichen

Geschlecht zugeordnet werden« kann. Eine freie Auswahl für die Eltern aus gesellschaftlichen Gründen besteht aktuell also nicht, sobald der Arzt eins der binären Geschlechter feststellt.

§ KANN MAN SEINEN VORNAMEN NOCH ÄNDERN?

Egal, ob Sexmus Ronny oder Sheriff – manche Vornamen drängen ihren Trägern einen Namenswechsel nahezu auf. Schließlich gibt es inzwischen sogar eine Studie des Instituts für Psychologie der TU Chemnitz über die soziale Wahrnehmung von Vornamen. So lassen etwa Modenamen mit religiösem Ursprung wie Sarah und David ihren Träger religiöser wirken. Daneben gibt es aber auch Vornamen, die ihren Ruf weghaben und nicht gerade mit Intelligenz verbunden werden. Ist man langfristig unglücklich mit seinem Vornamen, stellt sich daher die Frage, ob man den nicht vielleicht ändern kann. Oder muss man als Cinderella-Melodie sein Leben lang die Witze seiner Mitmenschen ertragen?

Die Antwort darauf lautet: Es kommt darauf an! Zunächst muss der begehrte Namenswechsel beantragt werden. Das geschieht meist beim Standes- oder Einwohnermeldeamt. Grundsätzlich hat die Gesellschaft ein Interesse daran, dass einer Person ein Name genau zugeordnet werden kann. Insbesondere sollen beispielsweise Straftäter nicht einfach einen Namenswechsel vornehmen können, nur um dann über alle Berge und nicht mehr auffindbar zu sein. Davon abgesehen gibt es Konstellationen, in denen von vornherein ein so schwerwiegender Grund für eine Änderung erkennbar ist, dass die Belange der Allgemeinheit dahinter zurückstehen müssen. Dies ist nach dem Gesetz über die Änderung von Familiennamen und Vornamen (NamÄndVwV) dann der Fall, wenn:

- eine Verwechslungsgefahr besteht,
- der Name lächerlich oder anstößig ist,
- eine Benachteiligung vorliegt,

- nach der Einbürgerung ein unauffälligerer Name gewünscht wird,
- mehrere Schreibweisen existieren und
- wenn der Name mit der Straftat einer anderen Person mit demselben Namen in Verbindung gebracht wird.

Liegt ein solcher Grund vor und wird die Änderung genehmigt, darf sich die betroffene Person einen neuen Vornamen aussuchen. Das ergibt sich aus dem Anspruch auf freie Entfaltung der Persönlichkeit nach Art. 2 GG.

Wem das zu viel Aufwand ist und wer vielleicht sogar den Zweitnamen als ersten Vornamen akzeptieren würde, der kann es sich etwas leichter machen: Schließlich darf seit dem 1. November 2018 jeder deutsche Staatsbürger die Reihenfolge seiner Vornamen durch einen einfachen Gang zum Standesamt ändern. Dann wird ganz schnell aus Harry James Potter ein James Harry Potter. Wenigstens etwas …

§ HAT MAN AUTOMATISCH DIE STAATSBÜRGERSCHAFT DES LANDES, IN DEM MAN GEBOREN WIRD?

Nicht selten hört man, dass gerade Promis zur Entbindung des Kindes in die USA fliegen, damit das Kind die US-amerikanische Staatsangehörigkeit hat. Kann Frau jetzt also kurz vor der Geburt in ein Land ihrer Wahl fliegen und so die Staatsangehörigkeit des Kindes bestimmen, wenn die Mutter selbst zum Beispiel Deutsche und der Vater Franzose ist? Klingt banal, ist aber von enormer Bedeutung für das spätere Leben des Kindes. Denn die Staatsangehörigkeit ist nicht nur ein Dokument, sondern es gehen damit auch Rechte und Pflichten in dem jeweiligen Land einher. Aber woher weiß ich denn nun, welchem Staat mein noch ungeborenes Kind angehört?

Das Kind aus meinem Beispiel erwirbt durch seine Geburt die deutsche Staatsangehörigkeit. Schließlich ist ein Elternteil, in dem Fall die Mutter, zum Zeitpunkt der Geburt Deutsche. Diese Regelung findet sich in § 3 Absatz 1 Nummer 1 und in § 4 des Staatsangehörigkeitsgesetzes und wird auch »Abstammungsprinzip« genannt. Nur wenige Ausnahmen sprechen dem Kind eine deutsche Staatsbürgerschaft nicht zu, beispielsweise dann, wenn der deutsche Elternteil seinen gewöhnlichen Aufenthaltsort im Ausland hat. Dann muss erst ein Antrag auf Erwerb der deutschen Staatsangehörigkeit gestellt werden. Parallel dazu gibt es das Geburtsortprinzip, wodurch das Kind oftmals die Staatsangehörigkeit des Staates erhält, in dessen Staatsgebiet es zur Welt kommt. Dieses Prinzip gilt auch in den USA. Somit hat unser Beispiel-Kind mit der deutschen Mutter zusätzlich nun auch die US-amerikanische Staatsbürgerschaft.

Und hat der französische Vater dann gar nichts zu sagen? Nun ja, das richtet sich nach dem französischen Recht und dessen Voraussetzungen zum Erwerb der Staatsangehörigkeit. Grundsätzlich kann die französische Staatsangehörigkeit auch neben der deutschen Staatsbürgerschaft geführt werden, da Frankreich Teil der Europäischen Union ist. Die Frage ist dann nur, ob man auch drei Staatsangehörigkeiten – also die deutsche, die französische und die US-amerikanische – gelichzeitig haben kann. Das muss im konkreten Einzelfall nach den Regelungen des deutschen Staatsangehörigkeitsgesetzes geprüft werden. Und auch die Gesetze der anderen Länder könnten etwas gegen eine solche Mehrstaatlichkeit haben. Es finden also zahlreiche parallel zu beachtende Regelungen verschiedener Staaten Anwendung.

Da mit Staatsangehörigkeiten jedoch nicht nur Rechte, sondern auch Pflichten – wie zum Beispiel ein Wehrdienst – verbunden sind, sollte man genau prüfen, welche man für sein Kind beantragt. Gegebenenfalls sollte man sich für diese wichtige Entscheidung auch Rechtsrat suchen, bevor man beginnt, Pässe zu sammeln.

§ MUSS JEDES KIND IN DEN KINDERGARTEN?

Kitaplatz-Mangel ist wohl jedem ein Begriff. Wer ohnehin nicht arbeitet oder der Meinung ist, das Kind solle zumindest die ersten sechs Jahre bis zur Einschulung bei Mama oder Papa bleiben, der könnte auf die Idee kommen, sein Kind erst gar nicht in einem Kindergarten anzumelden. Aber Moment mal – muss nicht jedes Kind in den Kindergarten? Allein schon aus Sozialisierungszwecken? In Art. 6 Abs. 2 GG steht es schwarz auf weiß: »Pflege und Erziehung der Kinder sind das natürliche Recht der Eltern und die zuvörderst ihnen obliegende Pflicht.« Heißt also, dass die Eltern grundsätzlich über die Stationen der Kindheit ihrer Sprösslinge walten dürfen. Trotz dieser endlos scheinenden Möglichkeiten für das Kind entschließen sich die meisten Eltern oftmals klassisch für den Besuch des Kindergartens. Das hat aber meist private Motive. Denn eine gesetzliche Pflicht, Kinder in den Kindergarten zu schicken, gibt es nicht.

Zwar haben Eltern seit 1996 einen rechtlichen Anspruch auf einen Kindergartenplatz, der seit 2013 wiederum für Kinder zwischen einem und drei Jahren gilt. Eine Pflicht, diesen Anspruch auch geltend zu machen, gibt es hingegen nicht. Falls Eltern also ihre Kinder nicht in den Kindergarten schicken wollen, können sie das getrost bleiben lassen. Dies ist jedoch nur die juristische Sicht. Ob der Verzicht für die Entwicklung des Kindes so das Richtige ist, ist eine Frage, die die Eltern selbst entscheiden müssen.

§ DARF MAN SICH DEN KINDERGARTEN AUSSUCHEN?

Gerade in großen Städten haben viele Eltern das Gefühl, die Suche nach einem geeigneten Kitaplatz gleiche einer Kriegsschlacht. Es scheint schier unmöglich für die kleine Emilia-Sophie und den kleinen Noah-Levi eine Betreuungsmöglichkeit zu finden. Wenn man jemanden fragt, wann der optimale Zeitpunkt zur Anmeldung ist, bekommt man meist die sarkastische Antwort: »Bei der Zeugung!« – und selbst das würde unter Umständen nicht ausreichen. Denn in einigen städtischen Regionen ist der Bedarf nach Kindergarten-, Kita- oder Hortplätzen schlichtweg nicht gedeckt. Woran das liegen mag und wie man das Problem beheben sollte, darüber könnte man lange philosophieren. Aber viel drängender sind die Fragen: Was kann man tun, wenn man keinen Platz erwischt? Und kann ich einen Platz ablehnen, weil mir die Kita nicht gefällt?

Zunächst einmal ist festzuhalten, dass Eltern seit 2013 einen Anspruch auf Kitabetreuung für ihre Kinder ab dem Alter von einem Jahr haben. Zuvor bestand der Anspruch schon für alle Kinder ab drei. Zu beachten ist aber auch, dass daraus nicht das Recht auf eine ganz bestimmte Kita folgt. Wer sein Kind unbedingt in den neuen Öko-Kindergarten stecken will, in dem die Kinder keine Regeln haben und Hühner füttern, dort aber abgelehnt wird, der muss das wohl hinnehmen. Der Anspruch bezieht sich lediglich auf irgendeinen wohnortnahen Kitaplatz und eine Mindestbetreuungszeit von 20 Stunden in der Woche. Das kann dann auch mal bedeuten, dass man quer durch die ganze Stadt in einen Stadtteil fahren muss, der nicht unbedingt die erste Wahl ist … Aber auch das hat Grenzen: Wenn selbst das Jugendamt keinen Platz für euer Kind in zumutbarer Entfernung finden und ein Elternteil daher nicht wie geplant seiner Arbeit nachgehen kann, dann muss der Staat für den Verlust aufkommen. So hat eine Mutter beispielsweise ihren Lohnausfall in Höhe von 23 000 Euro erstritten, weil ihr das Jugendamt nur Kitaplätze in 30 Minuten Entfernung zum Wohnort und 56 Minuten Entfernung zum Arbeitsplatz angeboten hat (OLG Frankfurt a. M., Urteil vom 28.05.2021, Aktenzeichen 13 U 436/19). Nicht zumutbar, urteilten die Richter!

 ## KÖNNEN FRECHE KINDER AUS DER KITA GEWORFEN WERDEN?

Kinder sind nicht immer einfach, und trotzdem hat man die (eigenen) Kids in jedem noch so nervigen Moment unfassbar lieb. Allerdings können extrem anstrengende Kinder zu einem echten Problem werden – nicht nur für die eigenen Nerven, sondern auch für die Erzieher und Erzieherinnen im Kindergarten. Sobald diese durch die Störungen den anderen Kindern keine Aufmerksamkeit mehr schenken können oder der Kindergartenalltag nicht mehr in geregelter Form möglich ist, wird nicht selten mit einem Rausschmiss gedroht. »Wenn sich Ihr Kind nicht bessert, können Sie Ihre sieben Sachen packen und gehen!« – Vielen Dank auch. Aber kann mein Kind überhaupt aus dem Kindergarten geworfen werden?

Leider muss ich nun alle betroffenen Eltern enttäuschen: Ja, das Kind kann aus dem Kindergarten geworfen werden. Schließlich besteht in der Regel ein Betreuungsvertrag zwischen den Eltern und der Einrichtung, der in den meisten Fällen ein Sonderkündigungsrecht enthält. Dies wird dann oftmals mit der Begründung eines »untragbaren Verhaltens« des Kindes genutzt.

Dennoch sollte niemand direkt um den Kindergartenplatz zittern, wenn sich das eigene Kind wieder einmal während des Essens auf seinen Teller gesetzt hat oder andere Kinder mit dem Rennauto schlägt. Schließlich handelt es sich einerseits um Kinder, denen kleine Probleme vielleicht verziehen werden, und andererseits stellt ein einzelnes auffälliges Verhalten in der Regel keinen Kündigungsgrund dar. Dennoch würde ich immer dazu raten, mit dem Kindergarten zu kooperieren. Dann kann selbst bei größeren Problemen einem Streit mit der Einrichtung und vielleicht auch einem Rauswurf vorgebeugt werden. Eine Garantie ist das jedoch auch nicht.

§ DARF MAN SICH DIE GRUNDSCHULE AUSSUCHEN?

Mit Beginn des Vorschulalters naht für die Kinder nicht nur die aufregende Schulzeit, sondern es kommt zudem die Frage auf, in welche Schule es gehen wird. Schließlich möchte ein Kind gern mit den Freunden auf dieselbe Schule. Aber können Kinder beziehungsweise deren Eltern sich eine Grundschule aussuchen? Und wie sieht das Ganze dann einige Jahre später beim Eintritt in die weiterführende Schule aus?

So viel Mühe die Eltern meist in die Auswahl der Schule stecken, mindestens ebenso viel Ernüchterung erfahren viele von ihnen dann beim Öffnen des Ablehnungsbescheids der Wunschschule. Als Grund wird oftmals eine Kapazitätsauslastung angegeben. Erst einmal vorweg: Viele dieser Bescheide sind teilweise rechtswidrig. So werden ab und zu besondere Auswahlkriterien nicht beachtet, wie beispielsweise, dass bereits Geschwisterkinder der kleinen Michaela die Schule besuchen. Deswegen schadet es nicht, fristgerecht Widerspruch einzureichen. Zumindest lässt sich so prüfen, ob der Ablehnungsbescheid rechtmäßig war oder nicht. Trotzdem besteht kein Anspruch auf eine Aufnahme in der Wunschschule.

Doch was bedeutet das nun konkret? Grundsätzlich haben nach nahezu allen Schulgesetzen und Rechtsverordnungen der Bundesländer die Kinder einen Anspruch darauf, an der nächstgelegenen Grundschule der gewünschten Schulart angenommen zu werden. Sind die Kapazitäten erschöpft, weist die Schulbehörde das Kind in der Regel einer anderen Schule zu.

Beim Wechsel auf die weiterführende Schule entscheiden oftmals eine Aufnahmeprüfung, Auswahlgespräche oder Probeunterrichtsstunden über eine Zu- oder Absage. Auch dort besteht also kein Anspruch auf einen konkreten Schulplatz. Schon in jungen Jahren muss man also lernen: Das Leben ist kein Wunschkonzert!

§ KÖNNEN ELTERN IHRE KINDER AUCH ZU HAUSE UNTERRICHTEN?

Wird ein Kind an der Wunschschule nicht genommen, kann der Spaß am Schulalltag schnell verloren gehen. Doch was ist, wenn Kinder und Eltern so unglücklich mit der Schule oder den Lehrern und Mitschülern sind, dass die Kinder gar nicht mehr in die Schule gehen möchten? Können Eltern sich dann dazu entscheiden, ihre Kinder zu Hause selbst zu unterrichten?

Klipp und klar: Nein, das geht nicht. Das betonte auch das Bundesverfassungsgericht 2014 (Beschluss vom 07.11.2014, Aktenzeichen 2 BvR 920/14), indem es eine Verfassungsbeschwerde mangels Erfolgsaussicht gar nicht erst zur Entscheidung annahm. Das Gericht sollte damals über den Fall eines Elternpaares entscheiden, das seine Kinder aufgrund »festgefügter und unumstößlicher« Glaubens- und Gewissensgründe zu Hause unterrichtet hatte und deshalb zu einer Geldstrafe verurteilt worden war. Die fehlende Erfolgsaussicht begründete das Gericht damit, dass die Schulpflicht insbesondere deswegen unumgänglich sei, weil die Allgemeinheit ein berechtigtes Interesse daran habe, religiös oder weltanschaulich motivierte Parallelgesellschaften zu verhindern. Auch wenn der Hausunterricht noch so erfolgreich sei, könne er nicht den Dialog mit Andersdenkenden und -gläubigen ersetzen. Auch der Europäische Menschenrechtsgerichtshof vertritt diese Meinung. Schon 2006 entschied dieser, dass es kein Recht auf Heimunterricht gebe (Entscheidung vom 11.09.2006, Aktenzeichen 35504/03).

Abgesehen davon, dass die Bildung des eigenen Kindes ebenso wie der Umgang mit Kindern und Jugendlichen aus anderen Elternhäusern an oberster Stelle stehen sollte, kann die eigene Weltanschauung oder Meinung doch auch am Abend noch beim gemeinsamen Abendessen diskutiert werden. Dies erweitert in jedem Fall den Horizont der Kinder.

§ MUSS MAN ZWANGSLÄUFIG BIS ZUR NEUNTEN KLASSE IN DIE SCHULE GEHEN?

Egal, ob Wunschschule oder nicht, hingehen müssen also alle Kinder. Doch wie lang gilt die Schulpflicht eigentlich – und gilt sie wirklich unter allen Umständen? Als in der Corona-Pandemie die Zahl der Neuinfektionen besonders hoch war, stellten sich viele Eltern die Frage, ob sie ihre Kinder nicht im Interesse der Gesundheit vom Präsenzunterricht fernhalten könnten. Doch auch in diesen besonderen Zeiten steht die Schulpflicht der Kinder nicht zur Disposition der Eltern. Hier entscheidet vielmehr das Schulministerium: Wenn das Ministerium sagt, dass ein Präsenzunterricht stattfindet, haben sich die Eltern aufgrund der Schulpflicht daran zu halten. Wer sich daran nicht hält, muss beispielsweise nach dem Schulgesetz Nordrhein-Westfalen mit einem Bußgeld von bis zu 5000 Euro rechnen.

Stellt sich noch die Frage, bis zu welchem Schuljahr die allgemeine Schulpflicht eigentlich gilt. Die Antwort darauf gibt das Schulrecht. In Deutschland gibt es allerdings kein bundeseinheitliches Schulgesetz, da

Schulrecht Ländersache ist. Das heißt, dass die einzelnen Bundesländer bestimmen können, wie lange Kinder und Jugendliche die Schule besuchen müssen. Die Vollzeitschulpflicht ist in Nordrhein-Westfalen mit einer Dauer von zehn Schuljahren erfüllt. Das schließt auch Wiederholungen einzelner Klassenstufen mit ein. Eine Ausnahme besteht nur für Schüler des Gymnasiums, wo die Schulpflicht schon nach neun Schuljahren endet (§ 37 SchulG). Die Vollzeitschulpflicht wird durch den Besuch der Grundschule und einer weiterführenden allgemeinbildenden Schule erfüllt.

Somit lässt sich festhalten: Die Schulzeit endet weder automatisch mit dem 18. Geburtstag noch durch das Verlassen der Schule nach der neunten oder zehnten Klasse.

KAPITEL 2

ENDLICH TEENAGER

Mit dem Heranwachsen der Kinder verändern sich auch die Rechtsfragen. Die Zeiten des kaputten Blumentopfs sind vorbei, es beginnt die meist wilde Ära der Teenager, die Eltern so manche schlaflose Nacht beschert. Das beginnt schon dann, wenn die Heranwachsenden nachts nicht nach Hause kommen. Aber wann müssen Kinder eigentlich zu Hause sein? Nicht alle Dinge, die Kinder zum ersten Mal erleben, sind zudem gewöhnlich. Dürfen sie zum Beispiel in den Lehrer oder die Lehrerin verliebt sein? Was, wenn das erste Mal mit einer Prostituierten passiert und nicht ganz den Vorstellungen entspricht?

Jugendlich zu sein, ist auch nicht immer einfach. Gerade im Zeitalter sozialer Netzwerke werden Jugendliche zunehmend zum Opfer von Cybermobbing, ohne zu wissen, was sie dagegen tun können. Oder ihnen fehlt mal wieder das Geld für die Bahnfahrt und sie werden vom Kontrolleur erwischt. Ärger gibt es nicht selten auch mit dem Drogenkonsum. Denn der ist genauso illegal wie das Schwarzfahren, oder nicht?

MÜSSEN KINDER UM 22 UHR ZU HAUSE SEIN?

Als Vater kam auch bei mir der Tag, an dem ich mich mit der Frage beschäftigen musste, wann mein Sohn eigentlich zu Hause sein sollte. Dass unsere Vorstellungen in diesem Punkt deutlich voneinander abwichen, kann sich sicher jeder vorstellen. Aber gibt es eigentlich eine gesetzliche Regel, wann Kinder zu Hause sein müssen? Hartnäckig hält sich in unserer Gesellschaft die Annahme, Minderjährige müssten (ohne Aufsicht) spätestens um 22 Uhr den Heimweg antreten. Aber auch wenn es sicher sinnvoll ist, dass sich Minderjährige nicht die ganze Nacht allein herumtreiben, stimmt diese Aussage so nicht. Gesetzlich gibt es nämlich keine allgemeine Ausgangssperre für Kinder und Jugendliche nach 22 Uhr. Sie dürfen also auch noch nach Mitternacht auf der Straße unterwegs sein.

Was allerdings unter Umständen verboten ist, ist der nächtliche Aufenthalt an jugendgefährdenden Orten wie Kneipen, Bars oder Clubs. Dort gelten besondere Regeln, um die Kinder zu schützen: 16- und 17-Jährige dürfen beispielsweise grundsätzlich bis 24 Uhr in Gaststätten bleiben. Für unter 16-Jährige ist der Aufenthalt dort nur in Begleitung einer Aufsichtsperson erlaubt. Das gilt aber nicht immer: Ausnahmen gibt es für Kinder und Jugendliche, wenn sich in Absprache mit den Eltern eine Aufsichtsperson über 18 Jahre als Begleitung bei ihnen befindet. Die Regeln in Diskotheken sind noch mal strenger als in Gaststätten: Diese dürfen Kinder unter 16 Jahren ohne Ausnahme nur in Begleitung einer Aufsichtsperson betreten. Ab 16 Jahren dürfen Jugendliche bis höchstens 24 Uhr bleiben.

Während die Regeln in Gaststätten und Diskotheken allgemein bekannt sind, wissen viele Familien allerdings nicht, dass es auch in Kinos Sperrzeiten gibt. Die Anwesenheit im Kino ohne Aufsichtsperson ist Kindern ab 6 Jahren nämlich nur dann gestattet, wenn die Vorführung des Films bis 20 Uhr beendet ist. Das gleiche gilt bei Jugendlichen unter 16 Jahren beziehungsweise ab 16 Jahren, wenn die Vorführung bis 22 Uhr beziehungsweise 24 Uhr beendet ist. Kindern unter 6 Jahren ist ein Kinoaufenthalt ohne Aufsichtsperson nie erlaubt. Es gibt in einigen Bereichen also tatsächlich so etwas wie »Ausgehzeiten« für Minderjährige.

§ IST ES NORMAL, IN DEN LEHRER ODER DIE LEHRERIN VERLIEBT ZU SEIN?

Die Gefühlswelt von Kindern und Jugendlichen kann mitunter etwas chaotisch sein. Da kann sich die Zuneigung auch mal zu deutlich älteren Personen wie Kindergärtnerinnen oder Lehrern »verirren«. Solange es beim Verliebtsein bleibt, schmunzeln die meisten Eltern noch. Einer meiner Mandantinnen verging aber das Schmunzeln, als sie herausfand, dass sich ihre 17-jährige Tochter in ihren 35-jährigen Sportlehrer verliebt hatte und gern eine Beziehung zu ihm eingegangen wäre. Ihr erster Gedanke dazu war: Das ist doch verboten! Aber ist das auch so?

Was jetzt kommt, wird sicher einige verwundern: Per se verboten sind Liebesbeziehungen zwischen Schülern und Lehrern nicht! Auch wenn diese Beziehungen gesellschaftlich verachtet werden, zumindest die Jugendlichen haben nichts zu befürchten. Für Lehrpersonen kann ein solcher Kontakt allerdings sehr kritisch sein. Denn § 174 StGB schützt die sexuelle Selbstbestimmung von Jugendlichen auch davor, dass Bezugspersonen ihre Stellung ausnutzen. Deshalb ist sexueller Kontakt mit unter 16-jährigen Schutzbefohlenen stets strafbewährt, bei Verstößen droht eine Gefängnisstrafe. Ein mögliches Einverständnis des Jugendlichen hat darauf keine Auswirkung.

Neben strafrechtlichen Konsequenzen drohen aber auch beamtenrechtliche Folgen. In einem Fall aus Nordrhein-Westfalen bestätigte beispielsweise ein Gericht das Unterrichtsverbot für einen Lehrer, der eine Beziehung zu einer minderjährigen Schülerin eingegangen war. Das Unterrichtsverbot hielt der gerichtlichen Überprüfung sogar stand, obwohl der Lehrer nicht einmal in der Klasse des Mädchens unterrichtete und er strafrechtlich nicht belangt werden konnte (VG Aachen, Beschluss vom 06.02.2017, Aktenzeichen 1 L 50/17).

§ IST DER LEHRER CHEF IN DER SCHULE?

Lange Zeit lag mir mein Sohn in den Ohren: »Mach doch mal ein Video darüber, was Lehrer alles dürfen!« Also gut, dachte ich, was tut man nicht alles für seine Kinder – und ich machte ein solches Video. Und siehe da, es ging viral und hat bis heute fast drei Millionen Aufrufe. Hier die Kurzversion als praktische Liste.

Wenn die Kinder ständig den Unterricht stören, dürfen Lehrer:
- Schüler ins Klassenbuch eintragen.
- an die Eltern schreiben.
- Nachsitzen anordnen.
- Schüler vom Unterricht ausschließen – in manchen Bundesländern aber nicht ohne Aufsicht.
- Strafarbeiten anordnen.

Außerdem dürfen Lehrer auch andere (unbeliebte) Maßnahmen ergreifen wie zum Beispiel:
- unangekündigte Tests schreiben (nur Klassenarbeiten müssen angekündigt werden).
- die Toilettenwand putzen lassen, wenn das Kind diese beschmiert hat.
- nach dem Klingeln überziehen, sofern das für den Unterricht wichtig ist.
- die Handynutzung während des Unterrichts und der Pausen verbieten – nicht aber, das ausgeschaltete Handy überhaupt zur Schule mitzubringen.

Klingt vielleicht so, als dürfte der Lehrer alles, doch dem ist nicht so. Insbesondere dürfen Lehrer nicht:
- Schüler beleidigen oder schlagen.
- entwürdigende Strafen wie »In die Ecke stellen« oder Kniebeugen verlangen. Auch die »Lieblingsstrafe« von Bart Simpson, 100-mal denselben Satz abschreiben, ist verboten, weil es als rein mechanische Strafarbeit ohne pädagogischen Zweck gilt.
- der ganzen Klasse eine Strafarbeit aufbrummen, wenn nur ein Schüler gestört hat.
- die Klassenarbeits-Noten eines Schülers in der Klasse verraten.
- die Taschen, den Ranzen oder das Handy durchsuchen.
- mehr als drei Klassenarbeiten in einer Woche oder mehr als eine am Tag anordnen.

§ WAS HABEN SCHÜLER ZU TUN UND ZU LASSEN?

Natürlich darf auch die rechtliche Aufklärung zur »Gegenseite« nicht fehlen: Was dürfen denn eigentlich die Schüler – und was nicht? Auch hier für die Schüler (und Eltern) unter euch wieder eine Liste. Damit wisst ihr beim nächsten Mal zumindest, warum euch die Lehrer die eine oder andere Strafe berechtigterweise aufgebrummt haben – die meisten dieser Punkte dürften euch aber ohnehin schon klar sein.

Schüler dürfen beispielsweise nicht:

- unentschuldigt im Unterricht fehlen.
- den Unterricht stören.
- Hausaufgaben nicht erledigen.
- zu spät kommen ohne Entschuldigung.
- das Nachsitzen schwänzen.
- bei Prüfungen schummeln.
- lustige Sprüche an die Toilettenwand schreiben.
- während der Schulzeit den Schulhof verlassen.
- Dinge auf dem Schulhof verkaufen.
- auf dem Schulhof Werbung für eine politische Partei machen.
- auf dem Schulhof rauchen – das wurde vor knapp 15 Jahren geändert! Zu meiner Schulzeit durfte man das noch …
- in der Schule oder auf einer Klassenfahrt Alkohol trinken – grundsätzlich auch dann nicht, wenn ihr schon 16 Jahre alt seid (allerdings kann die Schulkonferenz das ausnahmsweise erlauben, zum Beispiel für Abi-Veranstaltungen).
- Lehrer oder andere Schüler schlagen, beleidigen oder über sie Lügen erzählen; das ist sogar strafbar – falls ihr älter als 14 Jahre und damit strafmündig seid.
- Fotos von Lehrern oder Schülern in den sozialen Medien veröffentlichen. Dafür könnte die betroffene Person von euch sogar Schadensersatz verlangen und euch bei der Polizei anzeigen. Das gilt erst recht bei Fotos von Betrunkenen in einem hilflosen Zustand oder Aufnahmen von anderen aus der Umkleide-

kabine. Allein für solche Aufnahmen drohen bis zu zwei Jahren Gefängnis.

- Für Fridays for Future streiken: Offiziell ist das nicht erlaubt, denn Schüler unterliegen der Schulpflicht und haben kein Streikrecht. Manche Schulen dulden die Teilnahme an den Demos allerdings, teilweise gehen Lehrer mit ihren Klassen selbst dorthin oder drücken für den wichtigen Zweck zumindest ein Auge zu.

Das klingt jetzt natürlich so, als sei in der Schule fast alles verboten. Tatsächlich ist es aber umgekehrt: Alles, was nicht verboten ist, ist erlaubt!

§ KANN ICH EINFACH DEN ALARM AUSLÖSEN, WENN ICH KEINEN BOCK AUF SCHULE HABE?

Hat man für die Klausur nicht gelernt, ist genervt von den Lehrern oder will einfach nur mal von seinen Mitschülern gefeiert werden, könnte man auf eine Idee kommen: Man löst den Alarm in der Schule aus, dann war es das mit dem Unterricht für den Tag und alle können nach Hause gehen. Wie cool … ganz sicher nicht! Denn egal, ob Feueralarm, Bombendrohung oder Amoklauf: Damit ist nicht zu spaßen, und dafür wird euch auch niemand (mit etwas Verstand im Kopf) auch nur ansatzweise feiern. Schon gar nicht eure Eltern! Denn solche Fehlalarme, egal, ob ernst gemeint oder nur als Streich gedacht, haben Konsequenzen. Schließlich beginnt infolge des Alarms ein groß angelegter Einsatz von Polizei, Feuerwehr und Rettungskräften. Das kostet Geld und führt dazu, dass möglicherweise für einen anderen, tatsächlichen Einsatz nicht genug Einsatzkräfte parat stehen und es zu Personenschäden kommt. Die Konsequenzen sind also viel weitreichender, als so mancher denkt.

Wer absichtlich oder wissentlich einen unnötigen Notruf herbeiführt, macht sich wegen Missbrauchs von Notrufen gemäß § 145d StGB strafbar. Dabei ist jedoch zu beachten, dass Jugendliche erst ab einem Alter von 14 Jahren strafmündig sind – jüngere Schüler würden also nicht strafrechtlich verfolgt werden. Jedoch droht auch Jüngeren eine harte Konsequenz, wenn sie sich einen solchen Scherz erlauben: Die Kosten des Großeinsatzes müssen bezahlt werden. Das bekam 2020 schon ein 13-Jähriger zu spüren, der einen Fake-Amok-Notruf in Hamburg tätigte. Bei dem ausgelösten Großeinsatz kam es zur Evakuierung der Schule und Straßensperrungen. Sogar ein Hubschrauber kam zum Einsatz. Die Kosten in Höhe von 45 000 Euro wurden ihm nach Landesrecht auferlegt. Abgesehen davon, dass der Alarm selbstverständlich vielen Menschen echte Angst bereitete, gehen die Konsequenzen also deutlich über ein Stündchen Nachsitzen hinaus. Und was bei dem Knaben zu Hause los war, will ich mir gar nicht erst vorstellen. Also: Absolut nicht empfehlenswert!

§ MUSS DAS ERSTE MAL MIT EINER PROSTITUIERTEN LÄNGER ALS ZEHN MINUTEN DAUERN?

Eigentlich heißt es ja: »Wer zu früh kommt, den bestraft das Leben.« Ein 18-jähriger Mann wollte diese Lebensweisheit für sich jedoch nicht gelten lassen: Weil er beim Sex mit einer Prostituierten zu früh gekommen war, zeigte er sie kurzerhand bei der Polizei wegen Betruges an. Wie kam er denn auf diese absurde Idee?

Der junge Mann hatte die Dame im Internet kennengelernt und mit ihr ein Treffen vereinbart. Der vereinbarte Preis: 160 Euro für »das volle Programm«. Es wurde Vorkasse vereinbart. Nun ging es am Ende jedoch für den jungen Herrn bedauerlicherweise deutlich schneller als erwartet: Den Höhepunkt erreichte er bereits nach 10 Minuten durch »manuelle Befriedigung«. Damit war der Spaß vorbei und er konnte nicht mehr die volle Stunde in Anspruch nehmen, für die er bezahlt hatte. Der Herr behauptete, er habe zuvor klar den Willen geäußert, nicht zu früh kommen zu wollen. Die Frau habe seiner Ansicht nach bewusst weitergemacht, damit es schneller vorbei sei. Seiner Ansicht nach habe sie zwar das Geld eingesackt, aber nie die Absicht gehabt, ihre versprochenen Dienste voll zu erfüllen. Also zeigte er sie wegen Betruges bei der Polizei an.

Als ich diese äußerst kuriose Nachricht in den Medien las, traute ich meinen Augen nicht. Als Jurist fragte ich mich sofort: Wie ist hier wohl die Rechtslage? Früher gingen Juristen und Gerichte davon aus, dass ein Vertrag mit einer Prostituierten komplett sittenwidrig und damit nichtig sei. Demzufolge hätte damals keine der beteiligten Parteien Ansprüche gegen die andere gehabt, die sie gerichtlich hätte verfolgen können. Anders sieht dies seit dem Prostitutionsgesetz von 2002 aus. Seitdem gilt der »Prostitutionsvertrag« als »einseitig verpflichtender Vertrag«. Das bedeutet, dass nach § 1 ProstG erst einmal nur die oder der Dienstleistende einen Anspruch auf das Geld hat, der Freier aber keinen Anspruch auf die Dienstleistung. Der Freier hat also weder einen Anspruch darauf, dass die Frau tut, was er sagt, noch ist er überhaupt berechtigt, ihr Weisungen zu geben (§ 3 ProstG). Nur, wenn der oder die Prostituierte völlig untätig geblieben ist, hat der andere einen Anspruch auf Rückzahlung des Geldes. In diesem Fall bedeutet das: Da die Prostituierte eine sexuelle Handlung an dem Mann vollzogen hat, ist der Vertrag erfüllt! Mehr konnte er nicht verlangen – und demnach auch nicht betrogen werden.

§ LÄSST SICH GEGEN MOBBING IM NETZ ETWAS MACHEN?

Die Schule gleicht leider häufig einem Spießrutenlauf. Kinder werden aus nichtigen Gründen gemobbt – teils weil sie irgendwie anders sind, teils weil sie einfach nur Pech haben und zufällig zum Opfer auserkoren werden. Laut Studien trifft es etwa jeden fünften Jugendlichen. Mit den sozialen Medien haben solche Fälle mittlerweile gravierende Ausmaße angenommen. Kinder beleidigen Mitschüler auch außerhalb der Schule, diffamieren sie, verbreiten Lügen oder peinliche Fotos. Aus dem Internet verschwindet so etwas nicht so schnell. Doch können Kinder und Eltern trotz der vermeintlichen Anonymität des Internets etwas dagegen tun? Ja, auf jeden Fall!

Einer meiner ersten Fälle als Anwalt war ein solcher Cybermobbing-Fall. Das ist mittlerweile schon einige Jahre her, damals gab es noch kein Instagram, kein TikTok oder Facebook, aber durchaus diverse Internetforen. Ein Mitschüler hatte von einem Mädchen ein Foto mit der Digitalkamera gemacht und im Netz gepostet. Einmal hatte er ihr Pickel ins Gesicht montiert, ein anderes Mal ein Zombiegesicht aus dem Foto gebastelt. Und das war nur ein kleiner Baustein einer groß angelegten Mobbing-Kampagne. Wie das so häufig ist, haben zunächst alle Mitschüler mitgemacht – aber er war der Rädelsführer.

Ein Kinderstreich ist ein solches Verhalten lange nicht mehr, im Gegenteil hat es eine erhebliche strafrechtliche Relevanz: Beleidigung und Verleumdung sind hier klar zu erkennen und mit einer Freiheitsstrafe von bis zu zwei Jahren bedroht (§ 185 und § 187 StGB). Schon wenn ohne Einwilligung des Abgebildeten Fotos im Internet veröffentlicht werden, hört für den Gesetzgeber der Spaß auf und eine Strafanzeige bei der Polizei setzt das entsprechende Verfahren in Gang. In diesem Fall war der Täter erst 13 Jahre alt und damit nicht strafmündig – das ist man erst ab 14 Jahren. Ich habe dennoch Anzeige bei der Polizei gestellt. Dass dann auf einmal zwei Polizisten bei den Eltern des Jungen aufkreuzten, hat mächtig Eindruck gemacht. Auch die anderen Eltern und Kinder sowie die Schulleitung haben von der Anzeige mitbekommen. Auch finanzielle Folgen hatte das Ganze für den Täter und seine Eltern. Denn ich habe nicht nur das Forum – auf seine Kosten – aufgefordert, die Fotos wieder zu löschen, sondern ihn selbst zudem vor den Zivilgerichten verklagt. Das geht nämlich schon bei jüngeren Kindern, sofern sie in der Lage sind, zu begreifen, was sie tun. Mit seiner Tat hatte er die Ehre der jungen Frau und damit ihre Persönlichkeitsrechte verletzt. Seine Eltern mussten ein hohes Schmerzensgeld und meine Anwaltskosten zahlen. Ich vermute mal, dass sie ziemlich sauer waren und der Schüler so etwas nicht noch einmal gemacht hat.

§ DÜRFEN KINDER MIT IHREM TASCHENGELD KAUFEN, WAS SIE WOLLEN?

Die meisten Eltern geben ihren Kindern ein bisschen Taschengeld für den Alltag. Doch was dürfen Kinder und Jugendliche mit diesem Geld überhaupt machen? Um Kinder zu schützen, gibt es – je nach Altersstufe – weitere Regeln, nach denen sie Dinge kaufen können.

Sind die Kinder jünger als sieben Jahre, können sie überhaupt noch nicht auf eigene Faust in ein Geschäft gehen, um dort Sachen für sich selbst zu kaufen. Einzige Ausnahme: Die Eltern bitten das Kind, etwas zu kaufen, zum Beispiel vier Brötchen, und geben das Geld dafür mit. Dann kauft das Kind als Bote etwas FÜR die Eltern und überbringt dazu der Verkäuferin auch die Erklärung der Eltern.

Kinder zwischen 7 und 17 Jahren sind hingegen »beschränkt geschäftsfähig«. Das bedeutet, dass sie zumindest mit vorheriger oder nachträglicher Zustimmung ihrer Eltern Dinge für sich selbst kaufen können. Falls die Eltern später nicht einverstanden sind, muss der Verkäufer die Sache wieder zurücknehmen und das Geld auszahlen.

Eine Ausnahme von dieser Regel ist der sogenannte »Taschengeldparagraf«, § 110 BGB. Mit dem Taschengeld geben Eltern ihren Kindern eine Art »Generaleinwilligung« für bestimmte Geschäfte, mit denen sie grundsätzlich einverstanden wären – etwa Essen, neue Klamotten oder Bücher. Alkohol, Pornos oder Tätowierungen sind ebenso verboten wie gewaltvolle Games. Auch besonders teure Anschaffungen wie das neue iPhone sind von diesem Paragrafen nicht mehr gedeckt. Und haben die Eltern dem Minderjährigen die Mittel sogar explizit zu einem bestimmten Zweck überlassen, so können sie alle Geschäfte rückgängig machen, die außerhalb dieses Zwecks liegen.

Wer also dem Kind Geld für Schulbücher gegeben hat, kann verlangen, dass das mit dem Geld neu erworbene Smartphone wieder zurückgegeben wird. Auch wenn es gebraucht und nicht so teuer war wie das neue iPhone. Hinzu kommt außerdem: Einen Handyvertrag dürften Jugendliche ohne Zustimmung der Eltern eh niemals abschließen. Denn der kann – wie der Kauf auf Raten – dazu führen, dass Kinder sich langfristig verschulden, und ist deshalb nicht vom Taschengeldparagrafen erfasst.

Kinder mögen diese Regeln nervig und anstrengend finden. Doch der Gesetzgeber hat sich etwas dabei gedacht, sie vor sich selbst zu schützen. Der Ernst des Lebens kommt schließlich früh genug!

§ IST ES ERLAUBT, DAS TASCHENGELD MIT EINEM KLEINEN JOB AUFZUBESSERN?

Videospiele aus dem Ausland, shoppen im Internet nach Vorbild der Influencer, Kino mit Freunden … Wie soll das Taschengeld da überhaupt reichen? Am Ende des Taschengelds ist einfach noch zu viel Monat übrig. Und in diesen Momenten überlegen viele Jugendliche, sich einen Job zu suchen. Aber darf man mit zwölf zum Beispiel schon sonntags Zeitung austragen?

Für Schüler, die arbeiten möchten, gibt es feste Regeln: Das Jugendarbeitsschutzgesetz (JArbSchG) unterscheidet zwischen Kindern (bis einschließlich 14 Jahre) und Jugendlichen (15 bis 18 Jahre). Aber: Nach dem Gesetz sind auch »Jugendliche«, die vollzeitschulpflichtig sind, noch »Kinder«, wenn es um die Anwendung der Vorschriften geht. Für Kinder, die 14 Jahre und jünger sind, gilt insofern grundsätzlich ein generelles Arbeitsverbot. Es gibt allerdings Ausnahmen, die es Kindern ermöglichen, unter Umständen zum Beispiel bei Theater- und Musikveranstaltungen oder bei Film-, Fernseh- und Hörfunkproduktionen zu arbeiten. Kinder im Alter zwischen 13 und 15 Jahren dürfen mit Einwilligung der Eltern leichte Aushilfstätigkeiten übernehmen. Erlaubt sind hier bis zu zwei Arbeitsstunden pro Tag an maximal fünf Wochentagen. Die Arbeit darf den Schulbesuch jedoch nicht beeinträchtigen. Daher darf den Tätigkeiten nicht vor dem Unterricht nachgegangen werden und sie müssen bis 18 Uhr ausgeführt werden, in den Ferien auch später. Doch auch dann gilt die Zwei-Stunden-Grenze.

Welche Jobs erlaubt sind, regelt zudem die Kinderarbeitsschutzverordnung: Die Liste umfasst zum Beispiel das »Austragen von Zeitungen oder Werbeprospekten« oder die »Betreuung von Haustieren«, ebenso wie »Einkaufstätigkeiten mit Ausnahme des Einkaufs von alkoholischen Getränken und Tabakwaren«. Bei Jugendlichen, die zwischen 15 und 18 Jahren alt sind und nicht mehr vollzeitschulpflichtig, sind die Einschränkungen schließlich nicht mehr ganz so streng. In diesem Alter dürfen sie 40 Stunden in der Woche arbeiten, allerdings maximal 8 Stunden pro Tag und nur in der Zeit von 6 bis 20 Uhr.

§ FÄHRT NUR SCHWARZ, WER »HEIMLICH« OHNE TICKET FÄHRT?

Eine häufige Jugendsünde ist das Schwarzfahren. Ob aus Trotz, als Mutprobe oder weil mal wieder mal das nötige Kleingeld für andere Dinge auf den Kopf gehauen hat. Doch ohne Ticket in der Bahn oder im Bus zu fahren, ist eine Straftat. Wer beim Schwarzfahren erwischt wird, muss zudem eine Vertragsstrafe von meist etwa 60 Euro an den Bahnbetreiber bezahlen.

Doch kann man zumindest die Strafbarkeit vielleicht umgehen? Den Versuch haben besonders gewitzte Sparfüchse immer mal wieder gestartet. So auch ein offenbar jecker Berliner, der an einem sehr karnevalesken Datum, dem 11.11.2011, in Köln den ICE in Richtung Frankfurt bestieg. Ein Ticket hatte er nicht gekauft, sich dafür aber einen Zettel an die Mütze gepinnt, auf dem stand: »Ich fahre schwarz.« Die Idee dahinter? Wenn er das Ganze nicht heimlich mache, sei das auch kein Schwarzfahren. Der Gesetzgeber spreche in § 265a StGB schließlich lediglich vom »Erschleichen« der Beförderung. Und davon könne ja nicht die Rede sein!

Wie ist hier die Rechtslage? Dreist und wenig erfolgsversprechend oder doch eine clevere Idee, um legal ohne Ticket die Bahn nutzen zu können?

Es kam, wie es kommen musste: Nachdem der Berliner kontrolliert worden war und kein Ticket vorzeigen konnte, landete die Frage vor Gericht – und das nicht zum ersten Mal. Bereits 1969 hatte das Bayerische Oberste Landesgericht festgestellt, dass man sich nicht strafbar macht, wenn man den Mitarbeitern direkt nach dem Einsteigen mitteilt, dass man schwarzfährt. Damals ging es allerdings um eine offen ausgetragene Protestaktion gegen Fahrpreiserhöhungen.

In dem etwas aktuelleren Karnevalsfall hingegen wurde der Berliner trotz allem wegen »Beförderungserschleichung« verurteilt. Für das »Erschleichen« reicht es, wenn man ein öffentliches Verkehrsmittel unberechtigt nutzt und dabei so tut, als wäre alles in Ordnung (OLG Köln, Beschluss vom 28.09.2015, Aktenzeichen III-1 RVs 118/15). Nicht erforderlich ist hingegen, dass man das Schwarzfahren besonders heimlich erledigt.

Fazit: Eine witzige Idee – aber die Wahrscheinlichkeit, dass ihr euch damit trotzdem eine Menge Ärger einhandelt, ist ziemlich hoch – zu hoch, wenn ihr mich fragt. Als Anwalt rate ich daher dringend: Kauft euch lieber ein Ticket!

§ FÄHRT MAN AUCH DANN SCHWARZ, WENN DER AUTOMAT KAPUTT IST?

Auf dem Weg zu einem Termin wollte ich die Bahn nutzen. Wie immer kam ich zeitlich recht knapp am Bahnhof an und wollte am Automaten ein Ticket ziehen. Doch der Automat war kaputt und weit und breit kein anderer zu sehen. Einen Schalter gab es auch nicht. Was nun? Ohne Ticket einsteigen oder den Termin verpassen? Ich entschied mich fürs Einsteigen, schließlich hatte ich guten Willen gezeigt und ein Ticket zu kaufen versucht. Das konnte ich ja dem Kontrolleur erklären und so einer Strafe entgehen, wenn ich kontrolliert würde … dachte ich. Aber war dem auch so?

Das kommt darauf an: Steht der Automat am Bahnhof, muss man sich erst einmal nach einer Alternative umschauen. Nur, wenn der kaputte Automat der einzige ist, darf man auch ohne Ticket einsteigen. Allerdings sollte man sich zu Beweiszwecken unbedingt die Nummer des defekten Fahrscheinautomaten, seinen Standort und die Uhrzeit der Störung notieren sowie gegebenenfalls auch Fotos des defekten Automaten machen. Im Zug sollte man sich, wenn möglich, unaufgefordert beim Zugpersonal melden. Hat man die Möglichkeit, im Fahrzeug nachzukaufen, so muss man diese nutzen. Das habe ich auch getan – bei einem sehr verständnisvollen Kontrolleur.

Wer jedoch sein Ticket nicht beim Kontrolleur nachlösen will, sondern – falls vorhanden – in der Bahn am Ticketautomaten, der muss ebenfalls keine Strafe befürchten, wenn er genau in diesem Moment kontrolliert wird. Dies gilt aber nur dann, wenn man sich nach dem Einsteigen sofort zum Ticketautomaten bewegt. Anders sieht es hingegen aus, wenn man sich zunächst hinsetzt und erst zum Automaten geht, wenn der Kontrolleur kommt.

DARF MAN BEIM RADFAHREN MUSIK HÖREN?

Wenn das Geld für die Bahn nicht reicht, nimmt man halt das Fahrrad. Gerade Teenager sind damit viel unterwegs, da sie ja noch keinen Führerschein haben. Egal, ob auf dem Weg zu Freunden oder zur Schule, mit dem Fahrrad geht es schneller. Viele Radfahrer sind dabei der Auffassung, auf dem Rad dürfe man irgendwie alles, die Verkehrsregeln gelten ja schließlich nur für Autos. Teenager kennen die Verkehrsregeln mitunter auch gar nicht. Das ist ein Problem, denn auch Radfahrer müssen sich an die Regeln der Straßenverkehrsordnung halten.

Ein klassischer Rechtsirrtum zum Beispiel besagt, dass man mit Kopfhörern in beiden Ohren nicht Rad fahren darf und zur Kasse gebeten wird, wenn man erwischt wird. Das stimmt so nicht ganz. Denn grundsätzlich ist das Musikhören im Straßenverkehr erlaubt. Auf die Lautstärke kommt es an! Wer das Klingeln anderer Radfahrer, die Sirene der Polizei oder vom Krankenwagen oder das Hupen der Pkw nicht mehr hört, muss zumindest mit einem kleinen Verwarngeld rechnen. Ansonsten ist ein bisschen musikalischer Hintergrund-Sound durchaus erlaubt. Was hingegen verboten ist: Während der Fahrt auf dem Handy einen neuen Song zu suchen – das kostet 55 Euro Bußgeld. Gleiches gilt fürs Telefonieren mit Handy am Ohr oder beim Tippen einer Nachricht. Also: Leise Musik hören ja, Handy bedienen ganz klar nein!

MUSS MAN DIE REINIGUNGSKOSTEN ZAHLEN, WENN MAN SICH IM TAXI ÜBERGIBT?

Im Laufe seines Lebens schaut wohl fast jeder einmal zu tief ins Glas. Mitunter hat man sich dann nicht mehr vollends unter Kontrolle, der Körper will nicht mehr so ganz mitspielen. So erging es auch einem Münchner, der sich nach ein paar Maß auf dem Oktoberfest plötzlich im Taxi übergeben musste. Man kann sich denken, dass dem Taxifahrer in einem solchen Fall nichts anderes übrig bleibt, als seinen Wagen professionell reinigen zu lassen, schließlich will er bald wieder Fahrgäste mitnehmen. Doch wer bezahlt das?

Normalerweise muss der Betrunkene die Rechnung begleichen – das gilt nicht nur im Taxi, sondern auch in allen anderen Situationen, in denen man aufgrund seiner Trunkenheit etwas beschädigt. Im Münchner Fall gab es aber einen interessanten Twist: Der alkoholisierte Oktoberfestbesucher wies den Taxifahrer nämlich darauf hin, dass ihm schlecht sei und er doch bitte anhalten möge. Dieser Bitte kam der Fahrer allerdings nicht nach. Deshalb erkannte die zuständige Richterin in dem Streit ein Mitverschulden des Taxifahrers an und ließ beide je zur Hälfte für die Reinigung blechen (AG München, Urteil vom 02.09.2010, Aktenzeichen 271 C 11329/10).

Im Ergebnis kann man festhalten, dass man natürlich aufpassen sollte, wie sehr man sich betrinkt – man sollte einem Betrunkenen aber auch nicht beim Erbrechen im Wege stehen.

§ IST DER KONSUM VON CANNABIS ILLEGAL?

Der Albtraum vieler Eltern: Das eigene Kind nimmt Drogen. Beim Wäschewaschen finden sie eines Tages ein kleines Tütchen mit Cannabisresten in der Hosentasche des lieben Kleinen. Dabei ist Drogenkonsum doch verboten, und Cannabis ist eine illegale Droge … oder nicht?

Zunächst gilt ganz grundsätzlich, dass der bloße Konsum von Drogen egal welcher Art nicht verboten ist. Verboten sind nach § 29 BtMG vielmehr insbesondere der Anbau, die Herstellung, der Verkauf oder der Besitz von Drogen. Meist geht eine dieser strafbaren Handlungen aber dem Konsum voraus. Strafbar ist das Ganze also schon, die strafbare Handlung ist genau genommen eben nur nicht der Konsum.

Aber ist Cannabis überhaupt eine illegale Droge, fragen sich viele angesichts der andauernden Diskussion um die Legalisierung?

In Deutschland ist bislang nur die Freigabe von Cannabis zu medizinischen Zwecken erlaubt. Das soll sich nach den Plänen der aktuellen Ampel-Koalition aber ändern: Bald sollen Erwachsene Cannabis zu Genusszwecken in lizenzierten Geschäften kaufen dürfen. Lizenzierte

Stellen könnten Apotheken, aber womöglich auch weitere Geschäfte sein. Zudem ist es denkbar, dass es Abgabebeschränkungen geben wird – so wie auch in anderen Staaten. In Uruguay darf man sich beispielsweise bis zu 40 Gramm im Monat, in Colorado sogar 28 Gramm täglich kaufen. Eine genaue Gesetzesvorlage gibt es noch nicht, und von einer solchen Vorlage über die Bundestagsdebatten bis hin zum Gesetz und seiner Umsetzung könnte noch einige Zeit verstreichen – es ist schließlich ein großes Vorhaben. Die entsprechenden Strukturen und genauen Vorgaben lassen sich nicht von heute auf morgen schaffen. Auch ist noch offen, ob durch die neuen Gesetze auch ein privater Anbau von Cannabispflanzen legalisiert werden soll. Vorerst bleibt Cannabis also grundsätzlich eine illegale Droge, deren Folgen gerade Jugendliche nicht unterschätzen sollten!

Kevin, bist du wieder im Internet? ... Hier sind mindestens zwanzig neue Abmahhungen!!!

KAPITEL 3

UNTERWEGS IM WORLD WIDE WEB

Die Nutzung des Internets gehört zwar inzwischen zum Alltag der Menschen, die damit verbundenen Rechtsfragen werden jedoch eher mehr, nicht weniger. Oder sagen wir es so: Etliche Dinge sind inzwischen vielen Menschen klar, die noch offenen Punkte hingegen werden immer komplexer. Die Angebote im Internet sind umfassend und gehen über die Grenzen Deutschlands hinaus. Die Nutzung von YouTube und Netflix und anderen Plattformen ermöglicht einen ungeahnten Zugang zu Musik, Filmen, Serien – rechtskonform gestaltet sich die Nutzung jedoch nicht immer. So wird ein Netflix-Account von einer Person bezahlt und von mehreren Freunden angewählt, oder es werden mittels VPN Serien und Filme geschaut, die eigentlich nur im Ausland zugänglich sind. Musik wird einfach bei YouTube heruntergeladen, Filme werden gestreamt. Aber ist das erlaubt? Kommt es zur Abmahnung, stellt sich die Frage, wie man am besten reagiert.

Genauso zum Alltag gehört die Nutzung sozialer Netzwerke wie Instagram, TikTok, Facebook und Co. Wir wollen eine gewisse Anonymität wahren und verwenden Fake-Namen. Geht das überhaupt, oder muss man seinen Klarnamen verwenden? Schnell wird ein lustiges Foto von der letzten Party in die Instagram-Story geladen, ein Foto wird mit einer vermeintlichen Meinung kommentiert. Aber muss man da nicht Regeln beachten? Und besagen diese Regeln nicht auch, dass Fake-News verboten sind?

So mancher Teenager wird zum Social-Media-Star und verdient sein Geld mit Influencer-Marketing. Muss diese Werbeform auch gekennzeichnet werden? Und was ist eigentlich aus den Upload-Filtern geworden, von denen noch vor kurzer Zeit alle gesprochen haben?

§ BEDROHEN UPLOAD-FILTER DIE MEINUNGSFREIHEIT?

Lange haben wir im Jahr 2019 diskutiert und gekämpft, sind zu Hunderttausenden auf die Straße gegangen, haben Protestvideos gedreht, mit Politikern gesprochen und Gegenvorschläge eingereicht. Am Ende reichte es trotzdem nur zu kleinen Zugeständnissen aus Brüssel. Die Rede ist von dem umstrittenen ehemaligen Artikel 13, jetzt Artikel 17 der EU-Urheberrechtsrichtlinie. Der sieht vor, dass große Internetanbieter wie YouTube, aber wohl auch Instagram, Facebook und TikTok sowie möglicherweise auch Twitch und Twitter sogenannte Upload-Filter einrichten müssen. Inzwischen ist die Richtlinie in deutsches Recht umgesetzt worden und gilt seit August 2021.

Trotzdem hört man erstaunlich wenig davon – die sozialen Netzwerke halten sich da sehr bedeckt. Bald werden aber die ersten Transparenzberichte der Plattformen veröffentlicht. Dann werden wir sehen, ob die Filter bislang zu mehr Blockaden geführt haben.

Doch was ändert sich mit dem neuen Gesetz überhaupt rechtlich für die sozialen Netzwerke? Früher war es so, dass die Plattformen nicht direkt selbst verklagt werden konnten, wenn ein Nutzer dort urheberrechtsverletzende Sachen wie zum Beispiel fremde Musik oder Videos hochgeladen hat. Erst, wenn die Plattformen über einen rechtsverletzenden Inhalt informiert wurden, mussten sie diesen prüfen und im Zweifel löschen – alternativ konnte man sie auf die Löschung verklagen.

Das hat sich geändert. Eine Plattform muss nun selbst aktiv werden oder haftet direkt für eure Rechtsverletzungen. Sie muss daher zunächst ihr Bestes geben, um mit allen Rechteinhabern der Welt Verträge zu schließen. Diese »Lizenzen« sollen es zumindest nicht kommerziell agierenden Nutzern erlauben, Musikstücke, Bilder und Texte von anderen hochzuladen. Das ist natürlich erst mal positiv.

Doch das Ganze hat einen gewaltigen Haken: Wenn die Rechteinhaber keine Lizenzen verkaufen wollen, können sie von der Plattform verlangen, die entsprechenden Werke herauszufiltern, wenn ihr sie hochladet. Diese Upload-Filter aber bergen viele Gefahren: Vor allem, dass sie Inhalte wie Zitate, Karikaturen, Parodien, Memes,

Mashups, GIFs und Remixes sperren, die eigentlich gesetzlich erlaubt sind. Damit dieses Risiko minimiert wird, hat zumindest der deutsche Gesetzgeber an einigen Stellschrauben gedreht – ein kleiner Erfolg der Proteste von 2019. So könnt ihr, wenn der Rechteinhaber eure Inhalte blockieren lassen will, diese als »mutmaßlich erlaubte Nutzung« kennzeichnen. Dann dürfen eure Posts oder Videos zumindest nicht automatisiert geblockt werden und gehen erst einmal online.

Und was, wenn ihr der Meinung seid, euer Inhalt wurde trotzdem zu Unrecht geblockt? Dann könnt ihr euch bei dem sozialen Netzwerk beschweren und euren Fall bei der GFF (Gesellschaft für Freiheitsrechte e. V.) melden. Wenn dort genug Fälle zusammengekommen sind, wird die GFF wegen der Upload-Filter klagen. Eine andere Art der Klage läuft bereits, allerdings auf EU-Ebene: Polen hat vor dem Europäischen Gerichtshof gegen Artikel 17 geklagt. Noch im Jahr 2022 wird voraussichtlich das Urteil fallen. Und wer weiß – vielleicht werden die gesetzlich verpflichtenden Upload-Filter dann wieder Geschichte sein. Hoffen wir es!

§ DARF ICH NETFLIX KOSTENLOS UND LEGAL ÜBER DEN ACCOUNT MEINES FREUNDES SCHAUEN?

Wenn man schon keine Filme im Internet herunterladen kann, darf man dann nicht wenigstens über den Netflix-Account der Freundin ein bisschen Filmspaß haben, ohne dafür bezahlen zu müssen? Rund 84 Prozent der Netflix-User tun genau das, manch einer vielleicht mit einem mulmigen (Rechts-)Gefühl. Schließlich bietet Netflix die Möglichkeit, je nach Abomodell mit verschiedenen Geräten gleichzeitig Filme über denselben Account zu schauen. Warum sollte dann innerhalb eines Freundeskreises jeder ein Netflix-Abo abschließen, wenn es doch den einen Freund gibt, der schon bezahlt? Berechtigte Frage …

Illegal in dem Sinn, dass gegen ein Gesetz verstoßen wird, ist das Ganze tatsächlich nicht. Aber derjenige, auf dessen Name der Account angemeldet ist, bricht seinen Vertrag mit dem Streaming-Anbieter.

Warum, das steht natürlich im Kleingedruckten – den sogenannten Nutzungsbedingungen. Danach dürft ihr euren Account nur mit Menschen teilen, die im selben Haushalt wohnen wie ihr – also mit eurer Familie oder eurer WG. Freunde oder Verwandte, die in anderen Wohnungen wohnen, dürfen hingegen nicht denselben Netflix-Account nutzen.

Früher stand das übrigens nicht so eindeutig in den Nutzungsbedingungen. Ganz im Gegenteil: Noch 2017 hat Netflix mit dem Slogan »*Love is sharing a password*« geradezu dazu aufgerufen, sich einen Account zu teilen.

Was könnte nun passieren, wenn Netflix herausfindet, dass ihr euch einen Account teilt? Theoretisch könnte der Dienst euren Account sperren und Schadensersatz in Höhe der entgangenen Abogebühren verlangen. Praktisch passiert ist das aber noch nicht, auch wenn Netflix Medienberichten zufolge schon lange darüber nachdenkt, gegen das Accountsharing vorzugehen.

§ IST ES LEGAL, NETFLIX-SERIEN AUS DEN USA ZU SCHAUEN?

Gerade in der Corona-Pandemie waren Netflix-Serien für viele Menschen eine wichtige Abwechslung zum monotonen Alltag. Doch irgendwann waren die in Deutschland zugänglichen Serien aufgebraucht. Der ein oder andere kam auf die Idee, dass man ja auch die neueste japanische oder koreanische Serie schauen könnte. Leider landen diese – so wie auch einige der neuesten US-Hits – meist erst viel später auf der deutschen Version des weltweit beliebtesten Streaming-Dienstes. Aber warum ist das so?

Der Grund heißt Geoblocking. Eine Art digitaler Schutzwall sorgt dafür, dass wir in der Regel nur die Filme schauen können, die für unser Land freigegeben sind. Der Dienst erkennt über die IP-Adresse, wo der User sitzt. Ausnahmen gibt es nur innerhalb der EU: Wenn ihr im Urlaub seid, dürft ihr trotzdem aus Spanien oder Italien auf eure deutschen Lieblingsserien zugreifen.

Man muss jedoch nicht besonders technisch begabt sein, um das Geoblocking-Problem zu umgehen. Es gibt eine einfache Lösung: Sie heißt VPN, Kurzform für ein »Virtual Private Network«. Mit diesem Trick nutzt man einfach einen Server in einem anderen Land und gaukelt so dem Streaming-Dienst über die IP-Adresse vor, in dem besagten Land zu sitzen. Man kann nun sowohl ein Abo in einem anderen Land abschließen als auch mit diesem günstigeren Abo auf die Netflix-Inhalte der ganzen Welt zugreifen. Das klingt zu schön, um legal zu sein – oder?

So einen VPN-Client zu nutzen, ist in jedem Fall legal. Die Frage ist eher, ob das, was ihr damit tut, es auch ist. Denn Netflix zahlt den Urhebern Geld, um eine Serie in einem bestimmten Land zeigen zu dürfen. Wenn ihr also in Deutschland sitzt und einen Film aus den USA schaut, so ist das nicht im Sinne der Urheber. Doch verletzt ihr auch deren Urheberrechte? Das ist unter Juristen – wie so oft – umstritten. Manche sagen, das Austricksen einer Geosperre sei eine »Umgehung technischer Schutzmaßnahmen«. Wenn das so wäre, könnten die Rechteinhaber euch zwar abmahnen – strafbar wäre die Umgehung aber nicht.

Es gibt aber ein viel wahrscheinlicheres Risiko als eine Abmahnung: Sobald der Dienst erkennt, dass ihr einen VPN nutzt, sperrt er alle Inhalte, die auf bestimmte Regionen beschränkt sind. Zugänglich bleiben dann fast nur die weltweit verfügbaren Netflix-Originale.

§ DARF MAN SICH DIE NEUSTEN KINOFILME KOSTENLOS IM INTERNET HERUNTERLADEN?

An diesen Moment in meinem Leben kann ich mich noch gut erinnern: Es war das Jahr 2007, ich stand im Stau und hörte Radio. Die Topmeldung des Tages lautete: »Internationaler Tauschbörsen-Ring zerschlagen, 160 Hausdurchsuchungen in ganz Deutschland.« Nur: Ich wusste, dass hier nicht etwa ein Ring organisierter Kriminalität mit mafiösen Strukturen zerschlagen worden war. Vielmehr hatte es die Eltern von 160 Jugendlichen erwischt, die Musik über Tauschbörsen wie Napster, Limewire oder BitTorrent getauscht hatten.

Warum ich das wusste? Ich hatte einen dieser vermeintlichen »Kriminellen« als Mandanten. Genauer gesagt seinen Vater. Er war ein Unternehmer, der sich bis dahin nichts hatte zuschulden kommen lassen. Umso verdutzter war er, als plötzlich drei Polizisten vor seiner Haustür standen und sein Haus durchsuchen wollten. Jemand hatte von seinem Internetanschluss aus eine Robbie-Williams-CD über eine Filesharing-Plattform getauscht. Letztlich stellte sich der 16-jährige Sohn als Übeltäter heraus.

Filesharing ist illegal und eine Urheberrechtsverletzung – insbesondere, weil man bei den sogenannten Peer-to-Peer-Plattformen eine Datei, die man herunterlädt, gleichzeitig auch anderen anbietet. Theoretisch ist das sogar strafbar, allerdings kommt es selten vor, dass tatsächlich, wie in meinem Fall, die Polizei eingeschaltet wird. Meistens verschicken die »Abmahnkanzleien« der Musik- und Filmindustrie einfach massenhafte Standard-Abmahnungen und verlangen hohe Summen an Schadensersatz und Anwaltsgebühren von den Anschlussinhabern. Auch in meinem Fall sollten die Eltern die völlig übertriebene Summe von über 5000 Euro an Anwaltsgebühren zahlen – also übernahm ich den Fall.

Was könnt ihr tun, wenn ihr eine Abmahnung erhalten habt? Ruhe bewahren und bloß nicht vor lauter Panik einfach die beigefügte Unterlassungserklärung unterschreiben und das Geld zahlen! Lasst euch dringend anwaltlich beraten, was ihr tun könnt. Das ist nämlich eine ganze Menge. Wir wissen das, denn nach mehreren zehntausend Fällen kennen wir so ziemlich jeden Schachzug der Gegenseite – aber auch fast jedes Schlupfloch.

§ DARF MAN BEI KINOX.TO & CO. FILME STREAMEN?

Es ist Freitagabend, ihr habt eine lange, anstrengende Woche hinter euch und schafft es gerade noch so mit Freunden auf die Couch. Jetzt noch gemütlich den Film streamen, den ihr euch schon lange anschauen wolltet. Doch was, wenn legale Anbieter wie Netflix, Amazon

& Co. den guten Streifen (noch) nicht im Programm haben? Könnt ihr dann einfach auf eine weniger seriöse Seite zurückgreifen?

Da wäre beispielsweise der Anbieter kinox.top, früher bekannt unter kino.to, dann unter kinox.to. Schon der Wandel der Domain zeigt: Immer, wenn Ermittler die Plattform dicht machen, taucht sie in leicht abgewandelter Form wieder im Netz auf. Doch auch, wenn die Seitenbetreiber sich mit dem Angebot strafbar machen und im großen Stil die Urheberrechte der Filmindustrie verletzen, einem selbst kann ja nichts passieren, denken viele. Aber ist das auch so?

Bis zu dem bekannten Filmspeler-Urteil des Europäischen Gerichtshofs (Urteil vom 26.04.2017, Aktenzeichen C-527/15) war das reine Streaming für Nutzer nach der Rechtsauffassung deutscher Behörden und Gerichte tatsächlich unbedenklich. Sie konnten sich auf § 44a UrhG stützen. Dieser Paragraf erlaubt die flüchtige Zwischenspeicherung eines Streams im Browser-Cache und Arbeitsspeicher des Nutzers. Allerdings ist es so, dass das deutsche Urheberrecht weitestgehend auf der europäischen Urheberrechtsrichtlinie basiert. Deshalb ist die Rechtsprechung des EuGH auch für deutsche Gerichte bindend. Und der EuGH hat in diesem Verfahren entschieden, dass das Betrachten eines Streams von einer offensichtlich rechtswidrigen Quelle nun eben nicht erlaubt sein soll. Im Kern bedeutet das, dass sich Nutzer immer dann illegal verhalten, wenn sie von der Rechtswidrigkeit des verbreiteten Streams wussten oder hätten wissen müssen.

Theoretisch könnten Nutzern seit dem Urteil Abmahnungen drohen, die Abmahnwelle ist jedoch ausgeblieben. Das hat sowohl technische als auch finanzielle Gründe: Zum einen ist das Zurückverfolgen der IP-Adresse bei reinen Streaming-Portalen technisch schwieriger als beim Filesharing. Wenn überhaupt sind hier die Premiumnutzer, die Geld für den Dienst zahlen und so leichter zu ermitteln sind, gefährdet, wenn bei kinox.top mal wieder eine Razzia stattgefunden hat. Doch selbst dann dürften die Rechteinhaber, anders als bei den Filesharing-Verfahren, kein Interesse daran haben, euch abzumahnen. Schließlich verbreitet ihr keine Streams weiter, sondern konsumiert sie lediglich. Sie könnten von euch also nur den Preis für ein Kinoticket fordern. Dafür lohnt sich der Aufwand nun wirklich nicht. Dennoch solltet ihr lieber auf legale Anbieter mit Top-Filmen und Serien zurückgreifen, davon gibt es schließlich ausreichend auf dem Markt. Und was den neuesten Kinofilm angeht – auf den kann man doch ruhig mal ein paar Wochen warten.

§ SOLLTE MAN BEI ABMAHNUNGEN SOFORT ALLES UNTERSCHREIBEN?

Der Corona-Lockdown war für alle eine ziemlich langweilige Zeit. Die Kinos waren leider geschlossen. Wie gut, dass es die neusten Kinofilme auch im Internet gab. Oder doch nicht gut? Denn nun flattern bei einigen von euch die Abmahnungen von Rechtsanwaltskanzleien ein, in denen Unsummen für einen einzigen illegal getauschten Film gefordert werden. Was nun? In Panik verfallen und sofort alles unterschreiben, was die Abmahner von euch fordern? Das Schreiben ignorieren? Ihr ahnt es schon – beides sind keine guten Ideen!

Aber erst einmal die Basics: Was ist eigentlich eine Abmahnung? Eine Abmahnung ist ein formales Schreiben, in dem ihr aufgefordert werdet zu versprechen, ein bestimmtes rechtsverletzendes Verhalten abzustellen und auch zukünftig zu unterlassen. Konkret sollt ihr den Film nicht noch einmal herunterladen und so keine Urheberrechtsverletzung mehr begehen. Erhaltet ihr eine solche Abmahnung, solltet ihr zunächst einmal Ruhe bewahren. Ihr erinnert euch gar nicht, den Film angeschaut zu haben? Dann solltet ihr euch das Schreiben genauer ansehen: Ist es echt? Abmahnschreiben werden normalerweise per Brief versendet und nicht per E-Mail. Erhaltet ihr eine E-Mail mit einer solchen Abmahnung, ist das bereits ein starkes Indiz für eine Fälschung (sogenanntes Phishing). In Ausnahmefällen – etwa, wenn keine postalische Anschrift bekannt ist – kann aber auch eine Abmahnung per E-Mail echt sein.

Ein weiteres Indiz für eine Fälschung: Die vermeintliche Anwaltskanzlei hat euch ein Schreiben voller Rechtschreibfehler, falsch zitierter Paragrafen und ohne rechtlich verpflichtende Signatur zugeschickt.

Hier solltet ihr genau hinschauen. Denn im Jahr 2021 hat eine vermeintliche Anwaltskanzlei eine Vielzahl von Fake-Abmahnungen wegen des Streamens und Verbreitens von Videos der Plattform »YouPorn« per Post verschickt und zur Zahlung von über 2000 Euro aufgefordert. Ich will nicht wissen, wie viele Menschen diese Beträge einfach nur deshalb sofort gezahlt haben, damit die Post nicht noch einmal kommt und Eltern oder Ehepartner nichts von der Sache mitbekommen … Dabei hätte sich ein genauer Blick gelohnt. Häufig gibt es auf der Plattform nämlich nicht einmal das Video, mit dem der Abgemahnte die Rechtsverletzung angeblich begangen haben soll. Ein klassischer Betrug also!

Wenn es sich jedoch um eine echte Abmahnung handelt, dürft ihr diese keinesfalls ignorieren, ebenso wenig die darin festgesetzte Frist – denn dann flattert euch bald eine Klage ins Haus, gegen die ihr euch verteidigen müsst. Allerdings solltet ihr keinesfalls ungeprüft die vorgefertigte »Unterlassungsverpflichtungserklärung« unterschreiben, die der Abmahnung beiliegt oder auch die geforderten Summen bezahlen. Vielleicht ist die Abmahnung ja inhaltlich völlig unberechtigt und ihr stürzt euch völlig umsonst in eine Kostenfalle. Ihr solltet deswegen zunächst einen Rechtsexperten zu Rat ziehen. Dieser kann prüfen, was in eurem Fall zu tun ist und wie ihr die Angelegenheit bestmöglich regeln könnt.

§ DARF MAN SICH BEI FACEBOOK NENNEN, WIE MAN WILL?

Inzwischen nutzt fast jeder soziale Netzwerke, doch nicht jeder verwendet dabei seinen Klarnamen. Den Betreibern der sozialen Netzwerke ist dies ein Dorn im Auge. So mussten zumindest bei Facebook die Nutzer lange befürchten, mit ihrem Fake-Namen entdeckt zu werden. Denn das soziale Netzwerk verbietet es bereits seit Langem, sich mit einem anderen als dem echten Namen anzumelden. Wer entdeckt wurde, musste dem Netzwerk bis vor Kurzem noch eine Ausweiskopie vorlegen und wurde bei einem falschen Namen rausgeworfen.

Nun hat der Bundesgerichtshof die Regel zumindest für all die Nutzer gekippt, die schon vor dem 25. Mai 2018 bei dem sozialen Netzwerk angemeldet waren (Urteil vom 27.01.2022, Aktenzeichen III ZR 3/21 und III ZR 4/21). Sie dürfen ihren Fantasienamen weiterhin behalten. Der Grund: Zumindest damals verstieß die Facebook-Regel gegen geltendes deutsches Recht. Bis zum letzten Jahr stand das Recht auf Anonymität in § 13 Abs. 6 TMG, der lautete: »Der Diensteanbieter hat die Nutzung von Telemedien und ihre Bezahlung anonym oder unter Pseudonym zu ermöglichen, soweit dies technisch möglich und zumutbar ist.« Heute steht das fast gleichlautend in § 19 TTDSG.

Doch warum sollte man überhaupt seinen echten Namen im Internet zeigen müssen? Verfechter einer Klarnamenpflicht wollen damit vor allem Hass und Hetze im Internet ausbremsen. Befürworter des Rechts auf Anonymität – darunter fällt auch die aktuelle Bundesregierung – zielen hingegen gerade auf den Schutz der Opfer vor Hass und Hetze im Internet ab. Jedoch sieht die EU-Datenschutzgrundverordnung ein solches Recht auf Anonymität derzeit nicht vor. Deshalb hat das Oberlandesgericht München entschieden, dass Facebook trotz der deutschen Regel die Nutzung von Pseudonymen verbieten dürfe (Urteil vom 8.12.2020, Aktenzeichen 18 U 2822/19 Pre und 18 U 5493/19 Pre). Das Urteil ist allerdings nicht rechtskräftig geworden, weil später dann der Bundesgerichtshof in dem Fall entschieden hat. Der BGH hat aber nur nach altem Recht geurteilt und dabei die Gelegenheit verpasst, diese grundsätzliche Frage für die heutige Zeit endgültig zu klären. Für neuere Nutzer gilt das Urteil nicht. Ebenso wenig für Nutzer aller anderen Dienste, die einen Klarnamen verlangen. Ob wir uns also weiterhin auf das deutsche Recht auf Anonymität im Internet stützen können, steht weiterhin in den Sternen.

Für neue Facebook-Nutzer bedeutet die aktuell unsichere Situation: Wer sich mit einem Fantasienamen anmeldet, riskiert weiterhin, von Facebook gesperrt zu werden. Daher: Wenn überhaupt, nutzt besser keinen allzu offensichtlichen Fantasienamen, sondern einen, der nach einem echten Namen klingt. Dann steigen die Chancen, dass das Netzwerk einfach nichts bemerkt – und euch zufriedenlässt.

DARF MAN POSTEN, WAS IMMER MAN WILL, WEIL ES LEDIGLICH DIE PERSÖNLICHE MEINUNG IST?

Die inzwischen altbekannte Floskel, dass das Internet kein rechtsfreier Raum ist, haben die meisten Menschen inzwischen verstanden. Dennoch kommt es gerade in sozialen Netzwerken besonders häufig zu Rechtsverletzungen. Das Problem ist dabei, dass viele einfach die Grenze zwischen Erlaubtem und Unerlaubtem nicht kennen – und vielleicht auch nicht kennen wollen. Diese Grenze ist auch gar nicht so einfach zu definieren, da vieles nicht einfach falsch oder richtig ist. Nicht ohne Grund beschäftigen sich immer wieder Gerichte mit der Frage, ob eine Äußerung als Meinung zu werten und damit zulässig ist. Denn nicht jede Äußerung kann man als Meinung verkaufen. Es gibt auch Grenzen!

Vieles, was in sozialen Netzwerken passiert, ist ganz offensichtlich unzulässig. Die Rede ist von Hass im Netz! Hier vertrauen Täter wohl auf die vermeintliche Anonymität des Internets. Leider gehören daher Beleidigungen, Vergewaltigungs- oder Gewaltandrohungen zum traurigen Alltag. Das Klima im Netz, insbesondere in den Kommentarspalten der sozialen Netzwerke scheint immer mehr vergiftet. Hass im Netz kann nicht nur psychisch belasten und Menschen letztlich davon abhalten, ihre Meinung öffentlich zu äußern. Der Hass ist zugleich eine Gefahr für die Demokratie. Er kann zu einer realen Gefahr werden. Das zeigt nicht zuletzt der Mord am Kasseler Regierungspräsidenten Walter Lübcke, der zuvor von Menschen aus dem rechtsextremen Spektrum wegen seiner Aussagen zum sogenannten Flüchtlingsthema beschimpft und bedroht wurde. Doch so weit darf es nicht kommen. Dies hat auch der Gesetzgeber erkannt und mit dem »Gesetz zur Verbesserung der Rechtsdurchsetzung in sozialen Netzwerken« (NetzDG) reagiert.

Opfer von Hassrede können den rechtsverletzenden, öffentlich sichtbaren Post zunächst bei den betreffenden Plattformen melden. Die sozialen Netzwerke löschen auf dieser Basis bereits viele Arten von Hassrede, die aggressiv, rassistisch, sexistisch oder in anderer Hinsicht abwertend sind. Bei Äußerungen, die gegen Gesetze verstoßen, sind die Plattformen sogar verpflichtet, diese zu prüfen und im Zweifel zu löschen. Handelt es sich um eine strafbare Äußerung wie etwa eine Beleidigung, um rufschädigende Lügen oder eine Mord- oder Vergewaltigungsdrohung, kann dieser Post nach dem NetzDG gemeldet werden. Das Gesetz zwingt soziale Netzwerke seit 2018 dazu, solche Äußerungen grundsätzlich innerhalb von 24 Stunden zu löschen.

Rechtsverletzende private Nachrichten sowie öffentliche Äußerungen können von den Opfern aber auch bei der Polizei oder der Staatsanwaltschaft angezeigt werden. Dies macht insbesondere dort Sinn, wo der Täter nicht bekannt ist, da so im Rahmen des Strafverfahrens auch dessen Identität ermittelt wird. Alternativ gibt euch § 21 Abs. 2 und 3 TTDSG bei gewissen strafbaren Inhalten einen Auskunftsanspruch gegen das soziale Netzwerk, um mehr über anonym agierende Hassredner zu erfahren. Diesen Anspruch müsst ihr dann allerdings zwingend vor Gericht durchsetzen. Man kann für solche vermeintlichen Meinungsäußerungen als Persönlichkeitsrechtsverletzung auch zivilrechtlich belangt werden: Opfer können verlangen, dass die »Hater« ihre Äußerungen löschen, nie mehr wiederholen und zusätzlich ein Schmerzensgeld dafür zahlen, dass ihre Anfeindungen Leid ausgelöst haben.

Was eurer Ansicht nach eine zulässige Meinung ist, muss also keinesfalls zwangsläufig auch juristisch so bewertet werden. Also überlegt lieber zweimal, wie ihr eure Meinung formuliert, bleibt sachlich und stets freundlich, dann bleiben euch die eventuell unangenehmen Konsequenzen erspart.

§ IST ES STRAFBAR, FAKE NEWS IN SOZIALEN NETZWERKEN ZU VERBREITEN?

»Eine Lüge ist bereits dreimal um die Erde gelaufen, ehe sich die Wahrheit die Schuhe anzieht«, heißt es bekanntlich nach Mark Twain. Dieses Problem hat sich gerade mit der Verbreitung sozialer Netzwerke deutlich verschärft. Gerade die sozialen Netzwerke überschütten uns mit Informationen. Wir sehen jeden Tag eine Vielzahl von Fotos und Nachrichten, die ungefiltert auf uns einprasseln. Es fällt dabei inzwischen schwer zu unterscheiden, welche Informationen richtig sind und welche nicht. Gleichzeitig nutzen manche Menschen genau diese Situation, um die öffentliche Meinung in eine bestimmte Richtung zu lenken. So tobten beispielsweise während der Corona-Pandemie riesige Desinformationskampagnen zu den Covid-Impfstoffen durchs Netz. Gezielt wurden immer wieder Einzelfälle aufgegriffen, um die Impfkampagne der Bundesregierung mit »Impftoten« und »Impfschäden« zu torpedieren. Aber ist das erlaubt?

Das Verbreiten von Fake News ist in Deutschland nur in Ausnahmefällen verboten. Fake News können zum einen Persönlichkeitsrechte verletzen: Eine Person oder Organisation kann den Verfasser der Fake News vor Gericht ziehen, wenn rufschädigende bzw. ehrverletzende Informationen über einen verbreitet werden. Daneben sind Fake News häufig strafbar, weil eine Person beleidigt wird oder weil rufschädigende Lügen über sie verbreitet werden, was entweder als üble Nachrede oder als Verleumdung geahndet werden kann. Manche Fake News sind auch volksverhetzend, weil sie den Holocaust leugnen oder die nationalsozialistische Gewalt- und Willkürherrschaft verherrlichen. Schließlich verbieten einige soziale Netzwerke es, Falschinformationen zu verbreiten, zum Beispiel über Corona. Wer bei der Verbreitung solcher Informationen erwischt wird, dessen Beiträge können Facebook, YouTube & Co. löschen und im schlimmsten Fall droht die Accountsperrung. Generell verboten sind Fake News aber nicht. Es kommt auf den konkreten Einzelfall an. Denkbar sind nämlich auch völlig unspektakuläre Fake News, die zwar von moralischer Seite nicht löblich, aber zumindest nicht strafbar sind.

Niemand kann euch also verbieten zu behaupten, die Erde sei eine Scheibe – die Frage ist nur, wer euch das glaubt …

§ KANN ICH DEN NEUEN AGB VON FACEBOOK AUF MEINER TIMELINE WIDERSPRECHEN?

Jahr für Jahr machen vor allem auf Facebook immer wieder Kettenbriefe gegen die AGB des sozialen Netzwerks die Runde: Mit öffentlichen Posts verbreiten zahlreiche Nutzer einen vorgefertigten Widerspruch gegen die angeblich aktualisierten Nutzungsbedingungen der Plattform, um ihre Bilder und Texte vor einem Zugriff durch Facebook zu schützen.

Dass man Facebook und Co. nach seinen eigenen, individuellen Regeln nutzen kann, ist natürlich ein netter Gedanke – aber am Ende auch nur Wunschdenken. Denn auch wenn in den vielfach geteilten Widersprüchen von irgendwelchen Paragrafen, Artikeln und Urheberrecht die Rede ist: Es nützt nichts, sie weiter zu verbreiten. Viele Texte beziehen sich auf »neue Facebook-Nutzungsbedingungen« oder »neue AGB«. Häufig werden auch angebliche Artikel des Strafgesetzbuches zitiert, obwohl das Strafgesetzbuch aus Paragrafen besteht – Artikel gibt es im Grundgesetz.

Unabhängig von den rechtlichen Details erscheint es eher fernliegend, anzunehmen, dass sich Mitarbeiter von Facebook jede Statusmeldung und jedes Bild aller weltweit rund 1,9 Milliarden täglich aktiven Nutzer anschauen, um die geposteten Widersprüche zu registrieren. Wenn euch die Nutzungsbedingungen nicht gefallen, bleibt euch nur die Option, möglichst wenige Daten preiszugeben und keine Texte und Bilder zu posten. Alternativ könnt ihr euch auch ganz einfach gegen die Facebook-AGB wehren, indem ihr euch von der Plattform abmeldet und euer Konto löscht. So verhindert ihr zu 100 Prozent, dass eure Daten anders genutzt werden, als ihr es möchtet.

KANN MAN BEI YOUTUBE LEGAL UND KOSTENLOS MUSIK DOWNLOADEN?

Erst einmal sind YouTube-Videos mit Musik natürlich urheberrechtlich geschützt. Wenn ihr euch die herunterladet, ist das eine Vervielfältigung, die ohne Zustimmung des Urhebers grundsätzlich nicht erlaubt ist. Nun könnte man sagen, das ist doch nichts anderes, als wenn man früher den Lieblingssong aus dem Radio auf Kassette aufgenommen hat – da hat ja auch keiner etwas dagegen einzuwenden gehabt. Stimmt! Der Grund dafür ist die Ausnahme der Privatkopie in § 53 UrhG, die immer dann gilt, wenn ihr euch etwas aus dem Internet zu privaten Zwecken kopiert und es nicht woanders wieder online stellt oder weiterverkauft.

Es gibt jedoch auch Situationen im YouTube-Alltag, in denen das Recht zur Privatkopie nicht gilt. Das ist insbesondere dann der Fall, wenn ihr eine »technische Schutzmaßnahme« umgeht, um an das Musikstück zu gelangen. Eine solche technische Schutzmaßnahme könnte die von YouTube eingesetzte »Rolling Cipher«-Technologie darstellen. Dadurch wird der Speicherort einer Videodatei auf der Standard-Benutzeroberfläche des Browsers einschließlich der URL-Zeile der Plattform verborgen. Die Speicherung einer Tonspur ist trotzdem ohne großen technischen Aufwand und mit nur geringen Programmierkenntnissen möglich. Die Musikindustrie ist hier natürlich der Auffassung, dass beim Download einer Audiospur von YouTube dennoch eine technische Schutzmaßnahme umgangen wird. Auch das Landgericht Hamburg hat das 2017 so gesehen und einen beliebten Converter verboten (Urteil vom 19.07.2017, Aktenzeichen 308 O 230/17). Solange aber keine höchstrichterliche Entscheidung zu der Frage vorliegt, ist diese Einstufung keinesfalls in Stein gemeißelt. Nahezu in Stein gemeißelt sind aber die Nutzungsbedingungen von YouTube. Diese verbieten die Konvertierung ganz eindeutig. Wer sich nicht an die Vorgaben hält, dem drohen eine Sperrung oder gar die Kündigung des Accounts. Allerdings sind die Klauseln meiner Auffassung nach rechtswidrig, da das Recht zur Privatkopie kraft Gesetzes gilt und nicht vertraglich aufgehoben werden kann.

Und noch einmal anders sieht es meiner Ansicht nach aus, wenn ihr euch beim Download gar nicht registriert. Denn dann können diese Bedingungen überhaupt nicht wirksam einbezogen werden, weil ihr sie nicht ausdrücklich akzeptiert habt. Mein Fazit also lautet: Die Konvertierung von Videos in Audiodateien für den Privatgebrauch bei YouTube ist zulässig! Ein gewisses Restrisiko bleibt aber bestehen.

§ MIT 14 KANN MAN SCHON INSTAGRAM-STAR SEIN ... ODER ETWA DOCH NICHT?

Mit zwei Millionen Followern war die 14-jährige Valentina aus Brasilien eine beliebte Influencerin. Unter dem Namen Nina Rios postete sie regelmäßig Selfies auf Instagram und Tanz-Clips auf TikTok. Für Valentina war das vielleicht die Erfüllung ihres größten Traums und zweifelsohne extrem lukrativ. Doch plötzlich traf ihre Mutter eine folgenschwere Entscheidung, indem sie ihr die Nutzung von Social Media verbot. Und noch schlimmer: Sie löschte kurzerhand Valentinas Kanäle mitsamt aller Follower. Die Begründung postete sie auf ihrem eigenen Instagram-Account mit immerhin 119 000 Abonnenten: »Langweilig, ich weiß, aber die Aufgabe einer Mutter ist es, nicht die beste Freundin zu sein, und das wird sie im Nachhinein auch sicher verstehen. […] Ich möchte nicht, dass sie für brennbare Polyester-Kleidung aus China Werbung macht und täglich Tänze aufführt wie ein dressierter Pavian.« Das nenne ich mal konsequent! Doch hätte sie das auch nach deutschem Recht gedurft?

Die Antwort lautet ganz klar ja – gleich aus mehreren Gründen: Zum einen trifft die Eltern, solange die Kinder noch minderjährig sind, nach § 1626 BGB die Pflicht zur »elterlichen Sorge«. Zwar sollen sie dabei, je älter die Kinder werden, den Sprösslingen immer mehr Freiheiten lassen. Bei einer 14-Jährigen ist eine solche Entscheidung aber mehr als nachvollziehbar. Hinzu kommt, dass Valentina mit dem Account Geld verdiente und wohl sogar Werbeverträge mit verschiedenen Unternehmen abschloss. Das geht nach deutschem Recht gar nicht ohne die Erlaubnis der Eltern.

Doch nicht nur die Eltern, auch die sozialen Netzwerke müssen nach der »EU-Datenschutzgrundverordnung (DSGVO)« eine Altersgrenze ziehen. Kinder unter 16 Jahren dürfen demzufolge soziale Medien und ähnliche Dienste zumindest nicht ohne Zustimmung der Eltern nutzen. Darüber hinaus sehen manche Plattformen zusätzliche Einschränkungen vor. So erlaubt TikTok zwar die Nutzung des Netzwerks durch Jugendliche, die älter als 13 Jahre sind, fordert aber laut Kleingedrucktem sogar bis zum 18. Lebensjahr die Einverständniserklärung der Eltern per E-Mail ein. Ob diese Einverständniserklärung auch wirklich eingeholt wird, steht erfahrungsgemäß auf einem anderen Blatt.

Letztlich ist es damit immer noch Sache der Eltern, zu entscheiden und zu überprüfen, was die »Kleinen« da so in den sozialen Medien treiben. Und in drastischen Fällen kann das eben auch mal dazu führen, dass sie einen heimlich angelegten Account wieder löschen. Doch auch Eltern meinen es manchmal gut, machen es aber falsch. Immer wieder kommt es vor, dass Eltern ihre Kinder selbst über Kanäle wie Instagram vermarkten – weil diese angeblich ja so viel Spaß daran haben.

§ WENN ICH FREMDE PRODUKTE BEI INSTAGRAM ERWÄHNE, MUSS ICH DAS IMMER ALS WERBUNG KENNZEICHNEN?

Die Influencer sind die Stars und Sternchen des Internets. Diese Menschen nutzen oft Hunderttausende oder auch Millionen Follower, um mit ihrem Einfluss Geld zu verdienen. Denn die vermeintlich intimen Einblicke in ihr brillantes, beneidenswertes Privatleben dienen in der Regel dazu, Werbung für Mode, Parfum, Marmeladenhersteller oder sonst irgendetwas zu betreiben. Mal mehr, mal weniger offensichtlich. Und wer noch kein richtig guter, bezahlter Influencer ist, es aber noch werden möchte, der kauft sich schlichtweg ein Markenprodukt, verlinkt auf den Hersteller und hofft, dadurch vielleicht später eine bezahlte Kooperation zu ergattern. Diese neue Werbeform hat in den letzten Jahren große Furore gemacht – in den (sozialen) Medien und auch vor den Gerichten. Denn insbesondere Wirtschaftsverbände fingen an, Influencer im großen Stil wegen »Schleichwerbung« abzumahnen. Das traf auch diejenigen, die gar keine Gegenleistung dafür erhalten hatten, dass sie Sonnencremes oder Parfums in die Kamera hielten und dazu auf den Hersteller verlinkten. Die Gerichte haben hierzu eine Reihe von unterschiedlichen Entscheidungen getroffen, inwiefern ein solches Posting mit »Werbung« oder »Anzeige« überschrieben werden muss. Das führte zu der absurden Situation, dass Influencer fortan fast jedes Posting als »Werbung (wegen Markennennung)« kennzeichneten.

Inzwischen gibt es zumindest etwas mehr Klarheit: Zum einen hat der Bundesgerichtshof mehrere Urteile zum Thema Influencer-Marketing gefällt (Urteile vom 09.09.2021, Aktenzeichen I ZR 90/20, I ZR 125/20, I ZR 126/20 und Urteile vom 13.01.2022, Aktenzeichen I ZR

35/21, I ZR 9/21). Und zum anderen wurde ein neues Influencer-Gesetz verabschiedet, das am 28. Mai 2022 in Kraft tritt. Woran also müssen sich Influencerinnen und solche, die es werden wollen, halten? Hier ein kurzer Überblick über die geltenden Regeln.

Zunächst sagt der BGH, dass letztlich jeder Influencer mit seinem Kanal Werbung für sich selbst betreibt – egal, ob er nun in einem konkreten Posting auf fremde Produkte verlinkt oder nicht. Schließlich geht es beim Influencer-Marketing gerade darum, Privates mit Geschäftlichem zu verbinden und die Grenzen verschwimmen zu lassen. Nur bei Kanälen besonders bekannter Influencer, die mit blauem Haken verifiziert sind, ist sich laut BGH jeder bewusst, dass es sich um einen kommerziellen Kanal handelt. So war das etwa bei Cathy Hummels mit ihren aktuell 666 000 Followern und bei Leonie Hanne mit ihren damals noch 1,7 Millionen (mittlerweile 4,1 Millionen) Followern. Sie müssen ihre Beiträge also zumindest dann nicht kennzeichnen, wenn sie nicht gerade Werbung für fremde Unternehmen machen. Bei weniger bekannten Influencern kann diese Aussage des BGH hingegen dazu führen, dass letztlich praktisch jedes Posting kennzeichnungspflichtig wird. Allerdings ist derzeit unklar, wo die Grenze der Bekanntheit zu ziehen ist.

An dieser Unsicherheit wird sich auch mit dem neuen Gesetz nichts ändern, weil es sich nicht auf den Fall der Eigenwerbung bezieht. Darüber hinaus müssen sowohl bekannte als auch unbekanntere Influencer ein Posting als Werbung kennzeichnen, wenn sie über fremde Produkte oder Dienstleistungen berichten und:

- für diesen Beitrag irgendeine Gegenleistung (Geld, Provision, Vergünstigungen oder Sachwerte) erhalten haben,
- das Produkt kostenlos erhalten haben,
- Affiliate Links oder werbliche Links setzen oder
- Rabattcodes vergeben.

Etwas komplizierter sah es lange Zeit bei der Erwähnung beziehungsweise der Verlinkung zu selbst gekauften Produkten aus. Hierzu sind zahlreiche unterschiedliche Urteile ergangen, die sowohl

Influencer als auch Verbraucher verwirrten. Relevant ist letztlich nur eine Aussage der aktuell fünf BGH-Urteile dazu: Eine Kennzeichnungspflicht allein wegen des Hinweises auf ein fremdes Unternehmen besteht nur, wenn der Influencer dafür auch irgendeine Gegenleistung erhalten hat.

Diese Rechtsauffassung wird mit dem neuen Influencer-Gesetz, das am 28. Mai 2022 in Kraft tritt, noch einmal bestätigt. Nach dem neuen § 5a Absatz 4 UWG wird dann zwar vermutet, dass der Influencer eine Gegenleistung erhalten hat, was eine Kennzeichnungspflicht auslöst. Diese soll jedoch immer dann entfallen, wenn der Influencer beweisen kann, dass er keine Gegenleistung für das Posting erhalten hat. Gegenleistungen können nach der Gesetzesbegründung auch kostenlose Produkte, Pressereisen oder Kostenübernahmen sein, und sie müssen auch nicht in unmittelbarem zeitlichem Zusammenhang mit dem Posting erfolgen. Eine Hoffnung auf Gegenleistung allein reicht jedoch nicht aus. Den Beweis kann der Influencer beispielsweise erbringen, indem er einen Kaufbeleg über das beworbene Produkt oder eine eidesstattliche Versicherung vorlegt. Gelingt dieser Beweis, ist der Influencer zumindest wegen der Werbung für das fremde Produkt aus dem Schneider.

Wenn ein Post, ein Video, eine Story oder ein Reel gekennzeichnet werden müssen, gilt: Am besten direkt am Anfang fett die Worte »Anzeige« oder »Werbung« dazuschreiben – dann können sie die Nutzer darauf einstellen, dass der folgende Beitrag nicht neutral ist. Damit scheint es, als gäbe es langsam etwas mehr rechtliche Sicherheit für bekannte Influencer – nicht aber für solche, die es noch werden wollen.

§ DARF ICH LUSTIGE FOTOS ODER VIDEOS VON ANDEREN IM NETZ POSTEN?

Egal ob im Urlaub, beim Feierabendbier, auf einer Party oder einfach nur beim Spazierengehen – überall finden sich schöne, lustige oder absurde Foto- und Videomotive. Der Reflex des modernen Menschen: Schnell Handy zücken, Foto oder Video machen, auf Instagram oder

Facebook posten. Doch Vorsicht! Denn sobald auf der Aufnahme auch andere Menschen – egal, ob wir sie kennen oder nicht – zu sehen sind, kann einem dieser Reflex schnell zum Verhängnis werden. Denn was, wenn die anderen mit der Aufnahme überhaupt nicht einverstanden sind?

Das ist eine Frage, die man sich nicht nur aus reiner Höflichkeit stellen sollte. Wer sie übergeht, kann sich ernsthaften rechtlichen Ärger einhandeln. Denn wer ein Foto oder Video von einem anderen Menschen ohne dessen Zustimmung macht, begeht meist eine Persönlichkeitsrechtsverletzung. Wer nicht nur rein privat knipst, verletzt sogar das Datenschutzrecht. Die gefilmte Person kann dann verlangen, dass man das Foto wieder löscht. Heimliche Tonaufnahmen oder Videos und Fotos aus der Intimsphäre eines Menschen, also zum Beispiel innerhalb dessen Wohnung oder beim Sex, sind sogar strafbar! Wer so etwas macht, riskiert nicht nur die Freundschaft zum gefilmten Menschen, sondern auch eine saftige Klage und im schlimmsten Fall eine Strafanzeige.

Heißt das, ihr müsst jetzt vor jedem Foto oder Video eine schriftliche Einwilligung einholen, um rechtlich auf der sicheren Seite zu sein? Nun, als Anwalt müsste ich natürlich sagen, dass das gar keine schlechte Idee wäre – als Christian Solmecke weiß ich aber natürlich, dass dies praktisch völlig unrealistisch ist. Merkt euch einfach: Macht keine heimlichen Aufnahmen von Freunden, Kollegen und erst recht nicht von Fremden. Auch nicht, wenn es wirklich lustig aussieht, wie sie da so betrunken vor sich hin sabbern oder lustige Grimassen beim Tanzen ziehen. Wenn sie hingegen nett in die Kamera lächeln, ist der Schnappschuss völlig in Ordnung.

Bevor ihr den Schnappschuss dann in den sozialen Medien postet, fragt lieber vorher genau nach, ob das für den Abgelichteten wirklich okay ist. Denn Fotos von anderen zu veröffentlichen, verstößt in der Regel gegen das Recht am eigenen Bild, wenn die andere Person nicht vorher eingewilligt hat. Von diesem Grundsatz gibt es zwar einige Ausnahmen – doch bei privaten Aufnahmen greifen diese in der Regel nicht. Wer so etwas macht, riskiert also nicht nur die Freundschaft, sondern eine saftige Klage und im schlimmsten Fall eine Strafanzeige.

Und wenn die fotografierte Person nicht einverstanden ist? Dann erfährt vielleicht nicht jeder Follower von diesem lustigen Moment – aber ihr habt ihn ja selbst erlebt und könnt auch später noch darüber lachen, wenn ihr durchs Smartphone scrollt. Manchmal muss das einfach reichen.

Warten Sie! Wenn die Größe hier passt, können Sie die anderen Pakete gleich wieder mitnehmen …

KAPITEL 4

SHOPPINGSPASS MIT KOMPLIKATIONEN

Shopping macht glücklich. Diesen Satz werden die meisten von euch wohl unterschreiben können. Doch wirft man einen rechtlichen Blick auf das Thema Shopping inklusive Online-Shopping kann einem manchmal der Spaß vergehen. Denn sogar der einfache Besuch im Supermarkt birgt eine Vielzahl von Rechtsfragen. Im Supermarkt probieren manche gern eine Weintraube oder Kirsche, um zu testen, ob das gewählte Bündel auch schmeckt. Bezahlt ist das Obst noch nicht, ist das Naschen dennoch erlaubt? Kann ich das Obst und den restlichen Einkauf eigentlich ausschließlich mit Centmünzen bezahlen? Und kann ich zu viel herausgegebenes Rückgeld behalten? Ebenso eine berechtigte Frage wie die, ob man den Pfandbon sofort einlösen muss und was eigentlich mit Flaschen passiert, die beschädigt sind – kann man die trotzdem zurückgeben? Gefällt einem die gekaufte Ware später nicht, möchte man sie gern zurückgeben oder umtauschen. Aber muss der Verkäufer das akzeptieren?

Auch beim Online-Shopping stellt sich die eine oder andere Frage regelmäßig. Zum Beispiel, ob man eigentlich immer ein 14-tägiges Widerrufsrecht hat, egal was man bestellt. Muss man die Rücksendekosten selbst bezahlen? Jeder hat sicher schon erlebt, dass das bestellte Produkt zu spät oder beschädigt angekommen ist. Aber was kann man dann tun? Und was, wenn man auf eBay selbst etwas verkaufen will – darf man dann die Produktfotos des Herstellers nutzen? Und eine Auktion, die nicht besonders gut läuft, selbst abbrechen?

DARF MAN IM SUPERMARKT NASCHEN?

Für den sonntäglichen Kaffee mit den Schwiegereltern möchte man im Herbst einen Pflaumenkuchen backen – aber selbstverständlich nur mit den besten Früchten. Beim Einkauf im Supermarkt nascht man also mal schnell eine Pflaume. Wird doch okay sein, wenn man später dann welche kauft. Das Gleiche macht man mit den Trauben. Eine ganze Packung von denen zu kaufen und am Ende sind die viel zu sauer? Das wäre doch ärgerlich. Aber darf man das?

Juristisch gibt es eine klare Antwort: Nein! Dieses Vorgehen stellt tatsächlich einen Diebstahl dar (§ 242 StGB). Allerdings wäre es ein Diebstahl geringwertiger Sachen. Und der wird vom Strafermittler nur verfolgt, wenn der Supermarktbetreiber Anzeige erstattet (§ 248a StGB) – was so gut wie nie passiert. Wenn der Kunde regelmäßig etwas kauft und bezahlt, möchte man ihn ja ungern wegen einer einzelnen Traube vergraulen.

Lustigerweise kann man rechtlich hingegen nichts einwenden, wenn jemand beginnt, im Supermarkt eine Zeitschrift zu lesen, ohne sie später zu kaufen. Denn im Gegensatz zum Obst nimmt man die Zeitung ja nicht endgültig weg, es liegt also kein Diebstahl vor. Solange man keinen unschönen Knick reinmacht, ist das auch keine Sachbeschädigung. Jedoch kann der Supermarktleiter selbstverständlich von seinem Hausrecht Gebrauch machen und besonders dreiste Kunden rauswerfen oder sie zumindest dazu auffordern, ihr Verhalten einzustellen.

§ VIELE KLEINE MÜNZEN SIND AUCH GELD, ODER?

Wenn sich das Wechselgeld in kleinen Münzen im Portemonnaie sammelt, empfinden viele Leute das als lästig. Deshalb greift man gern auf Sparbüchsen zurück, in die man sein Münzfach regelmäßig entleeren kann. Doch wie geht es dann weiter? Was mache ich mit dem ganzen Kleingeld?

Manch einer mag sich denken: Geld ist Geld. Wenn man seine vielen Münzen durchgezählt hat, kann man mit denen doch sicherlich den nächsten Wocheneinkauf bezahlen. Wer das versucht, wird aber schnell merken, dass die allermeisten Verkäufer – und auch Kunden hinter einem in der Schlange – diesen »Spaß« nicht mitmachen wollen. Und damit sind sie im Recht. Es ist gesetzlich festgelegt, dass niemand verpflichtet ist, mehr als 50 Münzen anzunehmen (§ 3 Münzgesetz). Aber auch geringere Mengen dürfen abgelehnt werden, zum Beispiel wenn sie den Betriebsablauf stören.

Wer eine Menge Kleingeld loswerden möchte, der kann das in der Regel bei seiner Bank tun. Manche bieten diesen Service sogar kostenlos an ihren Einzahlautomaten an. Bei anderen Banken wird aber auch schon mal eine kleine Gebühr fällig. Mittlerweile bieten sogar manche Supermärkte entsprechende Automaten an – wie man sich aber denken kann, erfolgt das Wechseln dort nur gegen einen saftigen Aufpreis.

§ DARF MAN DAS WECHSELGELD BEHALTEN, WENN MAN ZU VIEL ZURÜCKBEKOMMEN HAT?

Es ist sicher jedem schon mal passiert, dass er an der Kasse beim Bäcker, an der Tankstelle oder im Supermarkt zu viel Wechselgeld vom Kassierer zurückbekommen hat. Und ebenso hat fast jeder sicherlich schon einmal kurz darüber nachgedacht, den Mund zu halten und den Mehrbetrag einfach einzustecken. Aber ist das okay? Unser Rechtsgefühl verrät es uns vermutlich schon: Das kann wohl nicht sein …

Neben der moralischen Pflicht dem Kassenmitarbeiter gegenüber stellt sich auch die Frage nach der juristischen Beurteilung. Wie ist es zu werten, wenn ich mit dem Geld, das mir ja eigentlich nicht zusteht, den Laden verlasse? Zur Beruhigung: In aller Regel macht man sich nicht strafbar, wenn man das Geld einfach mitnimmt, selbst dann, wenn man dies in »böser« Absicht tut. Bemerkt man den Fehler nicht, dann natürlich erst recht nicht.

Irren kann sich die Kassiererin natürlich trotzdem. Wäre es nicht trotzdem Betrug, wenn ich den Fehler nicht aufkläre? Ein Betrug nach §

263 StGB kann auch vorliegen, weil jemand etwas unterlassen hat, etwa weil in einer sogenannten Garantenpflicht eine konkrete Pflicht zur Aufklärung über den bestehenden Irrtum vorliegt. Eine solche Pflicht besteht zwischen Kunde und Kassenmitarbeiter jedoch grundsätzlich nicht, da es dafür an einem besonderen Nähe- oder Vertrauensverhältnis fehlt. Selbstverständlich sollte dennoch sein, dass man das zu viel erhaltene Geld nicht behalten darf. Denn nach dem Zivilrecht hat man die Pflicht, das Geld zurückzugeben.

Steckt man das Geld ein, ist vor allem auch die moralische Zweifelhaftigkeit der Aktion zu bedenken. Nicht nur, dass man sich unredlich verhalten würde. Es ist zudem nicht selten so, dass der Kassierer bei der Abrechnung seiner Kasse für die Fehlbeträge einzustehen hat, die ihm dann von seinem Lohn abgezogen werden. Möglicherweise verliert er sogar seinen Job, falls die Sache zu oft vorkommt. Auch darüber sollte man sich als Kunde im Klaren sein.

§ KANN MAN AUCH BESCHÄDIGTE PFANDFLASCHEN ZURÜCKGEBEN?

Vor dem Einkauf im Supermarkt schnell noch ein paar Pfandflaschen zurückbringen – das kennt wohl jeder. Wohl auch, dass das mit dem »schnell« relativ ist … Wie oft bin ich schon vor einem Pfandrückgabeautomaten verzweifelt. Auch beim fünften Versuch wollen einige Automaten die Flaschen oder Dosen einfach nicht akzeptieren! Und dann gibt es auch noch die leicht beschädigten Flaschen, die nach dem Scheitern oftmals lieblos neben den Automaten gestellt werden. Kann man nicht eigentlich auch dafür Pfand verlangen?

Grundsätzlich hängt die Annahme einer Mehrwegflasche, einer Getränkedose oder einer Einwegflasche von dem Code ab, der auf ihr klebt. Gerade der ist in einigen Fällen kaum mehr zu erkennen, bei Bierflaschen löst sich das Etikett manchmal schon von allein, wenn man sie länger in der Hand hält. Außerdem kann auch die Flasche selbst beschädigt sein. Das sind sicherlich nicht die besten Voraussetzungen, um die paar Cent zurückzubekommen. Dennoch kann, sofern der Automat die Flasche nicht annimmt, an der Supermarktkasse nachgefragt werden. Beschädigte Flaschen müssen dort zurückgenommen werden, solange die Banderole vorhanden und das Pfandabzeichen noch erkennbar ist. Dass die Flasche als solche deformiert oder verschmutzt ist, ändert daran nichts. Wer aber eine PET-Flasche ohne Etikett abgeben will, kann das getrost vergessen. Das Pfand gibt es nur für Flasche und Etikett gemeinsam zurück. Ansonsten könnte man das Etikett ja an eine andere Flasche kleben, die als Einweg produziert wurde, und doppelt abkassieren.

§ MUSS MAN PFANDBONS SOFORT EINLÖSEN?

Ihr habt beim Einkauf ein paar Pfandflaschen zurückgegeben, aber beim Bezahlen vergessen, den Pfandbon auf das Kassenband zu legen und es erst zu Hause bemerkt? Dann gebt ihr ihn einfach beim nächsten Mal ab! Bei diesem neuen Versuch des Pfandboneinlösens könnte es allerdings sein, dass ihr auf einen renitenten Verkäufer trefft, der felsenfest davon überzeugt ist, dass der Bon jetzt nicht mehr eingelöst werden kann.

Hierzu habe ich neulich einen sehr passenden Tweet gelesen. Der ging ungefähr so: »Verkäuferin: Sie können ihren Pfandbon nicht mehr abgeben, der ist schon älter als ein Monat! Ich: Doch, das darf ich. Sie: Nein, das dürfen Sie nicht. Ich: Doch! Der Auszahlungsanspruch verjährt nach der regelmäßigen Verjährungsfrist der §§ 195, 199 BGB erst in drei Jahren ab Ende des Jahres, in dem ich das Pfand abgegeben habe. *Plötzliche Stille*.«

Und genau so ist es: Ein Pfandbon gibt euch einen Anspruch auf Auszahlung von Geld. Solche Ansprüche unterliegen tatsächlich einer Art »Verfallsdatum«. Gemeint ist aber nicht eine willkürlich gesetzte Frist des Mitarbeiters, sondern vielmehr die ganz normale Verjährungsfrist des Bürgerlichen Gesetzbuchs. Die steht in § 195 BGB und beträgt drei Jahre. Die Frist für diese Verjährung beginnt allerdings nicht etwa mit Abgabe des Pfandes, sondern erst mit dem Ende des Jahres, in dem ihr das Pfand abgegeben habt. Das steht in § 199 BGB. Wenn ihr also am

1. Januar 2020 eure Flaschen abgegeben habt, habt ihr bis zum 31. Dezember 2023 – und damit fast vier Jahre – Zeit, den Bon einzureichen. Und wenn ihr die Flaschen am 31. Dezember 2020 in den Automaten gesteckt habt? Dann habt ihr ebenfalls bis zum 31. Dezember 2023 Zeit. Falls ihr also grundsätzlich gern mit Kassierern diskutiert, wäre das ein guter Grund, mit der Flaschenabgabe oder dem Gutscheinkauf noch bis nach Silvester zu warten.

Doch Vorsicht: Wenn ihr lange wartet, um euren Pfandbon einzulösen, gibt es noch ein anderes, sehr viel banaleres Problem: Die Zettel sind häufig auf Thermopapier gedruckt und verblassen mit der Zeit. Ein weißes Stück Papier hilft euch dann nicht mehr, euer Pfandgeld zurückzubekommen. Zu lange solltet ihr also vielleicht doch nicht warten …

§ MUSS ICH WIEDER EIN JAHR WARTEN, WENN ICH VERGESSEN HABE, ZU KÜNDIGEN?

Manche Verträge braucht wirklich jeder, insbesondere den Klassiker: einen Handy-Vertrag. Während der Vertragsabschluss noch recht einfach vonstattengeht, ist die Beendigung des Vertrages nicht selten mit Problemen verbunden. Wer die Frist nicht kennt oder sie vergisst, der muss oft ein ganzes Jahr warten, bis er die nächste Chance zur Kündigung hat. Denn diese Verträge verlängern sich nach Ablauf der üblichen zwei Jahre meist automatisch weiter um mindestens ein weiteres Jahr, nach dem dann wieder gekündigt werden kann. Laut Umfragen haben die meisten Menschen in ihrem bisherigen Leben mindestens einmal vergessen, einen Dauervertrag zu kündigen.

Dieses Ärgernis hat aber nun endlich ein Ende: Für Handy-, Festnetz- und Internetverträge gilt seit dem 01.12.2021, dass diese nach Ablauf der vereinbarten zwei Jahre jeden Monat gekündigt werden können – endlich! Das gilt für alle Verträge, egal, wann sie abgeschlossen wurden. Möglich machte das eine Änderung des Telekommunikationsgesetzes, genauer gesagt des § 56 TKG. Wenn ihr also die Frist verpasst habt, kündigt einfach jetzt – oder holt euch einen neuen Vertrag zu besseren Konditionen. Die Anbieter müssen euch sogar von sich aus einmal jährlich schriftlich über den für euch gerade optimalen Tarif informieren.

Eine Erleichterung gibt es auch für andere Neuverträge, die nach dem 01.03.2022 abgeschlossen wurden: Egal ob Zeitungsabos, Fitness-studio-, Streaming- oder Strom- und Gasverträge, diese können zukünftig nach Ablauf der zunächst vereinbarten Laufzeit mit einer Monatsfrist gekündigt werden. Für Altverträge gilt allerdings weiterhin das, was vertraglich vereinbart wurde. Hier sollte man sich die Kündigungsfrist also besser noch ein letztes Mal abspeichern.

§ HAT MAN IMMER DAS RECHT, DIE GEKAUFTE WARE UMZUTAUSCHEN?

Nicht jedes Produkt überzeugt nach dem Einkauf. Es kann vorkommen, dass die im Geschäft ausgesuchten Kopfhörer einem zu Hause doch nicht mehr so gut gefallen, der online bestellte Pullover zu kurz ist oder einem die Farbe der neuen Stühle nicht mehr zusagt. Da man aber unter Umständen eine ordentliche Summe bezahlt hat, möchte man die Sachen gern zurückgeben oder wenigstens umtauschen. Schnell fallen einem hierbei Schilder wie »Umtausch ausgeschlossen« oder »Umtausch nur gegen Ware oder Gutschein« an der Kasse ein. Muss der Verkäufer dennoch einen Umtausch akzeptieren?

Grundsätzlich gilt: Nein, gekauft ist gekauft. Nur weil der Kunde sich später anders entscheidet, ist der Verkäufer nicht zur Rücknahme verpflichtet. Der Vertrag ist rechtskräftig. Geht man zurück ins Geschäft und versucht höflich sein Glück, kommt es dennoch oft vor, dass die Sache funktioniert oder zumindest ein Umtausch der Ware angeboten wird. Dies geschieht dann aber lediglich aufgrund der unternehmenseigenen AGB oder aus Kulanz. Ein Recht auf Umtausch oder Rückgabe hat der Kunde im Geschäft nur, wenn die Ware mangelhaft ist – sie also beispielsweise beschädigt ist oder nicht funktioniert und man das beim Kauf nicht erkennen konnte.

Eine andere Ausnahme greift, wenn die Ware nicht im Geschäft, sondern in einem Online-Shop gekauft wurde. Bei einem solchen sogenannten Fernabsatzgeschäft hat der Kunde fast immer ein 14-tägiges Widerrufsrecht (§§ 312g, 355 BGB). Das bedeutet, dass man das Produkt ohne Angabe von Gründen zurückschicken kann und den vollen Kaufpreis zurückbekommt.

§ MUSS DER VERKÄUFER BESCHÄDIGTE WARE ERSETZEN?

Der neue Smoothie-Mixer schmort nach nur wenigen Tagen qualmend durch, ihr entdeckt in dem neuen Pulli ein Loch, das ihr beim Anprobieren nicht gesehen habt, oder euer neuer Laptop hängt sich ständig auf? Das ist natürlich ärgerlich. Denn eigentlich wolltet ihr euch an der neuen Sache ja erfreuen und euch nicht mit einem Verkäufer herumschlagen, der womöglich noch diskutieren will, ob ihr nicht selbst daran schuld seid, dass die Sache kaputt gegangen ist. Gut aber, wenn man seinen *Taschenanwalt* dabeihat und seine Rechte kennt! Ein Ersatz steht euch nämlich zu – zumindest, wenn sich innerhalb von zwei Jahren nach Erhalt der Ware zeigt, dass sie »mangelhaft« ist.

Die erste und wichtigste Voraussetzung für die Durchsetzung eurer Rechte ist: Das gekaufte Produkt muss schon mangelhaft gewesen sein, als ihr es bekommen habt. Das bedeutet nicht, dass der Mangel sich schon gezeigt haben muss. Wenn der Smoothie-Mixer also noch fünf leckere grüne Getränke hergestellt hat und erst beim sechsten Mal durchgebrannt ist, dann spricht vieles dafür, dass er von Anfang an defekt war. Nur, wie könnt ihr jetzt beweisen, dass es das Problem von vornherein gegeben hat und ihr es nicht selbst verursacht habt?

Da hilft euch das Gesetz! Genauer: Paragraf 477 BGB! Habt ihr als Privatperson etwas von einem Unternehmer gekauft, müsst ihr im ersten Jahr nach dem Kauf nicht beweisen, dass der Mangel von Anfang an bestand. Das Gesetz geht zu euren Gunsten davon aus. Tritt der Mangel erst in den 12 Monaten danach auf, müsst umgekehrt ihr beweisen, dass es sich um einen Konstruktionsfehler handelt. Gelingt dieser Beweis, muss der Verkäufer das Problem beheben.

Dazu müsst ihr natürlich erst einmal den Verkäufer kontaktieren und ihm sagen, dass er nachbessern muss. Anders als früher müsst ihr ihm dafür keine Frist setzen – er muss selbst innerhalb einer angemessenen Frist tätig werden. Dabei habt ihr grundsätzlich die Wahl, ob ihr lieber einen neuen Gegenstand haben möchtet oder ob er die Sache reparieren soll (§ 439 BGB). Nur, wenn eine der beiden Varianten für den Verkäufer unmöglich oder unzumutbar ist, kann er euch auf die andere Variante verweisen. Der Verkäufer muss sämtliche Kosten für die Nachbesserung tragen, insbesondere alle Versandkosten für die Rück- und erneute Hinsendung online gekaufter Ware. Dafür könnt ihr als Verbraucher sogar einen Vorschuss verlangen. Der Verkäufer ist außerdem verpflichtet, das ersetzte Gerät zurückzunehmen. Er kann also nicht von euch verlangen, dass ihr mit dem kaputten Smoothie-Mixer selbst zum Wertstoffhof fahrt, um ihn fachgerecht zu entsorgen.

Wenn das alles nichts hilft, also der Verkäufer keinen Ersatz-Pullover mehr auf Lager hat oder er es nach zwei Versuchen bzw. innerhalb einer angemessenen Frist nicht schafft, den Smoothie-Mixer oder Laptop zu reparieren, könnt ihr vom Kauf zurücktreten. Dann gebt ihr das kaputte Teil zurück und erhaltet euer Geld wieder.

§ HAT MAN BEIM ONLINE-SHOPPING IMMER EIN 14-TÄGIGES WIDERRUFSRECHT?

Schon vor Corona war das bequeme Online-Shopping aus unserem Alltag kaum noch wegzudenken – doch die Pandemie hat das Ganze noch einmal massiv verstärkt. Seitdem gilt das Shopping per Smartphone im Netz nicht nur als bequem, sondern auch als sicher.

Online-Shopping hat für uns aber noch einen weiteren entscheidenden Vorteil: das Widerrufsrecht von 14 Tagen nach Erhalt der Ware! Anders als bei im Laden erworbenen Produkten haben wir bei (fast) allen im Netz gekauften Artikeln so lange Zeit, um uns zu überlegen, ob die neuen Schuhe uns wirklich gefallen und der Sound der neuen Kopfhörer wirklich hält, was die Werbung versprochen hat. Manche Anbieter bieten sogar freiwillig längere Fristen an – Amazon hat etwa eine »freiwillige Rückgabegarantie« von 30 Tagen. Hat der Verkäufer uns nicht ausreichend über das Widerrufsrecht informiert, verlängert sich die Frist sogar um weitere 12 Monate.

Und wenn uns die Artikel nicht gefallen? Dann können wir die Sachen ganz einfach ohne Begründung zurückschicken und erhalten unser Geld zurück. Alles ganz risikofrei – oder etwa nicht?

Nun, nicht ganz. Es gibt einige Ausnahmen vom Widerrufsrecht: Zuallererst einmal gilt das Widerrufsrecht nur, wenn ihr als Verbraucher etwas von einem gewerblichen Händler kauft. Für Käufe von privaten Händlern bei eBay (Kleinanzeigen) gibt es kein Widerrufsrecht. Außerdem gilt das Widerrufsrecht nicht bei jedem Artikel, den ihr im Internet kauft. Nach § 312g BGB können zum Beispiel maßgeschneiderte Anzüge oder leicht verderbliche Waren nicht zurückgesendet werden. Auch ausgepackte Hygieneprodukte sind vom Widerruf ausgeschlossen. Allerdings ist die Rechtsprechung ziemlich streng bei der Frage, was tatsächlich unter den Ausschluss des Widerrufsrechts fällt: So können auch ausgepackte und probegelegene Matratzen (Urteil vom 03.07.2019, Aktenzeichen VIII ZR 194/16) oder WC-Sitze (Urteil vom 14.09.2016, Aktenzeichen 12 O 357/15) durchaus zurück an den Händler gesandt werden. Bei Erotikspielzeug hört der Spaß dann auf – das müssen die Käufer wirklich behalten, wenn sie es schon genutzt haben (OLG Hamm, Urteil vom 22.11.2016, Aktenzeichen 4 U 65/15).

Besonderheiten gelten auch beim Kauf digitaler Inhalte: Wenn der Online-Computerspiele- oder Streaminganbieter zuvor darauf hingewiesen und man zugestimmt hat, erlischt das Widerrufsrecht, sobald man mit dem Streaming bzw. dem Download begonnen hat. Das ergibt sich aus § 356 Abs. 5 BGB. Klar: Sonst könnte man ja einfach den Film streamen und dann ganz frech den Vertrag widerrufen und sein Geld zurückverlangen.

Sind das jetzt die einzigen Haken beim Widerrufsrecht? Nun, schon fast. Anders als früher muss man als Käufer inzwischen nach § 357 Absatz 6 BGB die Rücksendekosten zahlen, wenn man sich gegen das online gekaufte Stück entschieden hat. Zumindest, sofern euch der Händler vorher darauf hingewiesen hat. Manche Händler übernehmen die Rücksendekosten zwar freiwillig – darauf verlassen sollte man sich aber nicht. Nur die Kosten für die ursprüngliche Hinsendung müssen die Händler euch erstatten – allerdings keine Extra-Kosten, wenn ihr euch für einen teureren Express-Versand entscheidet. Anders sieht es wiederum aus, wenn ihr die Sachen zurückschickt, weil sie kaputt sind, sie also einen Mangel haben. Dann muss der Händler auch die Rücksendekosten tragen.

Also: Ganz so unkompliziert ist das Zurücksenden von online gekauften Waren tatsächlich nicht. Daher überlegt euch lieber gut, was ihr online shoppt. Sonst habt ihr am Ende vielleicht mehr Stress als gedacht.

§ DARF WARE, DIE BEI EINEM DEUTSCHEN ONLINE-SHOP BESTELLT WURDE, DIREKT AUS CHINA GELIEFERT WERDEN?

Ist euch das auch schon passiert? Ihr kauft bei einem vermeintlich deutschen Online-Shop– und plötzlich dauert es vier Wochen, und dann bekommt ihr erst einmal einen Brief vom Zoll, dass euer Paket aus China dort hängt und ihr Extra-Gebühren zahlen sollt. Und ihr versteht die Welt nicht mehr. Tja, hättet ihr mal aufs Kleingedruckte geachtet.

Hier eine kleine Anleitung für sicheres Online-Shopping ohne böse Überraschungen: Viele Plattformen wie zum Beispiel wish.com sind nur der Vermittler. Die eigentlichen Verkäufer findet man nur sehr versteckt. Bei Wish wird nur schlauer, wer auf »Shop-Bewertungen« und dann auf »Shop-Info« klickt und bis zu fünf nervige Captchas löst. Dann offenbart sich euch neben ein paar chinesischen Zeichen auch das einzig lesbare Wort »Festland China (CN)«. Bei anderen Plattformen zeigt hingegen bereits ein Klick auf »über uns«, dass der Hauptsitz in China ist.

Wenn ihr also (versehentlich) aus China eingekauft habt, müsst ihr euch auf folgende Probleme gefasst machen:

- Schleichende Lieferzeit. Viele Pakete kommen per Schiff oder Zug und nicht mit dem Flieger nach Europa. Das dauert mindestens einige Wochen, teilweise sogar mehrere Monate.

- Hohes Porto. Die Versandkosten sind auf den Plattformen nur kleingedruckt zu finden – und seit 2019 steigen sie.
- Zollgebühren. Pakete, die nicht aus der EU kommen, machen erst einmal einen Zwischenstopp beim Zoll. Überschreitet der Preis 150 Euro, müssen oftmals Zollgebühren gezahlt werden. Wie hoch diese sind, hängt davon ab, was für ein Produkt ihr gekauft habt. Bei Kleidung im Wert von 200 Euro sind es etwa 24 Euro zusätzlich, bei einem E-Book-Reader »nur« 7,40 Euro. Smartphones, Laptops oder Digitalkameras kosten hingegen nichts extra.
- Einfuhrumsatzsteuer. Kauft ihr ein Produkt innerhalb Deutschlands, ist die Mehrwertsteuer von 19 Prozent beziehungsweise 7 Prozent schon im Preis mit einkalkuliert. Führt ihr aber Waren von außerhalb der EU ein, müsst ihr diese Steuern nachzahlen.
- Gebühren der Postunternehmen. Die deutschen Postunternehmen kümmern sich meist darum, dass beim Zoll alles glatt geht. Bei der Deutschen Post DHL zum Beispiel müsst ihr für den Service 6 Euro Auslagepauschale berappen, bei UPS sind es schon mindestens 13 Euro Bearbeitungsgebühr oder 2,5 Prozent des Warenwerts.
- Plagiate. Besonders großen Ärger habt ihr, wenn sich euer vermeintliches Markenprodukt als Fälschung herausstellen sollte. Der Zoll prüft alle eingehenden Pakete stichprobenartig. Vermuten die Beamten ein Plagiat, können sie die Ware beschlagnahmen und – mit Einverständnis des Markeninhabers – vernichten. Besteht zudem der Verdacht, dass ihr die Waren nicht nur rein privat, sondern »im geschäftlichen Verkehr« verkaufen wolltet, drohen euch teure Abmahnungen und im schlimmsten Fall ein Strafverfahren.
- Fehlende Sicherheit. Der Zoll kann auch Produkte beschlagnahmen und vernichten, die nicht den EU-Sicherheitsbestimmungen entsprechen – zum Beispiel Elektrogeräte, bei denen notwendige Siegel oder das CE-Kennzeichen fehlen oder gefälscht sind. Was gut ist, denn solche Produkte können für euch sehr gefährlich sein.

Und wenn ein Paket nun auf dem Postweg verloren geht oder das bestellte Gerät zu Hause direkt durchgeschmort ist? Dann bleibt ihr meist auf dem Schaden sitzen. Denn obwohl ihr theoretisch das Recht hättet, den Vertrag zu widerrufen oder wegen eines Mangels zurückzuschicken – in der Praxis lässt sich das gegenüber einem chinesischen Händler kaum durchsetzen. Und selbst wenn – die Rücksendekosten nach China wären viel zu teuer.

Daher: Schau euch genau an, bei wem ihr bestellt und seid vorsichtig beim Online-Shopping aus Fernost. In vielen Fällen birgt der Kauf mehr Probleme als Vorteile.

§ WAS KANN MAN TUN, WENN EIN PAKET ERST NACH DEM ANGEGEBENEN LIEFERTERMIN KOMMT?

Ihr habt mal wieder bis zur letzten Sekunde gewartet, um für euren Freund oder eure Freundin das passende Geburtstagsgeschenk online zu bestellen. Von Tag zu Tag werdet ihr nervöser, weil das Präsent aus dem Online-Shop immer noch nicht geliefert wurde. Oder aber es kommt kaputt bei euch an und für eine Reklamation beim Online-Händler ist es zu spät. Könnt ihr möglicherweise den Händler verklagen, wenn am Geburtstag nun die kleine Aufmerksamkeit fehlt? Nun, wie so oft: Es kommt darauf an.

Die Lieferzeiten für Waren, die über einen Online-Shop verkauft werden, unterliegen den speziellen Regelungen des Fernabsatzes. Dazu gehört auch, dass der Verkäufer dem Käufer gemäß § 312d Abs. 1 BGB in Verbindung mit Art. 246a § 1 Nr. 7 EGBGB vor Vertragsschluss »den Termin, bis zu dem der Unternehmer die Waren liefern oder die Dienstleistung erbringen muss«, mitteilt. Demnach kann der Verkäufer nicht einfach behaupten, die Ware komme am nächsten Tag oder sei »sofort lieferbar«, wenn diese tatsächliche eine Woche bis zu euch nach Hause braucht. Der Gedanke dahinter ist ganz einfach: Je kürzer die Lieferfrist umso beliebter der Online-Shop. Sich mit falschen Lieferfristen einen Vorteil im Wettbewerb mit der Konkurrenz zu verschaffen, ist unlauter und damit rechtswidrig. Aus diesem Grunde können Verbände oder Mitbewerber einen Gesetzesverstoß unter bestimmten Umständen abmahnen.

Ist es dem Verkäufer nicht möglich, den Liefertermin ganz genau zu bestimmen, dann muss er zumindest den Liefertermin großzügig kalkulieren, damit der Käufer weiß, wann er die Ware spätestens bekommt. Dieser muss aber konkret sein, sodass unklare Zusätze wie »in der Regel« nicht erlaubt sind. Also beispielsweise »Lieferung in 1–3 Tagen«.

Die Angabe der Lieferfrist ist nicht unverbindlich, sondern wird zum Bestandteil des Vertrags. Wird vom Verkäufer die Lieferfrist zu kurz gewählt, sodass er bei der Leistung in Verzug gerät, kann der Kunde gegebenenfalls den Vertrag kündigen oder sogar Schadensersatzansprüche geltend machen.

Und wie sieht es aus, wenn das Paket überhaupt nicht ankommt oder auf dem Transportweg beschädigt wurde? Hier kommt es darauf an, bei wem geshoppt wurde: Habt ihr von einem Unternehmer gekauft, trägt er als Verkäufer das Risiko, dass beim Versand etwas passieren könnte – und muss euch im Schadensfall entweder ein neues Paket zusenden oder das Teil auf seine Kosten reparieren. Habt ihr euch hingegen von einem privaten eBay-Verkäufer etwas zusenden lassen, habt ihr leider Pech. Wenn der Verkäufer nachweisen kann, dass er das Paket bei der Post aufgegeben hat, habt ihr nichts in der Hand. Ihr könnt nur noch versuchen, das Geld von dem Transportunternehmen zurückzubekommen. Besser ist es daher, ihr lasst euch private Sendungen immer versichert zusenden, um euch den Ärger zu ersparen.

§ DARF ICH BEI EBAY FREMDE PRODUKTBILDER FÜR MEIN ANGEBOT NUTZEN?

Habt ihr – vielleicht als Neujahrsvorsatz – mal den Keller oder Kleiderschrank ausgemistet und dort so einiges gefunden, das ihr nicht mehr braucht? Oder hat euch der geschenkte elektrische Lockenwickler von Tante Elsa nicht so zugesagt, wie sie es sich erhofft hatte, und ihr wollt das gute Stück zumindest noch gewinnbringend verschachern? Dann führt der Weg in den meisten Fällen zu eBay oder eBay Kleinanzeigen. Ohne schöne Fotos lässt sich im Internet bekanntlich nichts verkaufen. Ihr könnt nun Folgendes tun: Entweder ihr zückt euer Smartphone und macht ein ganz unspektakuläres Foto. Gleich vorab: Das ist auf jeden Fall die Variante, die ich empfehlen würde. Oder aber ihr denkt, ihr seid gewitzt und nutzt einfach das offizielle Produktfoto des Herstellers oder eines gewerblichen Händlers. Das bietet sich natürlich gerade dann an, wenn man zum Beispiel etwas von Ikea verkauft und ganz einfach auf das Bild von der Ikea-Homepage zurückgreifen kann. Das sieht schön aus und lockt sicherlich auch mehr Interessenten an – leider aber auch die Hersteller. Die durchforsten nämlich ganz einfach mit Online-Tools das Internet nach Kopien von Fotos, an denen sie die Urheberrechte haben, und verschicken dann Abmahnungen nebst saftiger Rechnung.

Warum? Weil jedes Foto vom Schnappschuss über ein herkömmliches Produktbild bis hin zur Kunstfotografie nach dem Urheberrechtsgesetz geschützt ist – mindestens als sogenanntes »Lichtbild« nach § 72 UrhG. Wer so ein Foto kopiert und bei sich hochlädt, verletzt also Rechte und macht sich damit angreifbar.

Was aber tun, wenn eine solche Abmahnung ins Haus flattert? Auf keinen Fall Panik bekommen oder die beigefügte Unterlassungserklärung unterschreiben. Besser ist es, die Anwaltskanzlei des Vertrauens anzurufen. Die vorgefertigten Erklärungen lassen sich nämlich oftmals zum eigenen Vorteil abmildern. Auch die beigefügte Rechnung sollte man nicht einfach so bezahlen. Denn häufig sind die Forderungen völlig überhöht. Da gehen die Abmahner schnell mal davon aus, dass ihr gewerblich bei eBay unterwegs seid, was die Berechnungen schnell in die Höhe treibt. Privatpersonen müssen in der Regel nur eine niedrige dreistellige Summe an Abmahnkosten und Schadensersatz zahlen.

Das Fazit der Geschichte ist – nicht nur bei eBay: Ladet niemals fremde Fotos aus dem Internet auf eurer Website, eurem Social-Media-Account oder eurem Blog hoch. Das Geld, das ihr euch für die Abmahnung spart, investiert ihr lieber in eine ordentliche Kamera. Die macht nicht nur bessere Produktfotos, sondern auch schönere Urlaubsaufnahmen.

§ DARF MAN EBAY-AUKTIONEN JEDERZEIT VORZEITIG ABBRECHEN?

Vielleicht habt ihr schon einmal etwas über eBay versteigert und gespannt mitverfolgt, wie der Preis gestiegen und gestiegen ist … oder auch nicht! Denn letztlich ist mit der Versteigerung der Ware ein gewisses Risiko verbunden. Manchmal bekommt man nur einen Bruchteil des gewünschten Betrages, manchmal hat man Glück und erhält mehr, als man selbst bezahlt hat. Doch was tun, wenn kurz vor Ende der Auktion klar wird, dass man nicht den gewünschten Betrag erhalten wird? Die Ware doch lieber selbst behalten? Das könnte problematisch werden …

Das musste auch der Verkäufer eines gebrauchten Fiat Multipla erfahren, als er seinen PKW auf eBay zum Verkauf anbot, die Auktion zu seinem Ärger jedoch nur sehr zögerlich anlief. Er fürchtete, er könnte nicht den gewünschten Preis für sein altes Fahrzeug erhalten. Kurzerhand brach er die Auktion ab. Keine gute Idee, wie sich später vor Gericht zeigte! Denn der zum Zeitpunkt des Abbruchs Höchstbietende verklagte ihn auf Schadensersatz – und bekam recht. Das Oberlandesgericht Oldenburg entschied, dass, wer eine Ware bei eBay einstellt, damit bereits verbindlich die Annahme des Höchstgebots erklärt. Und wenn man vorzeitig bei einem niedrigen Gebot abbricht, kommt trotzdem mit dem Höchstbietenden ein verbindlicher Kaufvertrag zustande. Daher hätte dem Höchstbietenden für sein Gebot von 4500 Euro eigentlich das Auto im Wert von 7000 Euro zugestanden. Die Differenz von 2500 Euro musste ihm der unstete Verkäufer daher ersetzen (Urteil vom 28.07.2005, Aktenzeichen 8 U 93/05).

In den Jahren darauf fielen einige solcher Urteile, auch der Bundesgerichtshof bestätigte später diese Rechtsauffassung (Urteil vom 08.06.2011, Aktenzeichen VIII ZR 305/10). Der Vertrag mit dem Höchstbietenden gilt auch dann, wenn ein grobes Missverhältnis zwischen dem Kaufpreis und dem Wert der Kaufsache besteht (BGH, Urteil vom 12.11.2014, Aktenzeichen VIII ZR 42/14). Schließlich geht es bei eBay gerade um die Schnäppchenjagd. Das bedeutet: Entweder die Verkäufer müssen liefern, was sie versprochen haben, oder die Differenz zum tatsächlichen Wert ersetzen. Hinzu kommen Gerichts- und Anwaltskosten des Gegners.

Es gibt allerdings einige wenige Ausnahmen, bei denen dem Verkäufer erlaubt ist, eine eBay-Auktion vorzeitig abzubrechen: Man hat sich beim Eingeben des Mindestpreises geirrt (zum Beispiel einen falschen Startpreis eingetippt) oder die Sache völlig falsch beschrieben. Denn bei einem solchen Irrtum ist man zur »Anfechtung« berechtigt. Auch, wenn sich der Verkäufer ohne Verschulden über wesentliche Eigenschaften der zu verkaufenden Sache geirrt hat, darf er anfechten. Das ist etwa dann der Fall, wenn er nachträglich entdeckt, dass die zu verkaufende Sache einen erheblichen Mangel aufweist – dass zum Beispiel der Wagen mal einen Unfall hatte oder es die zu verkaufende Uhr nicht mehr gibt. Schließlich darf und muss er die Auktion abbrechen, wenn die Sache nach Start der Auktion gestohlen, beschädigt oder zerstört wurde.

In all diesen Fällen ist es aber wichtig, die Auktion sofort nach Entdecken des Abbruchgrundes zu stoppen und den Höchstbieter darüber zu informieren. Auch ist es wichtig, Beweise dafür zu sammeln, dass die eigene Behauptung tatsächlich stimmt. Sonst hat man vor Gericht schlechte Karten.

Was im Übrigen wirklich gar keine gute Alternative zum Abbruch der Versteigerung ist: einen Freund zu bitten, mitzubieten oder ein zweites eBay-Konto dafür zu nutzen, das Angebot in die Höhe zu treiben. Wenn das rauskommt, muss man nicht nur dem zuvor Höchstbietenden Schadensersatz leisten, sondern muss im Zweifel auch mit einem Strafverfahren wegen Betruges rechnen!

Hier steht übersetzt:
Die Polizei, dein Freund
und Helfer.

KAPITEL 5

ÄRGER MIT DER POLIZEI

»Die Polizei, dein Freund und Helfer« heißt es so schön. Doch nicht jeder findet die Begegnung mit der Polizei erfreulich. Kommt manchmal auch darauf an, was man ausgefressen hat. Einige haben generell ein Problem mit staatlichen Autoritäten und sind genervt von den vielen Befugnissen der Beamten. Da kommt schnell die Frage auf, wie man sich in einer Konfliktsituation gegenüber Polizisten verhalten muss. Darf man sich wehren oder die Beamten filmen? Was passiert eigentlich, wenn man Polizisten beleidigt? Wird man dann härter bestraft als sonst? Und was dürfen Polizisten alles? Den Personalausweis verlangen? Das Handy einsacken? Mich festnehmen? Mich festnehmen darf aber nur die Polizei, oder nicht?

Der Gedanke an eine Festnahme ist wohl für jeden angsteinflößend. Da ist es wichtig zu wissen, welche Rechte man dann hat. Müssen mir meine Rechte vorgelesen werden, und habe ich tatsächlich nur einen Anruf frei, so wie man das aus Hollywood-Filmen kennt?

Manchmal ist man aber auch einfach zur falschen Zeit am falschen Ort und gerät in etwas hinein, mit dem man eigentlich nichts zu tun hat. Vor Gericht muss man sich dann erklären. Gilt dann das Prinzip »Mitgefangen, mitgehangen«? Und was, wenn ich zu Recht festgenommen wurde, weil ich eine Straftat begangen habe, das aber nicht sagen will? Darf mein Anwalt vor Gericht für mich lügen?

§ MUSS MAN EINEN PERSONALAUSWEIS JEDERZEIT VORZEIGEN KÖNNEN?

Ist eine Straftat passiert, bittet die Polizei in der Regel alle vor Ort Anwesenden um ihre Ausweise. Und meist kommen die Menschen dem auch nach. Doch folgen sie damit nur einer Bitte, oder sind sie zum Zeigen des Ausweises verpflichtet? Und muss man eigentlich immer einen Ausweis dabeihaben?

Tatsächlich ist es ein hartnäckiges Gerücht, dass man den Ausweis stets bei sich führen muss. Deutsche ab 16 Jahren sind lediglich verpflichtet, einen Personalausweis zu haben – stets und ständig in der Tasche mitführen muss man ihn aber nicht. Die Ausweispflicht ist schon dann erfüllt, wenn man den Personalausweis zu Hause liegen hat. Problematisch wird es aber, wenn die Gültigkeit des Ausweises abläuft. Denn keinen gültigen »Perso« zu haben, ist eine Ordnungswidrigkeit und die meisten Städte und Gemeinden erheben ein Bußgeld, wenn man sich nicht innerhalb von neun Monaten um Ersatz kümmert.

Und wenn man ihn nun dabeihat, muss man ihn der Polizei dann jederzeit vorzeigen? Nein, ganz so einfach ist das auch für die Polizei nicht. Denn nach der Identität beziehungsweise dem Ausweis fragen dürfen Polizisten nur in bestimmten Situationen. So zum Beispiel, wenn man sich an einem Drogenumschlagsplatz oder an einem anderen Ort aufhält, an dem üblicherweise viele Straftaten begangen oder geplant werden. Oder wenn man verdächtig ist, selbst eine Straftat begangen zu haben, oder als Zeuge bei der Aufklärung einer Straftat helfen könnte. Unter bestimmten Voraussetzungen muss man auch in Flughäfen, Bahnhöfen oder Zügen, auf Autobahnen oder in Grenzgebieten einen Ausweis vorzeigen können – hier reicht es allerdings nicht aus, dass die Person ein äußerliches Klischee erfüllt oder eine bestimmte Hautfarbe hat. Dieses »Racial Profiling« diskriminiert Menschen und verstößt deswegen gegen das Grundgesetz.

Doch was, wenn man den Ausweis dann nicht dabeihat? Nun, ein anderes amtliches Dokument wie der Führerschein reicht auch, um zu zeigen, wer man ist. Hat man aber gleich das ganze Portemonnaie zu Hause vergessen, dürfen die Beamten die Identität auch auf anderem

Weg feststellen – zum Beispiel mit einem nach Hause fahren, damit man den Personalausweis holen kann. Im Extremfall darf die Polizei einen sogar durchsuchen oder auf die Wache mitnehmen, um die Identität zu ermitteln.

§ DARF MAN POLIZISTEN BEIM EINSATZ ZU BEWEISZWECKEN FILMEN?

Polizeieinsätze laufen nicht immer ganz unproblematisch ab. Oftmals bleibt es beim einfachen Kontrollieren der Ausweise. Manchmal gerät der Einsatz jedoch völlig aus dem Ruder: Polizeigewalt und Racial Profiling sind Stichwörter, um die es dabei gehen kann. Die öffentliche Wahrnehmung ist sensibilisiert worden, nachdem in den sozialen Netzwerken hin und wieder Amateurvideos von unrechtmäßigen Polizeieinsätzen aufgetaucht sind. Wir alle erinnern uns an den Fall von George Floyd, der 2020 in Minneapolis im US-Bundesstaat Minnesota von einem weißen Polizeibeamten getötet wurde, indem dieser neun Minuten und 29 Sekunden lang mit vollem Körpergewicht auf seinem Hals kniete und ihm trotz zahlreicher Bitten Floyds und umstehender Zeugen bis zu seinem Tod die Atemluft abdrückte. Zur Verurteilung trug wesentlich das Video eines Zeugen bei. Aber darf man in Deutschland eigentlich Polizeibeamte beim Einsatz filmen, um solche Aufnahmen später als Beweis vor Gericht zu verwenden?

Das Bundesverfassungsgericht entschied vor einer Weile, dass nur das Filmen von öffentlichen Polizeieinsätzen (hier ging es um eine Demonstration) nicht generell verboten ist, zumindest wenn man die Aufnahmen anschließend nicht veröffentlicht (Beschluss vom 25.07.2015, Aktenzeichen 1 BvR 2501/13). Wenn Aufnahmen veröffentlich werden, kann dies aber strafrechtlich verfolgt werden. Denn auch Polizisten können sich auf den Schutz des Persönlichkeitsrechts und das Recht am eigenen Bild berufen. Wer dieses Recht verletzt, kann nach § 33 Kunsturheberrechtsgesetz mit Geldstrafe oder Freiheitsstrafe bis zu einem Jahr bestraft werden. Ausnahmen davon bestehen nur, wenn an der Aufnahme ein besonderes öffentliches

Interesse besteht, sodass das Persönlichkeitsrecht der einzelnen Beamten zurücktritt.

Mittlerweile stützen sich viele Polizisten oftmals auf eine andere Strafnorm, um Filmaufnahmen zu verbieten und Handys zu beschlagnahmen, mit denen Aufnahmen gemacht wurden. Denn nach § 201 StGB ist es verboten, vertrauliche Gespräche ohne Zustimmung aufzuzeichnen. Ob diese Norm bei Polizeieinsätzen tatsächlich zur Anwendung kommt, ist nicht ganz klar. Das Landgericht Osnabrück ist der Ansicht, dass sowohl Bild- als auch Tonaufnahmen von öffentlichen Polizeieinsätzen erlaubt seien und dafür benutzte Handys nicht beschlagnahmt werden dürfen (Beschluss vom 24.09.2021, Aktenzeichen Qs 49/21). Nach Ansicht der Richter erfasse § 201 StGB keine Äußerungen, die im öffentlichen Verkehrsraum fallen, und passe deshalb nicht auf Polizeieinsätze. Da es aber noch keine höchstrichterliche Rechtsprechung zu der Thematik gibt, könnte es auch passieren, dass man vor Richtern landet, die den § 201 StGB anwenden. Die Polizisten inklusive Tonaufnahme zu filmen, bleibt deshalb risikoreich. Empfehlenswert könnte es deshalb sein, den Ton nicht aufzunehmen.

 ## DARF DIE POLIZEI MEIN HANDY KONTROLLIEREN?

Hat man den Polizeieinsatz oder eine Straftat mit dem Smartphone aufgenommen und befindet man sich bei Eintreffen der Polizei noch vor Ort, kann es passieren, dass die Beamten das Smartphone einkassieren und überprüfen wollen. Muss man da mitspielen? Muss man auch seinen PIN und Bildschirm-Code verraten, damit sie das Video anschauen können?

Nein, meistens nicht. Denn die Beschlagnahme, auch die des Smartphones, bedarf grundsätzlich einer richterlichen Anordnung. Nur bei Gefahr im Verzug darf die Polizei ohne den Richter handeln. Gefahr im Verzug kann aber eigentlich nur dann vorliegen, wenn man selbst einer Straftat verdächtigt wird und auf dem Handy Beweise sind, die ohne eine sofortige Beschlagnahme vernichtet werden könnten. Das ist beispielsweise dann der Fall, wenn jemand eine Straftat begangen und dies auch noch mit seinem Handy gefilmt hat. Doch selbst in dieser Extremsituation muss man nicht einmal die PIN für das Handy verraten – denn das Schweigerecht eines jeden Beschuldigten schützt einen umfänglich davor, an der eigenen Überführung aktiv mitzuwirken. Falls die Polizei also das Smartphone oder sogar die dazugehörige PIN verlangt, heißt es, Ruhe zu bewahren und nichts freiwillig herauszugeben. Denn bei freiwilliger Herausgabe können Ermittler später alles, was im Telefon gefunden wurde, gegen einen verwenden.

§ DARF MAN SICH GEGEN POLIZISTEN WEHREN?

Hat man zum Beispiel mit einer Schlägerei eigentlich nichts zu tun gehabt und ist ohnehin schon viel zu müde, um noch stundenlang auf die Polizei zu warten, könnte man ja auf die Idee kommen, einfach nach Hause zu gehen. Einer wird jedoch etwas dagegen haben und euch auffordern zu bleiben: die Polizei. Doch muss man dem auch Folge leisten?

In der Regel hat die Polizei einen guten Grund, wenn sie eure Daten aufnehmen oder euch kontrollieren will. Auch wenn ihr das in dem Moment vielleicht anders seht. Gegen Handlungen von Polizisten darf man sich daher nur in Ausnahmefällen wehren, wenn sie rechtswidrig sind. Und da wird es schwierig, denn in Deutschland kann man erst einmal davon ausgehen, dass der überwiegende Teil der Polizeibeamten sich an die Gesetze hält. Wer sich den Aufforderungen dennoch widersetzt, etwa mit Gewalt oder Drohungen, macht sich strafbar. Aktiv helfen müsst ihr der Polizei aber auch nicht. Wenn ihr also festgenommen werden sollt, dürft ihr zum Beispiel sitzen bleiben und müsst nicht etwa aufstehen, zur Polizei gehen und freundlich eure Hände hinhalten. Man darf sich aber nicht losreißen, wenn man festgehalten wird.

Leider gibt es auch Situationen, in denen die Polizei sich eben nicht rechtmäßig verhält. In der letzten Zeit werden immer mehr rechtsradikale Netzwerke innerhalb der Polizei aufgedeckt. Und nicht nur in den USA hört man von Polizeigewalt gegen Schwarze, auch bei uns findet Racial Profiling statt. Laut Medienberichten wurden vor einigen Jahren islamisch aussehende Männer am Kölner Hauptbahnhof verhaftet, obwohl sie nur das Ende der Fastenzeit Ramadan feiern wollten. Die Polizei hatte die Lage demnach auf den ersten Blick falsch eingeschätzt. Aber was bedeutet das nun für die Betroffenen?

Wehren darf man sich nur in Situationen, in denen für jeden klar ist, dass der Beamte offensichtlich rechtswidrig handelt. Das ist beispielsweise dann der Fall, wenn er grundlos die Waffe gegen euch richtet, mit unnötig harter Gewalt gegen euch vorgeht, obwohl ihr nichts getan habt – oder wenn er gar rechtsradikale Parolen ruft. Doch selbst dann dürft ihr euch nur im Rahmen des Notwehrrechts wehren. Das bedeutet: Unter mehreren Verteidigungsmöglichkeiten dürft ihr nur die mildeste nutzen. Wer sich also mit einem einfachen Ruck dem Griff entwinden und wegrennen kann, darf nicht sofort zum Messer greifen und wahllos zustechen. Häufig hilft es aber auch schon, das Gespräch zu suchen und dem Polizisten zu erklären, dass man sich nichts hat zuschulden kommen lassen.

§ DARF NUR DIE POLIZEI JEMANDEN FESTNEHMEN?

Zunächst wird ausgelassen gefeiert und alle haben Spaß. Dann jedoch ist die deutlich zu späte Stunde erreicht, und die Stimmung kippt: Ein Wort gibt das andere und danach eine Faust die andere. Der Grund? Nicht mehr nachvollziehbar. Wohl nachvollziehbar ist, wer angefangen hat, und der will nun weglaufen, weil die Polizei im Anmarsch ist. Da hält ihn eines der Opfer fest. Ist das erlaubt?

Entgegen der weitläufigen Annahme stehen Festnahmerechte tatsächlich nicht ausschließlich der Polizei zu. In unserer Strafprozessordnung gibt es gemäß § 127 StPO wirklich ein Jedermann-Festnahmerecht. Hintergrund ist, dass Polizisten und andere Vollzugsbeamte nicht zu jeder Zeit an jedem Ort sein können, es aber stets ein Bedürfnis nach effektiver Gefahrenabwehr gibt. Wichtig ist jedoch, dass das Recht nur besteht, wenn jemand auf frischer Tat ertappt oder verfolgt wird. Außerdem muss man bei einer Festnahme auch das Verhältnis-mäßigkeitsgebot achten – also etwa das mildeste aller verfügbaren Mittel nutzen, um die Person festzuhalten. Allerdings können, wenn nötig, auch Verletzungen über dieses Festnahmerecht gerechtfertigt sein.

In einem höchstrichterlich entschiedenen Extremfall beobachtete ein Kaufhausdetektiv einen Dieb beim Entwenden von fünf CDs. Da der Dieb deutlich größer und schwerer war als der Detektiv, sprang der Detektiv diesem auf den Rücken und brachte ihn dadurch zu Fall. Auf dem Boden liegend nahm der Kaufhausdetektiv den Dieb dann in den Schwitzkasten und würgte ihn dabei tragischerweise zu Tode. Der Bundesgerichtshof urteilte, dass selbst diese Handlung gerechtfertigt gewesen wäre, wenn der Dieb sich so vehement gewehrt hätte, dass der Detektiv ihn andernfalls nicht hätte festhalten können (Urteil vom 10 02 2000, Aktenzeichen 4 StR 558/99). Im Ergebnis lässt sich also festhalten, dass zumindest Prellungen und Blutergüsse durch kräftiges Festhalten in aller Regel verhältnismäßig sind, um einen Täter zu stoppen.

Um die Zivilcourage zu fördern, hat der Bundesgerichtshof zudem bestätigt, dass das Festnahmerecht auch bei einem bloßen Verdacht besteht. Denn in einer dringenden, plötzlichen Situation kann von einem durchschnittlichen Bürger selbstverständlich nicht erwartet werden, genau zu prüfen, ob tatsächlich eine Straftat vorliegt. Denn bis diese Prüfung abgeschlossen wäre, wäre der Täter schon längst über alle Berge!

§ HAT MAN BEI DER FESTNAHME GRUNDSÄTZLICH EINEN ANRUF FREI?

Man kennt das aus Film und Fernsehen: Wenn man verhaftet wird, hat man genau einen Anruf frei! Was für ein Druck! Stellt euch doch mal vor, ihr seid zu Unrecht festgenommen worden, mitten in der Nacht, und dann geht die von euch auserwählte Person nicht ans Telefon. War es das dann?

Natürlich nicht. Die beschriebene Situation ist tatsächlich nur Humbug aus Hollywood-Filmen. In Wahrheit werden die Rechte von Festgenommenen in Deutschland sehr ernst genommen. Der verhafteten Person muss stets die Möglichkeit gewährt werden, die eigene Familie und einen Strafverteidiger zu benachrichtigen. Ein Fall, der vor über 25 Jahren stattgefunden hat, zeigt, wie wichtig die tatsächliche Möglichkeit der Kontaktaufnahme nach außen ist. Damals wurde jemand in Zusammenhang mit einem Tötungsdelikt von der Polizei festgenommen und sollte befragt werden. Nachdem der nicht deutschsprachige Beschuldigte Rechtsbeistand wünschte, legte der Polizist ihm einfach ein Branchentelefonbuch mit den in Hamburg zugelassenen Rechtsanwälten vor. Der Beschuldigte war mit dieser Situation völlig überfordert und erreichte erwartungsgemäß zu so später Stunde keinen Verteidiger mehr – der Polizist führte dann die Vernehmung ohne Verteidiger durch. Für den Bundesgerichtshof ein absolutes No-Go in einem Rechtsstaat! Nach seiner Ansicht müssen Polizeibeamte sich ernsthaft und effektiv bemühen, dem Beschuldigten bei der Herstellung des Kontakts zu einem Strafverteidiger zu helfen (Urteil vom 12.01.1996, Aktenzeichen 5 StR 756/94). Heute geht die Rechtsprechung davon aus, dass man grundsätzlich auf anwaltliche Notdienste hingewiesen werden muss. Gegebenenfalls muss auch eine längere Zeit gewartet werden, bis ein Anwalt erreicht wurde.

Zusätzlich zu der Verteidigerkonsultation ist auch gesetzlich geregelt, dass Verhaftete ihre Vertrauenspersonen kontaktieren können. Spätestens wenn ein Haftbefehl erlassen wird, muss das Gericht sogar die Benachrichtigung anordnen – und das wird selbstverständlich auch dann gemacht, wenn es mehr als einen Anruf dafür braucht. Schließlich machen die Angehörigen sich Sorgen, wenn jemand plötzlich nicht mehr erreichbar ist.

§ MÜSSEN MIR BEI EINER VERHAFTUNG MEINE RECHTE VORGELESEN WERDEN?

Die Polizei ist da, der Tatverdächtige ermittelt, doch der lässt sich einfach nicht zur Vernunft bringen und randaliert weiter. Nun hilft nur noch seine Festnahme – auf der Wache kann dann alles weitere geklärt werden. Wer selbst einmal in diese unglückliche Situation gekommen ist, hat in dem Moment vielleicht an den ein oder anderen Hollywood-Film gedacht. Da heißt es doch immer so schön: »*Sie haben das Recht zu schweigen. Alles, was Sie sagen, kann und wird vor Gericht gegen Sie verwendet werden. Sie haben das Recht, zu jeder Vernehmung einen Verteidiger hinzuzuziehen. Wenn Sie sich keinen Verteidiger leisten können, wird Ihnen einer gestellt. Haben Sie das verstanden?*« Aber warum diese Floskeln? Und kann die Polizei sich die nicht auch sparen?

Die Belehrung eines Tatverdächtigen durch die verhörenden Personen ist in unserem Rechtsstaat tatsächlich von sehr hoher Bedeutung. Gemäß § 114b StPO muss er insbesondere darüber unterrichtet werden, dass sich niemand selbst belasten muss. Das bedeutet, dass man zu allem schweigen darf und keine einzige Frage der Polizisten beantworten muss. Nach der ständigen Rechtsprechung sind Aussagen, die ohne Belehrung erfolgt sind, in späteren Gerichtsverfahren unverwertbar. Selbst dann, wenn ein Tatverdächtiger bei der ersten Vernehmung ein Geständnis ablegt, kann das im Prozess später nicht verwendet werden, wenn er zuvor nicht ordnungsgemäß belehrt wurde. Wiederholt er sein Geständnis nicht und gibt es sonst keine Beweise, wird es schwer mit der Verurteilung. Das liegt daran, dass der Grundsatz, schweigen zu dürfen, von ganz elementarer rechtsstaatlicher Bedeutung ist – der Bundesgerichtshof sieht darin eine Ausprägung der Menschenwürde. Der Hinweis über ein umfassendes Schweigerecht muss deshalb immer ergehen. Die Belehrung eines Tatverdächtigen muss zudem auch die Information enthalten, dass man vor der Vernehmung einen Verteidiger zu Rate ziehen darf.

§ WIRD MAN FÜR DIE BELEIDIGUNG EINES POLIZISTEN HÄRTER BESTRAFT, ALS WENN MAN EINEN NORMALO BESCHIMPFT?

Wenn man von Polizei- oder Ordnungsbeamten zurechtgewiesen oder gar zu Unrecht festgenommen wird, kann einen das ordentlich ärgern. Einigen Leuten rutschen in hitzigen Situationen dann eher unpassende Wörter von den Lippen. So erging es dem ehemaligen Fußballprofi

Stefan Effenberg, der vor einigen Jahren einen Polizisten während einer Verkehrskontrolle als »Arschloch« bezeichnete. Und das kam ihn teuer zu stehen: Das Amtsgericht Braunschweig verurteile Effenberg zu einer Strafe von 100 000 Euro! Das war natürlich happig. Aber vor dem Hintergrund, dass es sich um eine »Beamtenbeleidigung« handelte, auch nicht überraschend, oder? Ist es also schlimmer, einen Beamten zu beleidigen als einen Normalbürger?

Nein, das ist ein hartnäckiger Irrtum. Die Beleidigung ist in § 185 StGB geregelt und sieht eine Freiheitsstrafe von bis zu einem Jahr oder eine Geldstrafe vor. Die Strafnorm gilt aber für Beleidigungen gegenüber allen Menschen – egal ob die Person ein Polizist oder arbeitslos ist. Bei der enorm hohen Strafe Effenbergs hat nicht der Job des Polizisten für eine so hohe Summe gesorgt. Geldstrafen werden in Tagessätzen verhängt, die sich am Einkommen des Verurteilten bestimmen. Zum Tatzeitpunkt 2003 war Effenberg Fußballprofi in Katar und verdiente ein entsprechendes Jahresgehalt – und daran orientierte sich die Höhe des Tagessatzes! Und je gravierender die Straftat, umso höher fällt die Anzahl der Tagessätze aus. Effenberg wurde Presseberichten zufolge zu 20 Tagessätzen verurteilt. Daraus können wir nun also schließen, dass Effenberg zum damaligen Zeitpunkt ein Tageseinkommen von 5000 Euro hatte. Die 20 Tagessätze sind eigentlich eine geringe Strafe, der hohe Betrag war also allein dem hohen Einkommen Effenbergs geschuldet. Hier reduzierte sich die Strafe allerdings in der zweiten Instanz auf 90 000 Euro, nachdem Effenberg darlegte, dass er aktuell kein Einkommen habe und nur aus Vermögensanlage lebe. Das Gericht bestimmte sein tägliches Einkommen auf »nur noch« 4500 Euro. So schlecht scheint es Fußballern also nicht zu gehen.

Die Internetseite https://www.bussgeldkatalog.org/beamtenbeleidigung/#strafen hat sich die Mühe gemacht und in den Gerichtsurteilen nachgesehen, zu welchen Geldstrafen Täter bei Beleidigungen von Beamten verurteilt wurden. So gab es fürs »Zungeherausstrecken« 150 Euro, für die Bezeichnung »Du Mädchen!« 200 Euro, für den Stinkefinger 4000 Euro, und die Frage »Hast du blödes Weib nichts Besseres zu tun?!« kostete den Täter immerhin 500 Euro. Wer jedoch denkt, er wäre ganz clever, indem er einen Polizisten vermeintlich nicht direkt beleidigt, sondern so was wie »Am liebsten würde ich jetzt Arschloch zu dir sagen!« murmelt, den muss ich enttäuschen: Auch das ist eine Beleidigung und hat in einem Fall 1600 Euro gekostet. Aber wie gesagt, diese Beträge können je nach Gehalt des Täters durchaus variieren. Zudem hat der Richter auch ein Ermessen bei der Anzahl der Tagessätze, wodurch die Strafen noch einmal höher oder niedriger ausfallen können. Also: Beißt euch lieber auf die Zunge oder diskutiert sachlich.

§ WER DABEI WAR, WIRD AUCH VERURTEILT, ODER NICHT?

Was ist bei einer Schlägerei eigentlich mit denen, die nicht zugeschlagen haben, aber trotzdem dabei waren? Mitgefangen, mitgehangen? Wir alle kennen dieses Sprichwort aus der Jugendzeit. Aber wie ist das juristisch zu bewerten? Ist da wirklich was dran?

Grundsätzlich wird man nur für sein eigenes Handeln bestraft. So auch dann, wenn man beispielsweise bei einer Schlägerei dabei war. Einfach nur der Umstand, dass man zufällig vor Ort war, reicht für eine Verurteilung aber nicht aus. Vielmehr wird gemäß § 231 Abs. 1 StGB nur derjenige bestraft, der sich vorsätzlich beteiligt hat, also um die Tat gewusst und sie auch vorsätzlich gewollt hat. Mitgefangen, mitgehangen gilt demnach nicht unbedingt.

Die Strafvorschrift, auf die dieses Sprichwort jedoch am ehesten zutrifft, ist der Landfriedensbruch, der in § 125 StGB geregelt ist. Danach wird bestraft, wer sich als Teil einer Menschenmenge an der Ausführung von Gewalttätigkeiten oder der Bedrohung von Menschen beteiligt. Ein Landfriedensbruch ist letztlich immer dann gegeben, wenn solche Gewalttätigkeiten oder Bedrohungen aus der Menge heraus begangen werden. Dabei reicht es aus, wenn eine solche Wirkung nach außen erreicht wird, auch wenn nur einzelne Personen der Gruppe Gewalttätigkeiten begehen. Es ist nicht erforderlich, dass man selbst gewalttätig wird. Allerdings ist das bloße Verweilen in einer Gruppe nicht grundsätzlich ein Verhalten, das auch den Tatbestand erfüllt. Die

Gerichte verlangen hier einen gewissen Solidarisierungseffekt. Dieser kann unter anderem dann als gegeben angesehen werden, wenn man sich vermummt, um seine Identität zu verschleiern. So hat beispielsweise die Hamburger Justiz nach gewaltsamen Ausschreitungen im Rahmen des G20-Gipfels im Jahr 2018 Strafverfahren gegen alle Teilnehmer einer Anti-G20-Demo wegen schweren Landfriedensbruchs eingeleitet – auch wenn Einzelne gewaltfrei blieben.

§ DARF MEIN ANWALT VOR GERICHT FÜR MICH LÜGEN?

Der Ärger mit der Polizei oder Dritten landet nicht selten vor Gericht – manchmal auch zu Recht. Dort möchte man das Ganze aber nicht zugeben, schließlich will man einer Strafe entgehen. Das ist auch in Ordnung. Denn ihr selbst müsst euch nach den Grundsätzen der Strafprozessordnung nicht belasten, dürft also auch lügen. Dies ergibt sich indirekt aus § 136 Abs. 1 Satz. 2 StPO, der eine Belehrung über das Schweigerecht zum Beginn der Vernehmung vorschreibt. Aber wie sieht es mit eurem Rechtsanwalt aus? Dürft ihr ihm die Wahrheit sagen, und er lügt für euch vor Gericht, während ihr still danebensitzt und schweigt? Klingt schließlich glaubwürdiger, wenn der Anwalt die Lüge vorträgt, als wenn ihr das tut. Aber ist das erlaubt?

Der Rechtsanwalt muss seine Mandanten vor Gericht so gut es geht schützen und dessen Interessen vertreten. Jedoch darf er aufgrund des Sachlichkeitsgebots gemäß § 43a Abs. 3 S. 2 BRAO vor Gericht eigentlich nicht lügen. Das kann sonst schnell zu einem versuchten oder vollführten Prozessbetrug führen, was nicht nur Konsequenzen für den Mandanten, sondern auch für den Anwalt selbst nach sich ziehen kann. Es gibt jedoch ein großes »Aber«: Das Lügeverbot bedeutet nämlich nicht immer eine Wahrheitspflicht. Rechtsanwälte unterliegen der Schweigepflicht, was wiederum dazu führt, dass der Anwalt in manchen Fällen dennoch die Unwahrheit sagen darf. Das ist unter anderem bei einem Strafverfahren der Fall, wenn der Mandant die Tat eingestanden hat und dennoch auf Freispruch drängt.

Mit Beginn des Mandatsverhältnisses ist der Anwalt gesetzlich zur Verschwiegenheit verpflichtet. Nicht einmal nach dem Tod des Mandanten endet diese Verpflichtung. Vielmehr endet sie erst dann, wenn der Mandant den Anwalt von der Verschwiegenheit entbindet. Davor darf der Rechtsanwalt ohne Zustimmung des Mandanten Dritten gegenüber nicht einmal über das Bestehen des Mandatsverhältnis berichten. Über diese Pflicht hinaus ist der Anwalt in einem gerichtlichen Verfahren berechtigt und verpflichtet, nicht als Zeuge gegen den Mandanten auszusagen. Dies wird auch als Anwaltsgeheimnis bezeichnet. Dieses schützt sämtliche Informationen aus dem Mandatsverhältnis vor dem Zugriff des Staates, unter anderem auch vor einer Beschlagnahmung. Das umfasst nicht nur Gespräche oder Telefonate, sondern auch die Post im Gefängnis und weitere Dokumente, die sonst kontrolliert werden. Sollte die Staatsanwaltschaft einmal versehentlich an diese Kommunikation gelangen, darf sie in einem Strafprozess nicht mehr verwertet werden. Ihr seht also: Auch Anwälte dürfen nicht alles.

§ DARF MAN AUCH FREIWILLIG IN DEN KNAST GEHEN?

Während die einen alles daransetzen, einer Strafe – vor allem einer Haftstrafe – zu entgehen, finden andere Menschen den Gedanken ans Gefängnis scheinbar gar nicht so schlimm. Anders kann ich mir nicht erklären, dass die Frage, ob man auch freiwillig ins Gefängnis gehen kann, immer wieder von Abonnenten meiner Social-Media-Kanäle gestellt wird. Klingt jedoch zumindest dann nachvollziehbar, wenn im Winter eine obdachlose Person einen JVA-Alltag mit warmem Bett und regelmäßigen Mahlzeiten dem Leben auf der Straße vorzieht. Auch ehemalige Gefangene könnten sich vielleicht nach Jahren so sehr an den Knast gewöhnt haben, dass sie sich in der »richtigen« Welt nicht mehr zurechtfinden und lieber zurückwollen. Aber kann man sich wirklich einfach so inhaftieren lassen?

Nein, das geht so einfach nicht. Unsere Gefängnisse erfüllen einen bestimmten Zweck, nämlich die Durchsetzung von justiziellen

Strafen. Dafür werden natürlich öffentliche Gelder bereitgestellt. Ein Gefangener kostet in Deutschland über 130 Euro am Tag. Deshalb liegt es auf der Hand, dass man eine JVA nicht zu anderen Zwecken bereitstellen kann und wie ein Hotel behandelt.

Es können aber Ausnahmen gemacht werden: 2019 ließen sich Presseberichten zufolge in Niedersachsen zehn ehemalige Häftlinge freiwillig wieder einsperren. Mal fehlte eine Wohnmöglichkeit, mal gab es Alkoholrückfälle und damit verbunden die Gefahr, dass sie erneut Straftaten begehen könnten. Die Betroffenen wurden daher zeitweise auf freiwilliger Basis wieder aufgenommen.

Absichtlich eine Straftat zu begehen, um ins Gefängnis zu kommen, ist aber keine gute Idee. Denn oftmals ist die Sache gar nicht so einfach. Um eine Haftstrafe zu bekommen, muss man schon sehr schwerwiegende Delikte begehen, gerade um als Ersttäter nicht zu einer Geldstrafe oder einer geringen Haftstrafe auf Bewährung verurteilt zu werden. Ein »Trick«, der einem zu einem solchen Ziel verhelfen würde, könnte aber folgender sein: Wer eine Geldstrafe bekommt, diese aber partout nicht begleicht, der kann in Ordnungshaft landen. Dafür würde es dann auch reichen, wenn man wegen eines Ladendiebstahls verurteilt wurde.

KAPITEL 6

ENDLICH MOBIL –
DAS ERSTE EIGENE AUTO

Irgendwann kommt der lang ersehnte Tag: Man macht den Führerschein und ist endlich unabhängig von den Eltern. Allerdings muss man nun auf viele Dinge achten und weiß manchmal gar nicht mehr, was eigentlich erlaubt ist und was nicht. Das Ganze fängt schon bei der Parkplatzsuche an. Darf man kurz das Warnblinklicht anmachen und in zweiter Reihe halten? Darf man bei knapper Parkplatzsituation für jemand anderen einen Parkplatz freihalten? Und wenn man beim Einparken das danebenstehende Auto schrammt, reicht eine Telefonnummer an der Windschutzscheibe? Klassische Fragen, die sich wohl jeder schon gestellt hat.

Natürlich will man den Führerschein gerade in der Probezeit nicht gleich wieder loswerden. Daher erste Prämisse: nicht geblitzt werden. Darf man sich vor Blitzern eigentlich mit einer Warn-App schützen? Im Straßenverkehr darf man ja kein Handy benutzen, also reicht es, zum Telefonieren rechts ranzufahren, oder nicht? Schließlich will man keinen Unfall verursachen, und wer auffährt, ist immer schuld. Gilt das wirklich?

Und dann gibt es auch noch die unliebsamen Verkehrskontrollen durch die Polizei. Muss ich Führerschein und Fahrzeugschein dabei immer vorzeigen? Muss ich ins Röhrchen pusten, wenn der Beamte mich dazu auffordert? Oder kann ich mich einfach weigern und weiterfahren? Auch Unfallsituationen überfordern Autofahrer schnell: Muss ich bei einem Unfall grundsätzlich Erste Hilfe leisten? Und darf ich über Rot fahren, um dem Rettungswagen Platz zu machen?

IST ES ERLAUBT, IN DER ZWEITEN REIHE ZU PARKEN?

Für alle Stadtbewohner ist es ein bekanntes Problem: Einen freien Parkplatz zu finden, scheint so wahrscheinlich wie ein Sechser im Lotto. Aber die Lösung liegt für viele auf der Hand. Wer nur kurz zum Bäcker will oder ein Schreiben bei der Post einwirft, stellt sich in die zweite Reihe, macht den Warnblinker an und hüpft schnell aus dem Auto.

Diese Idee kann einen jedoch teuer zu stehen kommen. Das musste ich bereits am eigenen Leib erfahren, als ich kürzlich meine Hemden aus der Reinigung holen wollte, kurz vor der Filiale stehen blieb und schnell den Warnblinker anmachte. Denn für unzulässiges Halten oder Parken in zweiter Reihe droht ein Bußgeld von mindestens 55 Euro. Wer dadurch andere behindert, gefährdet oder einen Schaden verursacht, muss sogar bis zu 110 Euro blechen. Das mit dem Warnblinker hatte ich eigentlich gut gemeint, schließlich sollten die anderen Autofahrer auf mein stehendes Fahrzeug aufmerksam werden, damit kein Unfall passiert. Hätte ich das mal lieber gelassen! Für den missbräuchlichen Einsatz des Warnblinklichtes gibt es nämlich gleich noch ein Bußgeld obendrauf. Das Warnblinklicht darf nur genutzt werden, wenn tatsächlich eine Gefahrensituation vorliegt, zum Beispiel wenn das Auto liegen geblieben ist oder abgeschleppt wird. Keinen Parkplatz gefunden zu haben, fällt da eher nicht darunter.

§ MUSS ICH EINEN PARKSCHEIN ZIEHEN, WENN ICH AUF DEM PARKPLATZ IM AUTO SITZEN BLEIBE?

Gerade in Großstädten ist das Parken teuer. Nicht selten zahlt man für eine halbe Stunde zwei Euro oder mehr. Dass das Parken in zweiter Reihe keine kostengünstige Alternative ist, haben wir schon aus der Rechtsfrage zuvor gelernt. Aber was ist eigentlich, wenn mein Beifahrer die Hemden nur schnell in die Reinigung geben will – kann ich mich auf einen kostenpflichtigen Parkplatz stellen und dort auf ihn warten, ohne einen Parkschein zu ziehen? Das könnte doch eine Idee sein, wären da nicht die Ordnungsbeamten, die ausgerechnet auf diesem Parkplatz regelmäßig patrouillieren …

Zu den üblichen Aufgaben von Ordnungsbeamten gehört die Kontrolle des ruhenden Verkehrs. Der Verkehr ruht auch dann, wenn man im Auto sitzt. Ob man unrechtmäßig parkt, hängt daher leider nicht davon ab, ob man aussteigt oder nicht. Denn in § 12 Abs. 2 StVO steht: »Wer sein Fahrzeug verlässt oder länger als drei Minuten hält, der parkt.« Das heißt, ab einer Haltedauer von drei Minuten, ohne einen Parkschein gezogen zu haben, kann man durchaus ein Knöllchen kassieren. Egal, ob man noch im Auto sitzt oder nicht. Häufig sind die Ordnungsbeamten aber nicht streng. In der Regel klopfen sie freundlich am Fenster und bitten darum, einen Parkschein zu ziehen.

Stellt sich wiederum die Frage: Wenn das eine Ordnungswidrigkeit ist, müssten sie dann nicht einen Strafzettel schreiben? Schließlich kann doch nicht jeder machen, was er will … oder doch? Jein! Grundsätzlich sind alle staatlichen Stellen, auch das Ordnungsamt, daran gebunden, fair und rechtmäßig zu handeln. Bürger dürfen nicht willkürlich unterschiedlich behandelt werden. Deshalb müssen im Grundsatz auch gleiche Ordnungswidrigkeiten gleich sanktioniert werden. Jedoch steht den Beamten ein gewisser Ermessensspielraum in ihren Entscheidungen zu. Dadurch dürfen sie Härtefälle und besondere Situationen berücksichtigen – wenn sie nicht willkürlich handeln, dürfen sie also sehr wohl mal ein Auge zudrücken.

Es empfiehlt sich daher, der Aufforderung nachzukommen und den Parkschein auszulegen. Und wo muss der dann genau hin im Auto? Gibt es auch dafür eine Regel? Auf Parkscheinen steht oft, dass man sie hinter der Windschutzscheibe platzieren solle. In der StVO steht allerdings nur, dass ein Parkschein stets »an oder im Fahrzeug von außen gut lesbar angebracht sein muss« (§ 13 Abs. 1). Deshalb entschied das Bayerische Oberste Landesgericht schon 1995, dass der Hinweis auf einem Parkschein nicht rechtlich bindend sei (Urteil vom 31.07.1995, Aktenzeichen 2 ObOWi 425/95). Der Hinweis sei nur eine Anregung. Solange der Parkschein gut lesbar ist, ist die gesetzliche Anforderung eingehalten – auch wenn der Schein hinter der Heckscheibe liegt.

DARF MAN EINE PARKLÜCKE FREI HALTEN?

Der Kampf um Parkplätze kann, besonders in Städten, durchaus anstrengend werden. Nicht selten kommt es deshalb zu inoffiziellen Reservierungen von Leuten, die sich entweder selbst in eine Parklücke stellen oder diese mit Schildern oder Gegenständen frei halten. Das führt zu hitzigen Diskussionen und lauten Hupkonzerten. Doch wer ist im Recht? Darf man sich nicht überall hinstellen, wo man möchte? Nein, im Straßenverkehr, sei es im ruhenden oder fließenden Verkehr, darf man das nicht. Denn die Rechtslage ist eindeutig: Derjenige, der eine Parklücke mit seinem Pkw zuerst erreicht, darf dort parken. Einen Parkplatz reservieren zu wollen und den nächsten Eintreffenden nicht einzulassen, verstößt deshalb gegen die allgemeinen Verhaltenspflichten im Straßenverkehr. Wegen der unzulässigen Blockade kann nicht nur ein Bußgeld drohen, sondern der Autofahrer, der den Stellplatz nun begehrt, darf auch sein Recht durchsetzen. Das Oberlandgericht Naumburg (Beschluss vom 26.05.1997, Aktenzeichen 2 Ss 54/97) entschied bereits, dass ein langsames, vorsichtiges Einfahren in die Lücke erlaubt ist, um den Fußgänger zum Rückzug zu bewegen. Das gilt zumindest, wenn man dadurch keine Gefahr schafft.

§ REICHT EIN NOTIZZETTEL AN DER WINDSCHUTZSCHEIBE, WENN ICH BEIM EINPARKEN DEM AUTO NEBEN MIR EINE MACKE VERPASST HABE?

Besonders in engen Parkhäusern geschieht es schneller als gedacht: Beim Zurücksetzen hört man plötzlich ein kleines Krachen oder Quietschen – und das Nachbarauto hat eine unliebsame Delle oder Schramme bekommen. Der Fahrer des Pkw ist auch nach einigen Minuten weit und breit nicht in Sicht. Aber wegen so einer Lappalie die Polizei zu rufen, wäre doch zu viel des Guten – oder?! Und noch länger auf den Fahrer des geparkten Autos warten? Das könnte ja Stunden dauern! Also schreibt man einfach eine schnelle Notiz und klemmt sie hinter die

Windschutzscheibe:»Sorry, ich bin versehentlich gegen dein Auto gekracht. Hier sind meine Kontaktdaten …« Das sollte doch ausreichen? Nein, auch wenn diese Vorgehensweise weit verbreitet ist, ausreichen tut es leider nicht. Ob ein Notizzettel oder eine Visitenkarte zurückgelassen wird, ist irrelevant. Denn wer einen Unfallort verlässt, kann sich wegen Fahrerflucht strafbar machen (§ 142 StGB). Dieser Straftatbestand ist nicht nur bei Unfällen mit Personenschäden einschlägig, sondern auch bei reinen Blechschäden. Und das eigentlich Lästige daran: Wenn eine Fahrerflucht festgestellt wurde – auch bei Bagatellschäden –, kann die Kfz-Versicherung die Person in Regress nehmen. Das bedeutet, man muss dann selbst für den entstandenen Schaden aufkommen, obwohl man eigentlich eine Versicherung hat.

Wer einen Unfall mit einem parkenden Auto verursacht, darf sich also nicht einfach verziehen. Zum einen besteht die Pflicht, eine ausreichende Zeit abzuwarten, ob der Fahrer des stehenden Autos auftaucht. Was dabei angemessen ist, kann unterschiedlich zu werten sein. Steht das Auto auf einem Seitenstreifen, vor einer Bäckerei oder Apotheke, ist es durchaus zumutbar, eine Weile zu warten, bis der Fahrer womöglich von seinem Einkauf wiederkommt. Auf großen innerstädtischen Parkplätzen kann es anders aussehen, da die Rückkehr des Fahrers auch Stunden auf sich warten lassen kann. Und das wäre unzumutbar.

Allerdings muss man den Unfall dann unverzüglich der Polizei melden. Ob unverzüglich nun heißt, dass man an Ort und Stelle die Polizei telefonisch informiert oder alle Informationen erst durchgibt, sobald man zu Hause angekommen ist, darüber lässt sich freilich streiten. Im Zweifelsfall sollte man die Polizei sofort anrufen, dann kann einem keine Fahrerflucht mehr vorgeworfen werden.

§ DARF ICH MICH MIT BLITZER-APPS VOR KNÖLLCHEN SCHÜTZEN?

Im Radio hört man sie oft: Blitzerwarnungen. Die Moderatoren bedanken sich dann bei den aufmerksamen Fahrern, die der Redaktion einen Blitzer gemeldet haben – und geben anschließend so präzise wie möglich durch, an welchen Stellen Autofahrer aufpassen sollten. Wenn das sogar im Radio durchgesagt wird, dann ist das ja sicherlich legal, oder? Stimmt! Blitzerwarnungen im Radio sind erlaubt. Aber kann ich nicht statt ständig Radio zu hören auch einfach eine dieser Blitzer-Apps installieren? Ganz so einfach ist es leider nicht. Wird man nämlich damit erwischt, muss man ein Bußgeld von 75 Euro zahlen und bekommt einen Punkt in Flensburg. Denn die Straßenverkehrsordnung verbietet in § 23 Abs. 1c StVO die Nutzung von Radarwarnern und – so sehen es die Gerichte – auch von entsprechenden Apps auf dem Smartphone. Auf Radiowarnungen ist dieses Verbot hingegen nicht anwendbar.

Der Unterschied zwischen Blitzer-Apps und Radiowarnungen ist: Die Apps sind punktgenau und warnen den Fahrer dank GPS exakt an der richtigen Stelle davor, zu schnell zu fahren. Wenn jeder diese App nutzen würde, würde der Sinn und Zweck eines Blitzers ad absurdum geführt. Anders Radiowarnungen: Sie sind viel allgemeiner, und der Fahrer muss sich im genau richtigen Moment daran erinnern. Zusätzlich geht man davon aus, dass allein die Infos über die vielen Blitzer die Autofahrer sensibilisieren und dazu anhalten, generell aufmerksamer und langsamer zu fahren.

Zurück zu den Blitzer-Apps: Wenn ihr auf der Straße angehalten werdet, darf die Polizei dann euer Smartphone untersuchen und prüfen, ob ihr eine solche App installiert habt? Nein! Ist euer Handy ausgeschaltet, habt ihr erst einmal nichts zu befürchten. Wenn die Polizei euch allerdings beobachtet, wie ihr vor der Kontrolle schnell das Handy ausschaltet, droht euch nicht nur ein Bußgeld wegen der App, sondern auch noch wegen der Nutzung des Handys am Steuer. Und das kann richtig teuer werden!

Kleiner Tipp: Hat euer Beifahrer die Blitzer-App und gibt euch rechtzeitig bei der Fahrt Bescheid, ist dies nicht verboten!

§ DARF MAN AUF DER AUTOBAHN 417 KM/H FAHREN?

Wenn ein Autofahrer sicher weiß, dass er nicht geblitzt wird, weil eine App ihn warnt oder es schlicht keine Geschwindigkeitsbeschränkung gibt, so könnte ihn das animieren, die Pferdestärken seines Autos einmal so richtig auszutesten. Schließlich ist Deutschland bekannt dafür, als einziges Land in Europa keine Geschwindigkeitsbegrenzungen auf den Autobahnen zu haben – zumindest auf einigen Abschnitten. Das gilt auch noch im Jahr 2022. Also darf ich so schnell rasen, wie ich will, oder?

Ein tschechischer Multimillionär hat dies zumindest so angenommen. Im Januar 2022 stellte Radim Passer ein Video auf YouTube online, in dem er zeigt, wie er mit seinem Bugatti Chiron mit bis zu 417 km/h über die A2 zwischen Berlin und Hannover rast. Und grundsätzlich kann man dazu erst einmal nichts sagen, denn unbegrenzte Geschwindigkeit heißt unbegrenzte Geschwindigkeit. Auch die Richtgeschwindigkeit von 130 km/h, die es seit 1978 gibt, ist im Grunde genommen eine Empfehlung und kein Gesetz.

Jedoch kann einen das Rasen unter Umständen trotzdem teuer zu stehen kommen. Denn schon viele Gerichte haben Rasern wegen der unkontrollierbar hohen Geschwindigkeit eine Mitschuld an Unfällen zugeschrieben – und da sprechen wir noch von Geschwindigkeiten von 180 bis 200 km/h. Eine solche Mitschuld kann dazu führen, dass man für den Schaden des anderen Unfallbeteiligten aufkommen muss, zudem greift die Kfz-Versicherung dann nicht mehr vollständig.

Im Fall des Bugatti-Rasers hat die Staatsanwaltschaft außerdem ein Ermittlungsverfahren wegen einer neuen Strafnorm eingeleitet: § 315d StGB. Diese bestraft neben illegalen Autorennen auch jemanden, der sich »grob verkehrswidrig und rücksichtslos fortbewegt, um eine höchstmögliche Geschwindigkeit zu erreichen«. Ob sein Verhalten hier allein wegen der wirklich sehr hohen Geschwindigkeit darunterfällt, steht noch nicht fest. Möglich wäre es – zumal er während der Fahrt etwa zehn Fahrzeuge überholt hat. Die Staatsanwaltschaft jedenfalls ist wohl von seiner Schuld überzeugt.

Raser können darüber hinaus schnell in eine Strafbarkeit rutschen, wenn sie eine Gefährdung erzeugen. § 315c StGB sieht eine Strafe von bis zu fünf Jahren Gefängnis vor, wenn man im Straßenverkehr andere gefährdet. Diese Norm erfüllt man zum Beispiel, wenn man an unübersichtlichen Streckenabschnitten zu schnell fährt oder auch falsch überholt. Als falsches Überholen zählt auch das Drängeln auf der linken Spur, inklusive zu engem Auffahren – ein Verhalten, das für viele Raser wohl nicht ungewöhnlich ist.

Ein besonders tragischer Fall ereignete sich am 14.06.2003. An diesem Tag kam eine junge Frau mit ihrer zweijährigen Tochter von der A5 ab und kollidierte mit einem Baum. Beide verstarben. Zunächst konnte man nicht erkennen, warum sie überhaupt von der Fahrbahn abgekommen war. Doch Zeugen berichteten dann, dass ein dunkles Fahrzeug so schnell auf sie zugerast sei, dass sie die Kontrolle über ihren Wagen verlor. Und dies bestätigte sich: Unfallverursacher war ein Testfahrer bei DaimlerChrysler, der unter den Kollegen als »gefährlicher« Fahrer bekannt war, weil er stets versuchte, die Testfahrzeuge so schnell wie möglich zu fahren. Nach dem Tod der zwei jungen Menschen wurde er wegen fahrlässiger Gefährdung des Straßenverkehrs und fahrlässiger Tötung verurteilt (Landgericht Karlsruhe, Urteil vom 29.07.2044, 11 Ns 40 Js 26274/03). Mit dem Wissen, zwei Menschenleben auf dem Gewissen zu haben, muss er nun ein Leben lang zurechtkommen. Also: Fuß vom Gas!

§ DARF ICH MEIN HANDY IM AUTO BENUTZEN, WENN ICH NICHT FAHRE?

Während der Fahrt dürft ihr nicht mit dem Handy telefonieren – das dürfte mittlerweile jedem bekannt sein. Gut, denkt ihr euch, dann fahre ich eben kurz an den Straßenrand, lasse aber den Motor weiterlaufen, und telefoniere dort. Sollte ja kein Problem sein, schließlich fahre ich ja nicht.

Doch das ist keine gute Idee! Denn wenn in dem Moment zufällig ein Streifenwagen vorbeifährt, kostet euch das trotzdem 100 Euro. Außerdem bekommt ihr zusätzlich noch einen Punkt in Flensburg. Warum das? Ganz einfach: Weil der Motor des Pkw noch läuft und ihr damit noch am Straßenverkehr teilnehmt. Damit liegt ein Verstoß gegen § 23 Abs. 1a StVO vor. Die automatische Start-Stopp-Automatik, die den Motor vorübergehend zum Beispiel bei roten Ampeln oder vor

Bahnschranken in den Stillstand setzt, reicht noch immer nicht aus. Wenn ihr aber auf einem Parkplatz steht und den Schlüssel umgedreht habt, dürft ihr so lange telefonieren, wie ihr wollt. Zumindest, solange euch das Parken dort erlaubt ist.

Wenn ihr während der Fahrt telefonieren wollt, müsst ihr eine Freisprechanlage oder ein Headset nutzen, sofern man das Gespräch auch annehmen kann, ohne über das Smartphone zu wischen. Überlegt euch das aber gut. Je nachdem, worüber ihr mit der Person auf der anderen Leitung redet, kann auch der Inhalt eines solchen Gesprächs eure Aufmerksamkeit deutlich reduzieren. Gleiches gilt für das Navi: Das muss vor dem Losfahren programmiert werden. Denn während der Fahrt dürft ihr euren Blick nur kurz von der Straße abwenden, um auf die Anzeige zu schauen.

Euch kommt das alles ganz schön streng vor? Wusstet ihr, dass ihr bereits fast 14 Meter im Blindflug zurücklegt, wenn ihr bei 50 km/h nur eine Sekunde nicht auf die Straße schaut? In der Zeit kann zum Beispiel ein Kind auf die Straße rennen. Auf der Autobahn bei 130 km/h sind es sogar über 36 Meter in einer Sekunde. Wenn euer Vordermann dann plötzlich auf die Bremse tritt, knallt ihr ihm fast unweigerlich hinten drauf. Also: Geht lieber auf Nummer sicher und fahrt zum Telefonieren, Nachrichtenschreiben oder Navi-Umprogrammieren auf den nächsten Parkplatz. Das entspannt auch viel mehr als dieses ständige Multitasking.

WER AUFFÄHRT, IST IMMER SCHULD, ODER?

Hat man während der Autofahrt als Fahrer doch mal einen Blick aufs Handy geworfen und kurz eine Nachricht beantwortet, kann es schnell passieren: Man kracht dem vorderen PKW hinten drauf. Schnell fällt einem der Spruch ein: »Wer auffährt, ist immer schuld!« In diesem Fall ist es natürlich so, schließlich war man abgelenkt und hat deshalb den Unfall verursacht. Aber was ist, wenn man wirklich aufmerksam und mit ausreichend Abstand gefahren ist und es dennoch zum Unfall kommt? Ist man auch dann schuld?

Das kommt darauf an. In sehr vielen Fällen gilt ein sogenannter »Anscheinsbeweis« dafür, dass der Auffahrende nicht den nötigen Sicherheitsabstand eingehalten oder zu spät reagiert hat. Jedoch ist es nicht ausgeschlossen, dass der Vordermann der Unfallverursacher ist und dies auch bewiesen werden kann. Denn unser Verkehrsrecht ist komplex und lässt sich nicht durch generell gültige Erfahrungssätze lösen.

Der Vordermann kann insbesondere der Verantwortliche sein, wenn er plötzlich und grundlos abbremst. Zum Beispiel wenn er selbst durch Handy oder Navi abgelenkt ist und dabei nicht bemerkt, dass sein eigener Vordermann abgebremst hat. In der Folge fährt er seinem Vordermann auf und … Massenkarambolage! Der Nachweis des Ganzen ist natürlich schwierig. Ohne Grund darf man jedenfalls nicht einfach stark bremsen. Gute Gründe, plötzlich eine Vollbremsung hinzulegen, sind natürlich, dass ein Kind oder ein Tier unerwartet auf die Fahrbahn läuft. Ein weiterer Entlastungsgrund für den Auffahrenden kann sein, dass ein Auto ohne Licht und ohne hinreichende Sicherung auf der Straße abgestellt wurde.

§ MUSS MAN IM WINTER GRUNDSÄTZLICH WINTERREIFEN AUFZIEHEN?

Gerade Auffahrunfälle passieren nicht selten bei Glatteis. Um das Risiko zu minimieren, benutzen die meisten Autofahrer in der kalten Jahreszeit Winterreifen. Aber muss man eigentlich Winterreifen haben? Schließlich ist der Reifenwechsel mehr als nervig.

Eine klare Antwort, ob und in welchen Monaten Autofahrer Winterreifen draufhaben müssen, gibt es leider nicht. Insbesondere existiert keine Winterreifenpflicht, die sich nach dem Kalender oder nach dem Thermometer bestimmen ließe – anders als in unserem Nachbarland Österreich: Dort gilt die Pflicht vom 1. November bis zum 15. April. In Deutschland richtet sich die Pflicht zum Fahren mit Winterreifen ausschließlich nach den Wetterverhältnissen. Sie wird deshalb als »situative Winterreifenpflicht« bezeichnet. Die Pflicht besteht bei Eis- oder Reifglätte, Schnee und Schneematsch – ganz unabhängig von der Jahreszeit!

Faustregeln zur Jahreszeit können also hilfreich sein, doch man sollte sich nicht auf sie verlassen. Bei einem plötzlichen Kälteeinbruch mit Glätte auf den Straßen, müssen die Reifen mindestens 1,6 mm Restprofil haben, 4 mm sind dagegen empfehlenswert – andernfalls droht ein Bußgeld von mindestens 60 Euro und sogar ein Punkt in Flensburg. Kommt es wegen schlechtem Reifenprofil zum Unfall, kann die Versicherung im Fall eines Unfalls die Begleichung des Schadens wegen grober Fahrlässigkeit verweigern und ihr müsst selbst zahlen!

§ DARF MAN MIT FLIP-FLOPS AUCH AUTO FAHREN?

Im Winter sind es die Reifen des Pkw, im Sommer die Füße des Fahrers, die immer wieder Fragen aufwerfen. Muss eigentlich der Fahrer mit festem Schuhwerk fahren? Gerade im Sommer tragen viele die so beliebten Flip-Flops. Manche fahren sogar lieber barfuß. Aber ist das nicht gefährlich und deshalb verboten?

Zunächst einmal lässt sich feststellen, dass es keine genaue gesetzliche Regelung dazu gibt, welcher Schuh geeignet und welcher ungeeignet zum Autofahren ist. Auch das Barfußfahren ist nicht verboten. Deshalb lässt sich festhalten, dass bei vermeintlich »falschem« Schuhwerk keine unmittelbare Strafe oder ein Bußgeld drohen. Dies zeigt die Grundsatzentscheidung des Oberlandesgerichts Bamberg (Urteil vom 15. November 2006, Aktenzeichen 2 Ss OWi 577/06). Darin ging es um die Zulässigkeit eines Bußgeldes für einen Fahrer in Socken. Die Richter stellten fest, dass ein Autofahrer, der nur mit Socken ein Kraftfahrzeug führt, zwar ein erhöhtes Verkehrsrisiko darstelle und damit seine Sorgfaltspflicht verletze. Ein Bußgeld dürfe aber nur dann verhängt werden, wenn es durch die ungeeignete Fußbekleidung zu einem Unfall kommt.

Schließlich ist es gesetzlich vorgesehen, dass man ein Auto im Straßenverkehr nur führen darf, wenn man dazu in der Lage ist, das Fahrzeug bestmöglich und sicher zu steuern (§ 4 Abs. 2 Straßenverkehrsgesetz). Das gilt zum einen für die körperliche Verfassung – wer sich nicht gut, sondern kränklich und unkonzentriert fühlt, ist nicht geeignet für den Straßenverkehr. Aber es lässt sich im Zweifelsfall auch auf die Kleidung beziehen. Und die meisten werden zustimmen, wenn behauptet wird, dass der Halt auf den Pedalen mit festem Schuhwerk am besten funktioniert. Das haben auch Sicherheitstests schon bewiesen.

Kommt es tatsächlich zum Unfall, kann nicht nur die Straßenverkehrsbehörde, sondern auch die Versicherung Ärger machen. Wenn das falsche Schuhwerk nachweislich der Grund für den Unfall war, übernehmen die Versicherer im Zweifel nicht oder nur zum Teil die eigenen Kosten.

§ DARF MAN FÜHRERSCHEIN UND FAHRZEUGSCHEIN AUCH ZU HAUSE AUFBEWAHREN?

In regelmäßigen Polizeikontrollen wird überprüft, ob der Fahrer eines Pkw über einen Führerschein verfügt und körperlich sowie geistig in der Verfassung ist, sein Fahrzeug verkehrssicher zu benutzen. Wird man rausgewunken, haben viele ein mulmiges Gefühl und fragen sich, wie sie sich nun am besten verhalten sollten. Führerschein und Fahrzeugschein liegen zu Hause, damit sie nicht verloren gehen. Aber ist das erlaubt?

Zunächst einmal sollte man sich der Kontrolle stets stellen. Wer rausgewunken wird und dennoch schnell weiterfährt, muss 70 Euro zahlen und bekommt einen Punkt in Flensburg. Man hält also brav neben den Beamten an und öffnet das Fenster. Was folgt als Nächstes? Die Polizisten wollen wissen, mit wem sie es zu tun haben: »Führerschein und Fahrzeugpapiere, bitte!« Wichtig zu wissen: Den Führerschein muss man immer bei sich haben, wenn man mit dem Auto fährt. Und ebenso wie der Führerschein zum Fahrer gehört, gehört auch der Fahrzeugschein zum Fahrzeug. Der Fahrzeugbrief hingegen muss nicht mitgeführt werden. Nach Aufforderung der Beamten muss man also Führerschein und Fahrzeugschein vorzeigen. Wenn man Glück hat, wird man nun lediglich noch nach Warndreieck und Verbandkasten gefragt und dann entlassen.

§ MUSS MAN INS RÖHRCHEN PUSTEN, WENN MAN DAZU AUFGEFORDERT WIRD?

Verkehrskontrollen enden nicht immer mit der Kontrolle von Führerschein, Fahrzeugschein und Warndreieck. Wenn ihr absolut nüchtern seid, habt ihr nichts zu befürchten. Doch was, wenn es vielleicht doch ein paar Gläschen Wein oder Bier waren und ihr euch nicht ganz sicher seid, ob ihr wirklich unter den maximalen 0,5 Promille liegt? Dann dürfte spätestens jetzt euer Puls steigen. Gut, wenn ihr euren *Taschenanwalt* dabeihabt! Schnell noch mal diese Seite aufschlagen und nachschauen: Was dürfen die Beamten überhaupt tun? Dürfen sie euch zwingen, ins Röhrchen zu blasen? Muss man die Wahrheit sagen?

Sich selbst belasten muss sich zunächst einmal niemand. Solange man nicht andere falsch verdächtigt, kann jeder vor der Polizei lügen, bis sich die Balken biegen, wenn es um mögliche eigene Straftaten oder Ordnungswidrigkeiten geht. Und ins Röhrchen pusten muss man am Straßenrand auch nicht. Allerdings darf man nicht einfach nach Hause fahren. Denn besteht ein ernsthafter Verdacht auf Alkohol am Steuer, wird man zum Bluttest mit auf die Wache genommen. Ohne Verdacht hat die Polizei in dieser Situation aber keine Befugnis zur körperlichen Untersuchung. Auch darf sie euch ohne Verdacht nicht auffordern, auf einer Linie zu laufen oder in eure Augen leuchten.

Einen Verdacht wird die Polizei aber wahrscheinlich haben, wenn sie euch pusten lassen will. Das könnte eure Alkoholfahne beim Herunterlassen des Fensters sein oder die Schlangenlinie, die ihr zuvor gefahren seid. Zwar könnt ihr selbst dann noch verweigern zu »pusten«. In der Praxis wird das aber nicht mehr viel bringen. Denn wer die Alkoholprobe trotz verdächtiger Anzeichen verweigert, kann dazu aufgefordert werden, mit zu einem Arzt zu kommen, der einem dann Blut abzapft. Das ist dann nicht viel angenehmer und dauert noch viel länger. Seit 2017 kann die Blutprobe auch von der Polizei angeordnet werden, einen Richter braucht es dafür meist nicht mehr. Und sollte man wirklich betrunken sein, kommen das Röhrchen und die Blutprobe im Ergebnis auf dasselbe raus.

§ KANN MAN DIE ERSTE HILFE UNTERLASSEN, WENN MAN NICHT WEISS, WIE ES GEHT?

Ein Erste-Hilfe-Kurs gehört zum Pflichtstoff in der Führerscheinprüfung. Doch wenn tatsächlich der Ernst der Lage eintritt und man der Erste an einem Unfallort ist, liegt der letzte Kurs meist schon Jahre zurück und die Nerven blank. Wie war das noch mal mit der stabilen Seitenlage? In welchem Rhythmus sollte man eine Herzmassage geben? Und war es nicht so, dass eine Herzmassage bei einer Person, die gar keinen Herzstillstand hat, zum Herzstillstand führen kann? Fragen über Fragen … Bevor man es nun falsch macht, macht man besser nichts und wartet auf den Krankenwagen, oder? Kann man auch einfach weiterfahren, und jemand anderes hilft dann schon?

Gar nichts zu tun, ist tatsächlich die schlechteste Idee, die einem einfallen kann. Wer an einem Unfallort eintrifft, ist nämlich verpflichtet zu helfen. Wer nicht nach seinen besten Möglichkeiten hilft, kann sich wegen unterlassener Hilfeleistung strafbar machen (§ 323c StGB). Als Ersthelfer muss man mindestens einen Notruf absetzen und andere herbeiholen, wenn man selbst überfordert ist. Auch kann es bei verletzten Personen schon helfen, mit ihnen zu reden und sie bei Bewusstsein zu halten.

Ebenfalls sollte man nicht aus Angst, das Unfallopfer noch mehr zu verletzen, einfach nichts tun. Denn kleinere Verletzungen, die das Unfallopfer sich womöglich durch die Hilfemaßnahmen zuzieht, können dem Helfer in aller Regel nicht zur Last gelegt werden, wenn dadurch größere Gefahren vermieden werden – das gilt zumindest, solange man nicht grob fahrlässig oder vorsätzlich eine weitere Schädigung herbeiführt. Und vergessen sollte man auch nicht: Irgendwann könnte man selbst dort liegen und auf Ersthilfe angewiesen sein.

§ DARF MAN ÜBER ROT FAHREN, UM DER POLIZEI MIT BLAULICHT PLATZ ZU MACHEN?

Ist ein Unfall passiert, kommen Polizei und Krankenwagen meist mit Blaulicht angerast. Ihr sitzt im Auto, und plötzlich hört ihr von irgendwoher eine lauter werdende Sirene. Im Rückspiegel seht ihr die Einsatzkräfte näherkommen, aber ihr steht vor einer roten Ampel und könnt weder nach links noch nach rechts oder zurück fahren. Es bleibt nur die Flucht nach vorn – BLITZ! Oh nein, jetzt seid ihr auch noch geblitzt worden, weil ihr bei Rot ein Stück über die Ampel gefahren seid. Doch drohen jetzt wirklich Fahrverbot, Bußgeld und Punkte in Flensburg? Wir hatten mal einen Mandanten, dem das tatsächlich so passiert ist. Über den Fall haben wir auch in den Medien berichtet. Denn es ist ja auch für andere sehr interessant, wenn sie einmal in einer solchen Situation stecken.

Hier also die Antwort: Ja, ihr dürft in einem derartigen Moment über die rote Ampel fahren. Auch, wenn das normalerweise ein Verstoß gegen die Straßenverkehrsordnung wäre. In diesem Fall könnt ihr euch auf den sogenannten »rechtfertigenden Notstand« berufen. Schließlich wäre es auch ein Rechtsverstoß, wenn du den Einsatzkräften keinen Platz machen würdest. Bei Einsatzfahrzeugen mit Blaulicht und Sirene heißt es nämlich: »Alle übrigen Verkehrsteilnehmer haben sofort freie Bahn zu schaffen«. Auf der Autobahn beziehungsweise einer Straße außerhalb von Ortschaften muss man eine Rettungsgasse bilden, innerorts – wenn möglich – rechts ranfahren. Wer das nicht tut, verstößt gegen § 11 Abs. 2 StVO und muss mit einem Bußgeld von 200 Euro und zwei Punkten in Flensburg rechnen. In dieser Pattsituation, in der kein Ausweichen möglich ist, bleibt eben nur die Flucht nach vorn. Dabei solltet ihr natürlich sicherstellen, dass ihr beim Überfahren der roten Ampel keine anderen Verkehrsteilnehmer gefährdet!

§ KOMMT MAN IN DEN KNAST, WENN MAN FÜRS TANKEN NICHT BEZAHLT?

Es war ein Fall, der vielleicht jedem von uns hätte passieren können: Ein Kunde hatte vergessen, seine Benzinrechnung in Höhe von zehn Euro und einem Cent zu bezahlen. Nach dem Tanken war er zwar an die Kasse gegangen, hatte aber nur einen Schokoladenriegel und zwei Vignetten für 25,30 Euro gekauft. Die Benzinrechnung blieb unbezahlt. Der Kunde fuhr unbekümmert weiter.

Die Schussligkeit hatte jedoch böse Konsequenzen, denn am Ende verlangte der Tankstellenbetreiber 211 Euro und einen Cent von ihm. Wie kam er auf diese hohe Summe? Nun, er hatte kurzerhand für 137 Euro ein Detektivbüro beauftragt, um den vermeintlichen»Benzindieb« ausfindig zu machen. Nachdem das Detektivbüro den Kunden ermittelt hatte, beauftragte er für den günstigen Preis von 39 Euro einen Rechtsanwalt damit, die Detektiv- und Benzinkosten vom Kunden einzutreiben. Schließlich verlangte er noch eine Auslagenpauschale von 25 Euro.

Durfte der Tankstellenbetreiber wirklich das 21-Fache einer ursprünglichen Benzinrechnung von dem armen, vergesslichen Kunden verlangen? Ja! Das hat der Bundesgerichtshof 2011 so entschieden (Urteil vom 04.05.2011, Aktenzeichen VIII ZR 171/10). Wer tankt, ist verpflichtet, sofort an der Kasse zu bezahlen. Vergisst man das, hat die Tankstelle einen Anspruch auf Schadensersatz. Und der kann weitaus höher liegen als die eigentliche Benzinrechnung. Autofahrer sollten dieses Urteil kennen – und sich besser zweimal überlegen, ob sie an der Tankstelle das Bezahlen »vergessen«.

Eine solch hohe Rechnung ist nicht das Einzige, was euch droht, wenn ihr nicht für das getankte Benzin bezahlt. Im Zweifel kann es sein, dass der Tankstellenbetreiber euch bei der Polizei wegen Betruges anzeigt. Tanken ohne zu bezahlen kann nämlich auch strafbar sein!

Wenn ihr es wirklich nur vergessen habt, ist das zwar nicht strafbar, weil euch der sogenannte Vorsatz fehlt. Nur kann natürlich niemand in euren Kopf hineinsehen. Deswegen werdet ihr im Zweifel erst einmal eine Vorladung zur Polizei bekommen. Die wird sich euer Verhalten auf dem Überwachungsvideo ziemlich genau anschauen. Am Ende muss dann das Gericht entscheiden, ob es euch verurteilt oder nicht.

Deswegen: Konzentriert euch nicht nur beim Autofahren, sondern auch beim Tanken!

Entschuldigen Sie, ich dachte, unsere neue Wohnung ginge hier noch weiter …
mi

KAPITEL 7

DIE ERSTE EIGENE WOHNUNG

Die Schule ist beendet, jetzt geht es zum Studieren, zur Ausbildung oder zum Arbeiten raus in die große weite Welt und rein in die erste richtige eigene Wohnung. Doch auch das ist rechtlich nicht immer ganz ohne! Es geht los mit dem Makler, den man eigentlich gar nicht bezahlen will. So viel Geld für ein paar Minuten, die er einem die Wohnung gezeigt hat, muss das sein? Dann ist man eingezogen, und es fehlen Möbel – darf man sich am Sperrmüll bedienen, oder muss der Eigentümer das erst erlauben? Apropos erlauben: Kann der Vermieter einfach nein sagen, wenn ich ein Haustier möchte?

Sind diese Dinge erledigt, geht es weiter mit Problemen, die sich nicht so einfach lösen lassen und deshalb regelmäßig vor Gericht landen: Nachbarschaftsstreitigkeiten, im Stehen pinkelnde Nachbarn, nachts stöhnende Paare, Spanner-Nachbarn – was muss man sich da eigentlich gefallen lassen?

Selbst beim Umzug stellen sich noch einige Fragen: Kommt man aus dem Vertrag, wenn man drei mögliche Nachmieter anbietet? Darf man sonntags umziehen, und muss man vorher die Wohnung streichen? Und was ist, wenn man Schimmel entdeckt? Ist daran immer der Mieter schuld?

§ WER MUSS DEN MAKLER ZAHLEN?

Viele Vermieter haben keine Lust, selbst einen neuen Mieter zu suchen. So beauftragen sie kurzerhand einen Makler, der das für sie übernehmen soll. Die Kosten dafür kann man ja einfach auf den Mieter abwälzen, oder?

Nein! Das geht inzwischen nicht mehr. Seit 2015 gilt bei der Vermietung von Immobilien das »Bestellerprinzip«. Das bedeutet, dass derjenige den Makler bezahlen muss, der ihn auch beauftragt hat. In unserem Fall also der Vermieter. Nur, wenn ihr die Wohnung kaufen wollt, ist es noch möglich, dass der Verkäufer bis zu 50 Prozent der Maklerkosten auf euch abwälzt (§ 656 d BGB). Habt ihr als Neumieter dieses Kapitel zu spät gelesen und den Makler schon gezahlt, habt ihr immerhin (mindestens) drei Jahre Zeit, um euch die Provision vom Vermieter zurückzuholen.

Anders sieht das natürlich aus, wenn ihr als Mieter selbst zu einer Maklerfirma gegangen seid, die euch das perfekte Domizil vermitteln sollte. Dann müsst ihr zahlen – allerdings erst, wenn ihr durch Zutun des Maklers auch euer neues Zuhause gefunden habt. Denn das Honorar des Maklers ist eine Erfolgsprovision (§ 652 BGB). Habt ihr zufällig über Bekannte eine Wohnung für euch gefunden, geht der Makler leer aus.

Wenn ihr aber zahlen müsst, so ist die Maklerprovision zumindest für den Mieter klar begrenzt: Laut WoVermittG darf sie nicht mehr als zwei Monatskaltmieten zuzüglich Mehrwertsteuer betragen. Vermieter können die Maklergebühren hingegen frei verhandeln.

§ DAS MAHNEN IST EINE SCHWERE KUNST...

Was aber, wenn die Partei, die die Maklergebühren zahlen muss, partout nicht zahlen will? Nun, dann kann so etwas dabei herauskommen:

Das Mahnen, Herr, ist eine schwere Kunst!
Sie werden's oft am eigenen Leib verspüren.
Man will das Geld, doch will man auch die Gunst
des werten Kunden nicht verlieren.

Allein der Stand der Kasse zwingt uns doch,
ein kurz' Gesuch bei Ihnen einzureichen:
Sie möchten uns, wenn möglich heute noch,
die unten aufgeführte Schuld begleichen.

Dies Gedicht habe ich nicht etwa aus der Schulzeit mitgebracht,
vielmehr hat es sich ein Makler vor vielen Jahren ausgedacht.
Ein Kunde von ihm hat nicht auf eine offene Rechnung reagiert,
und der Makler hoffte, dass der Kunde es mit dem sympathischen
Reim endlich kapiert.

Somit schickte er die Abmahnung nicht als Schreiben,
sondern als Gedicht, um stets höflich zu bleiben.
Doch der Kunde nahm's nicht ernst, er zahlte nicht,
woraufhin der Makler sich dachte: »Jetzt geh' ich mit dem Fall vors
Gericht!«

Und er traf auf Zustimmung bei den Richtern,
die kurzerhand selbst einmal wurden zu begnadeten Dichtern.
So verfassten sie ihr Urteil im Reim, ebenso wie der Makler sein
mahnendes Flehen,
um zu zeigen: nicht die Form, sondern der Inhalt ist stets als
entscheidend anzusehen.

Dementsprechend sei Folgendes zu sagen:
zwar kannst du Schreiben durchaus hinterfragen,
doch ernst zu nehmen sind sie immer
(und auf ein Neues zu warten, macht's nur noch schlimmer.)

Zudem zeigt dieses Urteil zwei interessante Sachen.
Erstens: Juristen können durchaus Späße machen.
Und zweitens, und das weiß jeder Jurist:
Es gibt nichts, was nicht schon verhandelt worden ist!

DARF ICH SPERRMÜLL MITNEHMEN?

Die erste eigene Wohnung braucht Möbel. Doch Möbel kosten eine Menge Geld. Secondhand und Upcycling heißen die neuen Trends, überall ist die Rede von Nachhaltigkeit. Das gilt auch für Möbel. Und die kann man manchmal sogar umsonst bekommen: auf dem Sperrmüll. Heißt zwar »Müll«, ist es aber häufig gar nicht. Nicht selten landen auf dem Sperrmüll einfach Möbelstücke, für die der ehemalige Besitzer keine Verwendung mehr hatte. Dabei könnte der alte Stuhl oder Teppich nach einer gründlichen Reinigung doch optimal in die eigene Wohnung passen! Aber darf man denn einfach etwas mitnehmen?

Entgegen der landläufigen Auffassung ist das nicht so einfach erlaubt. Denn Hausmüll und auch Sperrmüll sind keine eigentumslosen Gegenstände. Wenn der Müll so platziert ist, dass er von der städtischen Müllabfuhr mitgenommen werden kann, wird das Eigentum an den Sachen nicht aufgegeben, sondern geht auf das Entsorgungsunternehmen über. Durch diesen juristischen Kniff sollen ordnungsgemäße Wertstofftrennung und Recycling sichergestellt werden. Vereinfacht gesagt: Nimmt man sich den süßen Beistelltisch vom Sperrmüllhaufen mit, nimmt man etwas, das jemand anderem gehört. Und das ist Diebstahl. Die saubere Möglichkeit wäre demnach, im Haus zu klingeln und zu fragen, ob man den Gegenstand haben kann. In der Regel wird niemand etwas gegen haben. In manchen Fällen kann sich aber auch ein Blick in die städtischen Gesetze lohnen. Manche Orte erlauben mittlerweile die Mitnahme von Sperrmüll, allerdings wird dann meist das Durchwühlen ausdrücklich verboten, damit der Müll nicht über die ganze Straße verteilt wird.

Ähnliches gilt übrigens für den Hausmüll der Nachbarn. Auch an diesem wird das Eigentum nicht aufgegeben, sobald die Gegenstände in die Tonne geworfen werden. Da mitunter sehr persönliche Gegenstände oder auch Rechnungen mit persönlichen Daten weggeworfen werden, hat jeder ein Interesse, das Eigentum daran so lange zu behalten, bis es ordnungsgemäß entsorgt wird. Also Finger weg von fremden Tonnen!

§ MÜSSEN VERMIETER HAUSTIERE ERLAUBEN?

Nicht selten kommen Mieter nach dem Einzug auf die Idee, sich ein Haustier anzuschaffen: Hund, Katze, Maus, Kaninchen oder Hamster sind wohl die Klassiker. Manche wollen aber auch das Haustier aus dem Elternhaus mitnehmen. Da viele Vermieter keine Wohnungen an Tierhalter vergeben und auch keine Tiere in ihrer Wohnung möchten, verschweigen einige Mieter ihre kleinen Freunde. Doch muss das überhaupt sein? Oder darf der Vermieter sich da am Ende gar nicht einmischen?

Seit 2013 gibt es eine klare Antwort: Damals hat der Bundesgerichtshof entschieden, dass Klauseln im Mietvertrag unzulässig sind, die die Tierhaltung generell ausschließen (Urteil vom 2003.2013, Aktenzeichen VIII ZR 168/12). Das heißt allerdings nicht, man hätte nun immer ein Recht darauf, dass der kleine Bello mit einzieht. Denn im Einzelfall darf das Halten von Hunden und Katzen nach wie vor untersagt werden – eben nur nicht generell und grundlos. Der Vermieter darf anstelle der Verbotsklausel eine Zustimmungsklausel in den Mietvertrag aufnehmen. Geht vom Tier eine konkrete Gefahr für die Wohnung aus oder ist die Haltung unzumutbar für die anderen Mieter, darf der Vermieter die Zustimmung verweigern. Das kann beispielsweise der Fall sein, wenn der Hund versucht, die Nachbarn zu beißen, oder der Papagei zu allen Tages- und Nachtzeiten herumschreit, sodass jeder es hören kann. Wenn aber kein sachlicher Grund gegen das Tier spricht, muss die Zustimmung erteilt werden.

Diese Regelungen gelten übrigens nicht für sogenannte Kleintiere, also Meerschweinchen, Hamster oder Fische. Für diese muss man sich nie eine Zustimmung einholen. Aber Achtung: Was ein Kleintier ist und was nicht, wird nicht unbedingt nach der Größe bestimmt. Ein kleines Schoßhündchen gilt immer noch als Hund und nicht als Kleintier und kann somit erlaubnisbedürftig sein.

§ WAS TUN, WENN DER SEX DER NACHBARN ZU LAUT IST?

Während es anfangs vielleicht noch amüsant ist, seine Nachbarn bei einem sexuellen Stelldichein stöhnen zu hören, hört der Spaß spätestens nach der dritten lauten Nacht in Folge auf – zumindest für die schlaflosen Hausmitbewohner. Aber kann man gegen die nächtlichen Aktivitäten der Nachbarn wirklich gar nichts unternehmen?

Es ist selbstverständlich netter, mit den Nachbarn über das Wetter oder die neue Regenrinne zu philosophieren als über deren Sexleben. Dennoch hilft oftmals ein Gespräch unter vier Augen weitaus mehr als der direkte Gang zum Gericht. Wobei auch das schon vorgekommen ist. Und die Gerichte gaben in nahezu jedem Fall den ungewollt beschallten Nachbarn recht. So seien zwar Feierlichkeiten in Maßen, das Fernsehen oder auch das Klavierspielen als normaler Mietgebrauch anzusehen, überdurchschnittlich laute Geräusche beim Geschlechtsverkehr jedoch eher nicht. Dies insbesondere dann nicht, wenn Nachbarn davon aus dem Schlaf hochschrecken und sogar deren Gesundheit leide. Schließlich gelte grundsätzlich eine Nachtruhe von 22.00 bis 6.00 Uhr, auf die jeder Nachbar einen Anspruch habe.

Wer nun denkt, dass eine Gerichtsverhandlung kaum peinlicher werden kann, irrt sich gewaltig. So hatte ein Münchner Gericht im Jahr 2014 einen Fall auf dem Tisch, bei dem nachts aus einer Nachbarwohnung nicht nur Sexgeräusche ertönten, sondern auch das ohrenbetäubende Quietschen einer zuvor montierten Liebesschaukel. Nachdem etliche Abmahnungen erfolglos blieben, kündigte die Vermieterin ihrem Mieter. Da er jedoch nicht auszog, verklagte sie ihn letztlich sogar auf Räumung der Wohnung und bekam vom Gericht recht (Urteil vom 03.02.2014, Aktenzeichen 417 C 17705/13).

Was lernen wir daraus: Auch wenn die Gedanken während des Geschlechtsverkehrs in der Regel nicht bei den Nachbarn sind, sollte auf diese Rücksicht genommen werden. Das erspart nicht nur ein unangenehmes Gespräch im Hausflur, sondern auch einen möglichen Gerichtstermin.

§ IST DAS PINKELN IM STEHEN WIRKLICH RUHESTÖRUNG?

Nachbarn innerhalb eines Mietshauses erfahren – oder eher hören – voneinander oft mehr, als ihnen lieb ist. Je dünner die Wände, desto mehr kriegt das gesamte Haus mit. Dazu zählen nicht nur Handwerkslärm oder Kindergeschrei, sondern auch intimste Lebensweisen. Dies zeigt unter anderem ein skurriler Nachbarschaftsstreit aus dem Jahr 1997, der sogar vor Gericht landete (AG Wuppertal, Urteil vom 14.01.1997, Aktenzeichen 34 C 262/96). Damals häuften sich in einem Mehrfamilienhaus die Beschwerden über einen Mieter, der angeblich unerträgliche Geräusche beim Urinieren im Stehen verursachte. Die darauffolgende Klage wurde jedoch abgewiesen. So sei es ein unzulässiger Eingriff in die Intimsphäre, Männern eine bestimmte Technik beim Urinieren vorzuschreiben. Außerdem würden die beim Urinieren verursachten Geräusche nicht die alltägliche Geräuschentwicklung überschreiten. Schließlich geht mit einer Benutzung der Toilette wohl oder übel eine Geräuschentwicklung einher. Ob diese zu laut ist oder sich im normalen Bereich befindet, lässt sich schwer entscheiden. Insbesondere in geräuschdurchlässigen Gebäuden sei also jeglicher Laut durch das Urinieren hinzunehmen. Ein Berliner Gericht hat einer ähnlichen Klage allerdings einmal stattgegeben und den Klägern eine Mietminderung zugesprochen (LG Berlin, Urteil vom 20.04.2009, Aktenzeichen 67 S 335/08).

So viel Glück hatte ein Vermieter vor einigen Jahren nicht, der die Kaution eines Mieters einbehalten wollte, nachdem dieser durch das Urinieren im Stehen den umliegenden Boden abgestumpft hatte (LG Düsseldorf, Urteil vom 12.11.2015, Aktenzeichen 21 S 13/15). Zwar sei die Argumentation glaubwürdig, das nutze aber dem Vermieter nichts. Er hätte vielmehr vor der Miete auf die Empfindlichkeit des Bodens hinweisen müssen.

Die Rechtmäßigkeit des Urinierens im Stehen hängt also, wie so oft in der Juristerei, immer vom Einzelfall ab. In der Regel dürfen Männer jedoch stehen bleiben – sie müssen ja nicht direkt den Weltrekord im lautesten und stärksten Pinkeln aufstellen.

IST ES EINE STRAFTAT, WENN ICH DEN NACHBARN BESPANNE?

Während die einen genervt sind, weil sie ständig die Geräusche der Nachbarn hören, gibt es auch Leute, denen gerade das eine unsägliche Freude bereitet. Vor allem, wenn es nicht bei Geräuschen bleibt, sondern es auch was zu gucken gibt. Aber ist es strafbar, wenn man mal kurz über die Hecke oder ins gegenüberliegende Fenster späht?

Strafrechtlich verboten sind jedenfalls ungewollte Bild- oder Tonaufnahmen. Wenn man also mal schnell die Handykamera auf den Nachbarsgarten richtet, könnte man sich nicht nur das nachbarschaftliche Verhältnis vermiesen, sondern man könnte es im Fall der Fälle auch mit der Polizei oder Staatsanwaltschaft zu tun bekommen. Aber das reine Beobachten durchs Fenster ist tatsächlich nicht im Strafrecht erfasst – zumindest, solange man nicht extra über die Grundstückmauer klettern muss, sondern tatsächlich einfach freie Sicht hat. Anders sieht dies aus, wenn es nicht um das einmalige kurze Spicken geht, sondern um dauerhaftes Nachstellen (§ 238 StGB). Das würde dann als Stalking gewertet werden, was auch ohne Bild- oder Tonaufnahmen strafrechtlich verfolgbar ist.

Wer aber kein Stalker ist, aber trotzdem allzu penetrant vor einem Haus steht, um womöglich die Nachbarin beim Umziehen oder Duschen zu erwischen, dem droht ebenfalls eine zivilrechtliche Klage auf Unterlassen. Denn dieses Verhalten kann durchaus das Persönlichkeitsrecht der ausgespähten Person verletzen. Allerdings kommen solche Fälle in der Realität kaum vor. Denn wer sich beobachtet fühlt oder große Fenster im Bad oder Ankleidezimmer hat, der zieht wohl meist die Vorhänge zu.

MUSS MAN DEM VERMIETER BEIM AUSZUG DREI NACHMIETER ANBIETEN?

Hat man sich zum Umzug entschieden, kann es häufig nicht schnell genug gehen. Doch was ist mit den drei Monaten Kündigungsfrist?

Schließlich will man nicht doppelt Miete zahlen. Da kann eins helfen: Man sucht selbst einen Nachmieter … oder nicht?

Unter deutschen Mietern hält sich ein hartnäckiges Gerücht: Wer dem Vermieter drei potenzielle Nachmieter nennt, kann vorzeitig aus seinem Mietvertrag aussteigen. Das wäre zwar in vielen Fällen nützlich, doch ein solches Recht hat der Mieter laut den gesetzlichen Regelungen gar nicht. In der Regel ist man an eine dreimonatige Kündigungsfrist gebunden. Zwar kann man dem Vermieter anbieten, die Suche nach einem Nachmieter zu übernehmen. Ein Recht darauf, eigene Kandidaten zu präsentieren, existiert allerdings nicht. Und selbst wenn der Vermieter aus Kulanz damit einverstanden ist, dass der Mieter die Suche selbst in die Hand nimmt, muss er die potenziellen Nachfolger letztlich nicht akzeptieren. Dabei ist es egal, ob der Mieter eine Liste mit einem, drei oder fünfzig möglichen Nachmietern vorlegt: Der Vermieter ist nicht verpflichtet, den Mieter vor Ablauf der Kündigungsfrist aus dem Vertrag zu entlassen.

Nur in Ausnahmefällen kann es helfen, wenn der auszugswillige Mieter einen passenden Nachmieter vorstellen kann. Das ist zum Beispiel der Fall, wenn im Vertrag eine Ersatzmieterklausel enthalten ist. Sie gestattet dem Mieter, bei Vermittlung eines Nachfolgers aus dem Vertrag auszusteigen. Solche Klauseln bringen Vermietern aber keinen Vorteil und kommen entsprechend selten vor. In der Regel ist man also auf das Entgegenkommen des Vermieters angewiesen – eine verpflichtende »Drei-Nachmieter-Regel« ist jedenfalls ein Mythos.

DÜRFEN UMZUGS- UND RENOVIERUNGS-ARBEITEN AM SONNTAG STATTFINDEN?

Ist der Tag des Umzugs dann gekommen, trommelt man Freunde und Familie zusammen, um den Umzug schnell über die Bühne zu bringen. Und wann haben die in der Regel alle Zeit? Richtig: sonntags! Aber darf ich meinen Umzug mit riesigem Transporter, stundenlangem Hin- und Herlaufen auf den Fluren und sonstigem Holterdiepolter überhaupt an diesem Ruhetag stattfinden lassen?

In der Regel sind an Sonn- und Feiertagen nur solche Arbeiten erlaubt, die nicht verschoben werden können. Eine Ausnahme könnte beispielsweise eine Frist sein, die unbedingt eingehalten werden muss. Erschwerend hinzu kommt allerdings, dass Umzugstransporter mit einem Gewicht von über 7,5 Tonnen einem Sonntagsfahrverbot von 0.00 bis 22.00 Uhr unterliegen. Zwar sind alle kleineren Fahrzeuge erlaubt, dennoch könnte diese Gewichtsbeschränkung den ein oder anderen Umzug merklich erschweren.

Sollen in der neuen Wohnung dann gleich ein paar Bilder an die Wand gehängt oder Gardinenstangen angebracht werden, wird es erst recht brenzlig. Denn sonntags ebenso wie an den gesetzlichen Feiertagen sind jegliche Arbeiten verboten, die öffentlich bemerkbar sind, also die Zimmerlautstärke überschreiten. Dadurch soll die Ruhe des Tages nicht gestört werden. Dagegen dürfen werktags, also von Montag bis Samstag, zwischen 7.00 und 13.00 Uhr sowie zwischen 15.00 und 22.00 Uhr sämtliche Nägel in Regalbretter gehämmert und etliche Schrauben in Wände gebohrt werden. Zwar bestehen einige Ausnahmeregeln, jedoch treffen die auf die meisten Fällen nicht zu. So dürfen Bewohner beispielsweise dann bohren, wenn sie nachweislich an keinem anderen Tag Zeit dafür freimachen können.

Trotz des Ruhetages gilt natürlich wie so oft: Wo kein Kläger, da kein Richter. Sollten die Nachbarn sich also nicht beschweren, kann jeder auch sonntags munter weiter die Kisten nach unten schleppen und Nägel in die Wände hämmern. Es schadet jedoch nicht, vorher einmal mit den Nachbarn zu sprechen und diese auf die erhöhte Lautstärke hinzuweisen.

Wenn diese sich nämlich doch einmal von Umzugs- oder Handwerksgeräuschen gestört fühlen, können sie aufgrund einer Ruhestörung das Ordnungsamt oder die Polizei rufen. Am besten sollte jedermann den alttestamentarischen Spruch »Am siebten Tage sollst du ruhen« wörtlich nehmen und den Sonntag zum Faulenzen nutzen.

§ MUSS MAN BEIM AUSZUG DIE WOHNUNG RENOVIEREN?

Sind alle Möbel aus der Wohnung, kommt der Punkt, auf den nun wirklich keiner Lust hat: die alte Wohnung vor der Übergabe zu streichen. Schließlich hat man davon ja nichts mehr. Leider ist es aber eine nervige Pflicht des Mieters, oder?

Grundsätzlich stimmt das nicht, denn zumindest eine gesetzliche Pflicht zum Renovieren beim Auszug gibt es gerade nicht. Auch, wenn das in den Köpfen vieler Mieter noch so scheint. Eigentlich schreibt das Gesetz vor, dass umgekehrt der Vermieter die Wohnung instand halten muss. Allerdings stimmt es, dass der Vermieter diese Pflicht teilweise auf den Mieter übertragen kann. Wenn das so ist, steht das im Mietvertrag. Doch schaut dort vielleicht einmal genauer rein. Denn viele Klauseln zur Renovierungspflicht sind unwirksam. Das führt dazu, dass der Mieter überhaupt nicht renovieren muss!

So ist es beispielsweise unzulässig, im Mietvertrag eine Klausel aufzunehmen, in der steht, dass der Mieter in jedem Fall bei Auszug die Wände streichen muss. Auch, wenn im Mietvertrag festgeschrieben wurde, dass Renovierungsarbeiten pauschal in festen Zeitabständen erfolgen müssen, ist das unwirksam. Solche Fristen sind nur als Orientierungshilfe zulässig, die besagen, dass die Renovierung ausgeführt werden muss, sobald ein Raum unansehnlich geworden ist. Wer vor Ablauf der Fristen auszieht, von dem kann der Vermieter verlangen, dass er sich teilweise an den Renovierungskosten beteiligt. Oder aber der Mieter streicht selbst. Dann kann er umgekehrt verlangen, dass der Vermieter einen Teil der Kosten ersetzt. Wer die Wohnung unrenoviert übernommen hat, muss sie beim Auszug in der Regel nicht streichen. Das gilt auch dann nicht, wenn man etwas anderes mit dem Vermieter oder dem Vormieter vereinbart hat. Ausnahmen von dieser Regel gibt es nur, wenn der Vermieter dem neuen Mieter beim Einzug einen Mietnachlass gegeben hat, weil die Wohnung unrenoviert war.

Was allerdings durchaus von euch erwartet werden kann, sind kleine Schönheitsreparaturen – wie Dübel zu entfernen oder Löcher zuzuspachteln.

Und was, wenn ihr dieses Kapitel im *Taschenanwalt* zu spät gelesen habt und euch jetzt klar wird, dass ihr renoviert habt, obwohl die Klausel in eurem Mietvertrag unwirksam war? Liegt das Ganze weniger als sechs Monate zurück, könnt ihr euch die Kosten der Renovierung noch vom Vermieter ersetzen lassen!

§ SIND IMMER DIE MIETER SCHULD AM SCHIMMEL IN DER WOHNUNG?

Ist die Wohnung erst mal leergeräumt, kommt so manches zum Vorschein, das man lieber nicht gesehen hätte. Zum Beispiel ein riesiger Schimmelfleck hinter dem Kleiderschrank. Wie soll man den jetzt wegbekommen? Und muss ich den als Mieter überhaupt wegbekommen? Okay, ich habe dort gewohnt, aber ist der Schimmel deshalb meine Schuld?

Ob der Schimmel eure Schuld ist, hängt vom Einzelfall ab. Gerade im Winter entstehen bei vielen älteren Wohnungen Schimmelflecken an den Wänden. Vermieter tendieren dazu, ganz schnell ihren Mietern die Schuld zu geben – sie hätten nicht anständig geheizt und gelüftet. Das stimmt aber meist nicht! Feuchtigkeitsflecken haben oftmals bauliche Ursachen. Gerade ungedämmte alte Wohnungen sind an manchen Stellen so kalt, dass sich dort Wasser sammelt. Wenn euch euer Vermieter also die Kosten für die Schimmelentfernung aufbrummen will, lohnt es sich, dagegen vorzugehen. Tatsächlich gewinnen Mieter hier die meisten Gerichtsprozesse, weil die Vermieter ein Verschulden der Mieter nur schwer nachweisen können.

Wenn sie wissen, dass sie
nichts wissen, het' sich Ihr
Studium schon gelohnt.

KAPITEL 8

STUDIEREN LEICHT GEMACHT

Die Studienzeit ist bekanntlich die schönste Zeit. Die erste eigene Wohnung, man ist unabhängig … okay, finanziell vielleicht noch nicht. Denn wer studiert, hat nicht viel Zeit zum Arbeiten. Müssen da also die Eltern ran und die Kosten übernehmen? Ist das Geld knapp, kann eine WG helfen, die Miete gering zu halten. Doch auf wen läuft da eigentlich der Mietvertrag? Und was passiert, wenn ich mit meinem Mitbewohner nicht klarkomme, kann ich ihn dann rausschmeißen?

Manchmal ist nicht die Wohnung das Problem, sondern das Studium. Was, wenn ich die Traumwohnung bekommen habe, aber für meinen Traumstudiengang eine Absage? Kann ich mich dann einklagen? Oder mit jemand anderem den Studienplatz tauschen?

Klappt es mit dem Studienplatz, klappt es nicht immer mit den Noten. Kann man etwas gegen eine schlechte Klausurbewertung tun? Oder einer schlechten Bewertung gleich vorbeugen, indem man mit dem Professor oder der Professorin schläft? Wenn beide einverstanden sind, sollte das doch kein Problem sein, oder? Auch die Abschlussarbeit bereitet manchmal Probleme. Darf man mit einem Ghostwriter ein bisschen nachhelfen? Ein Doktortitel nach dem abgeschlossenen Studium wäre ein schönes i-Tüpfelchen. Gibt es im Ausland zu kaufen … Ist das erlaubt? Und muss mich dann jeder mit dem neuen Titel ansprechen?

Und dann ist da noch das liebe Thema Geld: Darf ich neben dem Studium so viel arbeiten, wie ich will? Kann eine Steuererklärung mir Geld zurückholen, wenn ich noch studiere? Und was ist, wenn das Studium zu Ende ist: Muss ich das BAföG sofort zurückzahlen?

§ KANN MAN SICH IN SEIN TRAUMSTUDIUM EINKLAGEN, WENN DER NUMERUS CLAUSUS NICHT GUT GENUG IST?

Du hast ein Abi mit einem ansehnlichen Notendurchschnitt von 2,2 in der Tasche – und jetzt stehen dir alle Türen offen! Alle Türen? Nein! Zumindest nicht die Türen zu den Unis, wenn du dort Medizin, Psychologie oder ein anderes Studienfach mit einem hohen Numerus clausus (NC) studieren willst. Der NC kommt immer dann zur Anwendung, wenn sich mehr Studierende für ein Fach bewerben, als offiziell Plätze vorhanden sind. Das Auswalkriterium ist meist die Abiturnote. Viele finden das ungerecht und sagen, dass es wichtigere Dinge als nur die Abi-Note gibt, die etwas darüber aussagen, ob man ein guter Therapeut oder eine gute Ärztin wird. Der Meinung bin ich auch! Deswegen kann ich gut verstehen, dass manche Studienwillige mithilfe meiner Zunft – der Anwälte – einen Studienplatz einklagen. Schließlich ist das oft die einzige Möglichkeit, das Leben zu führen, das man führen will. Nur, wie funktioniert eine solche Studienplatzklage?

Letztlich reichst du mithilfe von Anwälten einen Antrag auf Eilrechtsschutz beim Verwaltungsgericht gegen die Hochschule ein, an der du studieren willst. Das Gericht prüft dann, ob die Uni über die angegebene Anzahl von Studienplätzen hinaus weitere Plätze anbieten könnte. Dazu hat jede Uni feste Berechnungsmethoden, die ein Gericht überprüfen darf. Wenn also in der Praxis noch Plätze frei sind, muss die Uni sie noch anbieten – und zwar dir!

So ein Gerichtsverfahren will gut und vor allem rechtzeitig vorbereitet sein. Manche Unis verlangen, dass man sich vorher bei ihnen beworben hat. Außerdem musst du in der Regel bis zu einem gewissen Stichtag einen Antrag auf Zulassung außerhalb der regulären Kapazitäten stellen. Doch selbst wenn du all dies beachtet hast, bietet eine solche Klage keine Garantie, den gewünschten Studienplatz zu erhalten. Dann kannst du dich vielleicht noch umschauen, ob du an einer ausländischen Uni angenommen wirst. Alternativ kannst du auch erst einmal eine Ausbildung machen, die zu deinem Wunschstudium passt, und dann über die Wartesemester ins Traumstudium rutschen. Also: Nicht aufgeben!

§ KANN ICH MEINEN STUDIENPLATZ MIT JEMAND ANDEREM TAUSCHEN?

Reicht der NC für das Wunschstudium, heißt dies noch lange nicht, dass Studierende rundum glücklich sind. Schließlich besteht der Studienbeginn nicht nur aus der Frage, was man studiert, sondern auch, wo man studiert. Hippe Städte wie Köln, Berlin oder Hamburg sind sehr begehrt, Kleinstädte meist weniger. Es gibt aber auch Studenten, die bekommen einen Platz in der Großstadt, wollen aber lieber auf dem Land studieren, um zum Beispiel bei den Eltern wohnen zu bleiben und Kosten zu sparen. Was ist da naheliegender, als dass Studenten die Studienplätze tauschen? Aber geht das überhaupt? Kann man von der Universität zugeteilte Studienplätze einfach untereinander neu verteilen?

Die Antwort lautet: Ja, das geht! Zwar sorgt der Numerus clausus als Zulassungsbeschränkung in vielen Fächern dafür, dass trotz des Rechts auf freie Wahl der Ausbildungsstätte gem. Artikel 12 Absatz 1 GG keine Hochschule überlastet wird. Dennoch muss sich niemand mit seinem dann zugeteilten Studienplatz abfinden.

Allerdings bestehen sehr konkrete, einzuhaltende Vorgaben für einen solchen Wechsel. So muss unter anderem der Wechselpartner logischerweise einen Platz an der Wunsch-Universität haben, darf diesen nicht durch ein Sonderverfahren erlangt haben, und natürlich muss er den Wechsel in die andere Stadt auch wollen. Außerdem müssen beide das gleiche Fach im gleichen Semester studieren und beide Hochschulen müssen mit dem Tausch einverstanden sein. Zum anderen sind nicht alle Fächer vom Angebot eines Studienplatztauschs umfasst. Oftmals tauschen Studenten innerhalb zulassungsbeschränkter Fächer, die einen sehr hohen Numerus clausus erfordern, beispielsweise Human-, Tier- oder Zahnmedizin, weil hier die Zuweisung der Universität noch bundesweit zentral erfolgt.

Im Zweifel ist es einen Versuch wert, wenn die zugewiesene Stadt so gar nichts für einen ist. Vielleicht täuscht aber der erste Eindruck und – siehe da! – nach einigen Jahren wollt ihr nie wieder weg. Denn eines sollten sich tauschwillige Studenten bewusst machen: einen rechtlichen

Anspruch auf einen Studienplatztausch gibt es nicht. Ihr müsst schon jemanden finden, der mit euch tauschen möchte!

DARF MAN NACH DEM AUSZUG AUF KOSTEN DER ELTERN STUDIEREN?

Endlich mit der Schule fertig! Da draußen wartet die ganze weite Welt auf euch! Was also tun? Viele beginnen direkt mit dem Studium. Gerade Großstädte wie München, Hamburg oder Berlin sind beliebt bei den Studierenden. Wirklich gearbeitet hat man zu dem Zeitpunkt noch nicht, finanziell sieht es also nicht so rosig aus. Wer soll nun die Miete zahlen? Am besten die, die bisher auch alles bezahlt haben: die Eltern. Viele Eltern kommen dem auch nach, aber sind sie dazu verpflichtet?

Die Antwort lautet wie so häufig: Es kommt darauf an! Grundsätzlich habt ihr tatsächlich den Anspruch, dass eure Eltern euch Unterhalt zahlen, wenn ihr auszieht. Das sind allerdings maximal 860 Euro im Monat. Große Sprünge kann man damit nicht machen, sondern eher in ein WG-Zimmer ziehen und beim Discounter einkaufen. Das richtige Studentenleben halt. Eure Eltern müssen euch das Geld so lange zahlen, bis ihr mit eurem Studium fertig seid. Es gibt keine Altersgrenze. Auch mit 25 oder 27 Jahren können Studenten also Unterhalt verlangen. Erst, wenn ihr auf eigenen Beinen stehen könnt, ist es an euch, euer Leben selbst zu finanzieren. Und was ist, wenn ihr selbst Geld habt – sei es, weil ihr gespart habt oder ein Stipendium bekommt? Das wird dann teilweise auf den Unterhaltsanspruch der Eltern angerechnet. Haben die Eltern keine 860 Euro im Monat übrig, hilft der Staat: BAföG heißt das Zauberwort!

§ DARF ICH EINMAL PRO JAHR EINE GROSSE WG-PARTY SCHMEISSEN?

Partys gehören zum WG-Leben dazu wie die tägliche Portion Spaghetti mit Pesto. Ist die Klausurphase im Frühjahr endlich rum, muss man es mal ordentlich krachen lassen! So eine richtige WG-Party, zu der man alle einlädt, die man kennt, und über die noch Wochen gesprochen wird – das muss doch wohl wenigstens ein bis zwei Mal im Jahr drin sein, oder? Klingt super, leider gibt es meist ein kleines Problem: die Nachbarn. Aber eine einzige klitzekleine Party im Jahr ist doch wohl erlaubt, oder etwa nicht?

Dieser Rechtsirrtum geht wohl auf ein altes Urteil des Amtsgerichts Bremen zurück. Vor vielen Jahrzehnten entschied es, dass Nachbarn ein bis zwei Feiern (auch nach Mitternacht) pro Jahr hinnehmen müssten (Amtsgericht Bremen, Urteil vom 06.06.1957, Aktenzeichen 15 C 2658/57). Im »Gegenzug« müsse lediglich der Lärm ab 22.00 Uhr auf ein Minimum reduziert werden. Allerdings blieb die Entscheidung ein Einzelfall.

Die heutige rechtliche Lage sieht leider ganz anders aus. Danach gibt es nächtliche Ruhezeiten von 22.00 Uhr bis 6.00 Uhr, die jeder ausnahmslos an 365 Tagen im Jahr einhalten muss. Und somit gibt es leider – egal, ob Student oder Rentner – auch keinen rechtlichen Anspruch auf eine bestimmte Anzahl Partys innerhalb eines Jahres. Vielmehr muss jeder Rücksicht auf seine Nachbarn nehmen. Und welche Party endet schon um 21.59 Uhr? Richtig, im Zweifel nur der Kindergeburtstag, sodass lautstarke, nächtliche Feiern eher zu vermeiden sind. Und nein, leider gibt es davon auch keine rechtliche, einmalige Ausnahme.

Trotzdem heißt das nicht, dass keine WG niemals wieder eine legendäre Party schmeißen darf. Sorgt ein wenig für Ruhe, sobald die Uhr 22.00 Uhr schlägt, und weiht vielleicht vorher die Nachbarn ein. Wer selbst mitfeiert, beschwert sich schließlich in der Regel auch nicht – außer vielleicht darüber, dass sein Bierglas schon wieder leer ist.

 ## DARF ICH MEINEN UNORDENTLICHEN MITBEWOHNER AUS DER WG SCHMEISSEN?

WGs sind ein berühmt-berüchtigter Spaß in der Studienzeit. Doch es ist nicht alles Gold, was glänzt, und WGs bestehen auch nicht nur aus Partys. Vielmehr sind Wohngemeinschaften sehr häufig mit viel Theater und Streit verbunden. Wenn man sich verkracht, stellt sich schnell die Frage: Wer darf wen überhaupt aus der WG werfen? Das hängt nämlich vom Vertrag ab, den man zuvor geschlossen hat.

Gibt es einen Hauptmieter und alle anderen sind dessen Untermieter, dann darf der Hauptmieter den Untermietern kündigen – aber nur, wenn er ein »berechtigtes Interesse« daran hat. Ständige Verstöße gegen die »WG-Ordnung« reichen aus, bloße Abneigung hingegen nicht.

Hat jeder Mitbewohner einen einzelnen Mietvertrag mit dem Vermieter, dann kann niemand dem anderen kündigen. Einzige Möglichkeit wäre es, dem Vermieter zu sagen, dass eine Person Rechte aus dem Mietvertrag verletzt und sich zum Beispiel nicht an die Hausregeln gehalten hat. Dann kann der Vermieter der Person individuell kündigen.

Sind dagegen alle Mitbewohner Hauptmieter eines gemeinschaftlichen Mietvertrags, dann kann ich nur sagen: Ach du liebe Güte! Denn diese Konstellation bietet die meisten Probleme, sobald man einen Mitbewohner »austauschen« möchte. Denn eigentlich kann der Mietvertrag nur gemeinschaftlich gekündigt werden, und der Vermieter darf euch nur allen zusammen kündigen. Das ist aber häufig nicht Sinn der Sache, denn schließlich wollt ihr nicht alle ausziehen. In diesem Fall hilft nur ein Gespräch mit dem Vermieter, der mit euch den Austausch eines Mieters vertraglich regelt. Es gibt sogar einige Gerichte, die sagen, dass er dazu verpflichtet ist, wenn von Anfang an feststand, dass an eine WG vermietet wurde. In manchen Mietverträgen steht auch, dass jeder einzeln kündigen kann – schaut mal in euren rein. Das macht es natürlich unkompliziert.

Am einfachsten ist es, das Gespräch zu suchen und den Mitbewohner zu bitten, sich etwas anderes zu suchen. Reden hilft immer!

§ DARF ES FÜR FEHLENDES GENDERN PUNKTABZUG GEBEN?

Das Gendern ist eine Sache, um die erstaunlich viel gestritten wird. Doch wie ist das in Klausuren – darf euch der Dozent (oder die Dozentin) Punkte abziehen, wenn ihr nicht gendert?

Auf der einen Seite ist fehlendes Gendern nicht vergleichbar mit Rechtschreib- oder Grammatikfehlern, die ganz objektiv Fehler darstellen und zu Punktabzug führen können. Die Verwendung einer gendergerechten Sprache ist kein allgemeingültiges Kriterium – schließlich ist sie nicht in gleicher Weise allgemein anerkannt. Dennoch machen manche Dozenten (oder Dozierende bzw. Dozent:innen) sie zum Kriterium.

Ein medial bekannt gewordener Fall aus dem Jahr 2021 hat ein wenig Klarheit gebracht: Ein Lehramtsstudent der Universität Kassel hatte von seiner Dozentin eine schlechtere Bewertung bekommen, weil er nicht gegendert hatte. Nachdem der Student sich öffentlich beschwert hatte, gab die Universität ein Rechtsgutachten in Auftrag. Das Ergebnis: Zwar gibt es bisher keine gesetzlichen Vorgaben oder Gerichtsentscheidungen zum Gendern in Uni-Klausuren. Sofern aber die konkrete Prüfung einen fachlichen oder berufsqualifizierenden Bezug zu dem Thema hat, dürfen Lehrende das Gendern im Einzelfall zum Bewertungskriterium machen.

Wird man selbst mit so einem Fall konfrontiert, sollte man folglich im ersten Schritt schauen, ob der Dozent vorher die gendergerechte Sprache vorgegeben hatte. Falls ja, kommt es auf verschiedene Kriterien an, ob das auch zulässig war: Was studiert ihr, was war der Inhalt der Prüfung und wie genau waren die Vorgaben?

§ IST SEX MIT DEM PROFESSOR GEGEN GUTE NOTEN EINE GUTE IDEE?

Studierende haben es nicht immer leicht. Man muss sich mit BAföG und Studentenjobs über Wasser halten, steht zum ersten Mal auf eigenen Beinen … Und dann noch dieses Lernen und die Klausuren! Gibt es keine Möglichkeit, sich die ganze Arbeit etwas zu erleichtern? Vielleicht vergeben einige Professorinnen oder Professoren ja gute Noten gegen gewisse körperliche Gegenleistungen. Aber ist so etwas überhaupt erlaubt?

Grundsätzlich sind einvernehmliche amouröse oder sexuelle Beziehungen zwischen Dozenten und Studenten straflos, solange die Beteiligten volljährig sind. Wenn allerdings eine Studentin von den Noten her beispielsweise nicht die Möglichkeit zur Promotion hätte, aber durch das sexuelle Verhältnis mit einem Professor doch dazu gekommen ist, dann wäre das eine Straftat, nämlich Vorteilsannahme (§ 331 StGB) oder Bestechlichkeit (§ 332 StGB) für den Professor und Vorteilsgewährung (§ 333 StGB) oder Bestechung (§ 334 StGB) für die Studentin. Sobald der Sex also nicht aus Vergnügen oder Liebe stattfindet, sondern im Gegenzug für eine solche Gegenleistung geschieht, überschreiten beide Beteiligten die Grenze des Erlaubten. Für den Geschlechtsverkehr können sie deshalb eine Geldstrafe bekommen oder sogar im Gefängnis landen. Laut Medienberichten hatte in einem Fall aus Hannover ein Professor beispielsweise eine sexuelle Beziehung mit einer Studentin und bevorzugte sie dafür systematisch bei der Notenvergabe und den Leistungsnachweisen. Zudem ließ er sich in zahlreichen anderen Fällen finanziell für die Verleihung von Doktortiteln bestechen. Er musste daraufhin drei Jahre in Haft. Die Studentin musste 1800 Euro Strafe zahlen. Neben strafrechtlichen Konsequenzen drohen für Dozenten auch berufliche Folgen – im schlimmsten Fall der Rauswurf und die Entfernung aus dem Beamtenverhältnis.

Studenten sollten deshalb lieber zweimal überlegen, ob sie nicht doch lieber lernen, statt sich mit Sex gute Noten zu »erkaufen«!

§ IST EINE KLAUSUREINSICHT WIRKLICH IMMER MÖGLICH?

An diese Momente können sich wohl viele aus ihrem Studium erinnern: Man denkt, man hat die Klausur gerockt, und dann so was … durchgefallen. Wie kann das sein? Haben die Dozenten nicht alle Seiten gelesen, oder handelt es sich um eine Verwechslung? Eine spontane Nachfrage ist meist ebenso ernüchternd wie das Klausurergebnis. So beantworten die Dozenten oft nur knapp, warum es diesmal nicht für die Bestnote gereicht hat. Das Einzige, was da noch hilft, ist die Klausureinsicht. Oder können die Dozenten und Prüfungsämter diese auch lässig abwinken?

Nein, so einfach geht das nicht. Denn tatsächlich besteht ein Recht der Studierenden auf Klausureinsicht. So ist nach § 29 des Verwaltungsverfahrensgesetzes die Akteneinsicht nach gewissen Voraussetzungen zu gewähren. Beispielsweise dann, wenn der Einblick für die Geltendmachung oder Verteidigung rechtlicher Interessen benötigt wird. Und das ist immer dann gegeben, wenn ein Prüfling gegen die Prüfungsentscheidung vorgehen will.

Wurde der (in dem meisten Fällen) formlose Antrag auf Einsichtnahme bewilligt, darf sich der Student insbesondere die Protokolle der mündlichen und/oder die bewerteten schriftlichen Prüfungsarbeiten sowie die Musterlösungsskizzen anschauen. Während der Einsichtnahme darf er sogar Notizen machen und im Regelfall auch Kopien. Nur bei Vorlage ausreichend sachlicher Gründe können Kopien untersagt werden. Somit könnt ihr euch in der Regel jede Klausur einmal näher anschauen. Vielleicht hat der Korrektor oder die Korrektorin ja doch etwas übersehen …

§ KANN MAN BEI EINER VERMASSELTEN PRÜFUNG REMONSTRIEREN?

Fällt das Prüfungsergebnis wesentlich schlechter aus als erwartet oder hat man vermeintliche Fehler in der Korrektur gefunden, dann fällt regelmäßig ein Wort: Remonstration. Klingt komisch, irgendwie wie Demonstration, hat damit aber nichts zu tun. Eine Remonstration ist letztlich ein Verteidigungsmittel der Studierenden gegen die Bewertung ihrer Prüfungsleistung. Allerdings wissen viel zu wenige Studierende von dieser Möglichkeit.

Erst einmal zur Erklärung: Eine Remonstration ist ein gängiges Rechtsmittel. Damit versuchen Studenten die Neubewertung einer Prüfungsleistung im Rahmen eines Überdenkungsverfahrens zu erlangen. Es besteht sogar ein Anspruch auf dieses Verfahren, sofern die ursprüngliche Prüfungsbewertung fehlerhaft ist. Es läuft meist so ab, dass der betroffene Student die Remonstration beim Prüfungsamt oder der zuständigen Stelle abgibt und dann auf die Neubewertung des Korrektors wartet. Ist die Remonstration erfolgreich, können sich Studenten über eine bessere Note freuen. Die meisten Universitäten haben inzwischen, um das Verfahren zu beschleunigen, sogar ein sogenanntes »vorgezogenes Remonstrationsrecht« in ihren Prüfungsordnungen festgehalten. Alles in allem wirkt das sehr studentenfreundlich. Dennoch denken viele, dass sich eine Remonstration nur in Extremfällen lohnt, etwa bei einer falschen Zusammenzählung der Punkte, und deswegen den Aufwand nicht wert sei. Tatsächlich muss kleinlich dargelegt und auch belegt werden, warum etwas hätte anders bewertet werden sollen. Daher macht das Ganze nur dann Sinn, wenn man beträchtliche Fehler findet oder so viele berechtigte Kritikpunkte an der Bewertung vorweisen kann, dass eine Höherstufung der Note auch wirklich in Betracht kommt. Insgesamt ist der Aufwand also nicht unerheblich, dennoch schadet ein Versuch nicht, wenn die Prüfung besonders wichtig ist. Ich jedenfalls drücke euch die Daumen!

DARF MAN BEI DER ABSCHLUSSARBEIT SCHUMMELN?

Karl-Theodor zu Guttenberg hat es getan, Franziska Giffey auch, außerdem Annette Schavan – und wohl auch viele andere. Die Rede ist von Plagiaten – nicht nur bei der Doktorarbeit, sondern auch bei einfachen Hausarbeiten, Bachelor- oder Masterarbeiten. Man übernimmt einfach ein paar Sätze, Passagen oder Seiten von anderen, ohne entsprechend zu zitieren. Den Politikern wurde dafür allerdings der Doktortitel aberkannt, außerdem waren die Plagiatsaffären nicht unbedingt förderlich für ihre Karriere. Und was, wenn man nicht bei anderen kopiert, sondern direkt andere – sogenannte Ghostwriter – die Abschlussarbeit schreiben lässt?

Gerade wissenschaftliche Arbeiten leben davon, dass ihr euch mit den Gedanken anderer Experten auseinandersetzt. Deshalb erlaubt das Urheberrechtsgesetz, dass ihr Teile von fremden Arbeiten in die eigene als Zitat übernehmen dürft. Allerdings nur, wenn ihr nur so viel übernehmt, wie nötig, um euch damit inhaltlich auseinanderzusetzen und wenn ihr den Autor des Ursprungstextes nennt. Wer hingegen etwa fremde Sätze oder ganze Passagen übernimmt, ohne den Urheber zu nennen, verletzt dessen Urheberrechte. Der Ursprungsautor könnte den Plagiator also theoretisch abmahnen. Übernehmt ihr aber nicht die konkrete Formulierung, sondern nur einen fremden Gedankengang, ist das hingegen keine Urheberrechtsverletzung. Denn das Urheberrecht schützt keine bloßen Ideen.

Das Ghostwriting verletzt ebenfalls keine Urheberrechte, sofern euer Ghostwriter anständig zitiert hat. Es ist aber eine zwischen Ghostwriter und Studierendem vereinbarte Lüge über den eigentlichen Urheber.

Das macht das Ganze nicht weniger problematisch. Denn Plagiate und Ghostwriting können – egal, ob urheberrechtsverletzend oder nicht – noch weitaus schlimmere Konsequenzen haben! Meist müsst ihr bei einer Haus- oder Abschlussarbeit eine eidesstattliche Versicherung unterschreiben, dass ihr die Arbeit selbst verfasst und wissenschaftliche Grundsätze eingehalten habt. Habt ihr an dieser Stelle gelogen, ist das als falsche Versicherung an Eides statt strafbar (§ 156 StGB).

Außerdem droht neben Aberkennung des entsprechenden Titels sogar der endgültige Rausschmiss aus der Uni. Einige Bundesländer haben Ghostwriting in ihrem Hochschulgesetz sogar zur Ordnungswidrigkeit gemacht, die mit einem Bußgeld von bis zu 500 000 Euro bestraft wird. Denkt also lieber zweimal übers Schummeln nach und macht euch die Mühe besser selbst! Denn wer weiß – vielleicht steht ihr irgendwann einmal im Rampenlicht und der nächste Plagiatsjäger wartet nur darauf, sich auf eure Abschlussarbeit zu stürzen!

§ KANN MAN DOKTORTITEL IM AUSLAND GÜNSTIG KAUFEN?

Von einem Doktor im Namen träumen viele Menschen. Wenn es nur nicht so verdammt viel Arbeit wäre, einen solchen Titel zu bekommen! Dass einige es mit dem Schreiben von Doktorarbeiten nicht so genau nehmen, weiß dank der bereits erwähnten Politiker-Skandale mittlerweile fast jeder. Aber geht es auch noch einfacher? Kann ich mir einen Doktortitel ohne viel Arbeit im Ausland kaufen?

Anerkannte akademische Grade wie den »Dr.« kann man grundsätzlich nicht legal kaufen. Sie können nur im Rahmen eines ordentlichen

Promotionsprozesses im Anschluss an ein Studium an einer zugelassenen Hochschule erworben werden. Und das gilt sowohl im Inland als auch im Ausland. Dennoch gibt es eine große Nachfrage nach Möglichkeiten, den Promotionsprozess zu verkürzen oder zu umgehen. Die Idee, einen Vermittler zu beauftragen, der einen bei einem gnädigen Doktorvater platziert und dann die vom Ghostwriter verfasste Arbeit als eigene einreicht, funktioniert jedoch nicht auf legalem Weg.

Etwas anderes gilt bei Ehrendoktortiteln wie dem »Dr. h. c.« (honoris causa) oder der Ehrenprofessur (»Prof. h. c.«), die Universitäten aufgrund besonderer Verdienste für die Hochschule verleihen. Ehrentitel wie der »Dr. h. c.« einer Universität können in manchen Ländern nach einer Geldspende legal erworben werden. Es gibt dafür einschlägige Vermittler und zahlreiche unseriöse Internetportale, die als Dienstleister fungieren und die Titel schon für rund 50 Euro anbieten. So kann quasi eine Urkunde mit Doktortitel gekauft werden. Der Erwerb an sich ist nicht strafbar. Der legal gekaufte oder über eine Geldspende erworbene Titel »Dr. h. c.« darf in Deutschland aber nicht legal geführt werden, das kann mit Freiheitsstrafe bis zu einem Jahr oder mit Geldstrafe geahndet werden. Der Titel nützt dem Erwerber deshalb relativ wenig, macht sich aber vielleicht im Arbeitszimmer an der Wand ganz gut.

§ GEHÖRT DER DOKTORTITEL ZUM NAMEN?

Wer kennt es nicht: Man schreibt eine E-Mail an eine promovierte Person, und schon in der ersten Zeile gerät man ins Stocken. Heißt es nun »Sehr geehrter Herr Dr. Schmitz« oder doch nur »Sehr geehrter Herr Schmitz«?

Unabhängig davon, ob es vereinzelt höflicher erscheinen mag, wenn der Doktortitel in der Anrede erwähnt wird, hat der Bundesgerichtshof vor vielen Jahrzehnten entschieden, dass der »Dr.« kein Namensbestandteil ist (Urteil vom 19.12.1962, Aktenzeichen IV ZB 282/62). Vielmehr ist dieser »nur« ein akademischer Grad. Somit hat der promovierte Herr Schmitz keinen Anspruch auf die Nennung des Doktortitels, und jeder kann die E-Mail beginnen, wie er mag – egal, ob mit oder ohne »Dr.«.

Eine Ausnahme davon besteht lediglich dann, wenn es sich um einen Doktortitel innerhalb eines Arbeitsverhältnisses handelt. Das Bundesarbeitsgericht hat nämlich 1984 geurteilt, dass in diesem Fall der Arbeitnehmer tatsächlich einen Anspruch darauf hat, dass der Arbeitgeber den akademischen Grad »im Geschäftsverkehr nach außen in seiner konkreten Ausgestaltung korrekt verwendet« (Urteil vom 08.02.1984, Aktenzeichen 5 AZR 501/81).

Außerdem kann der Doktortitel durchaus Bestandteil einer handelsrechtlichen Firma werden und in diesem Zuge sogar im Handelsregister eingetragen werden. Um eine Irreführung zu vermeiden, kann jedoch nur derjenige einen Doktortitel im Namen seiner Firma führen, der auch wirklich promoviert ist. Dies gilt wiederum dann nicht, wenn eine bestehende Firma übernommen wird.

Auch wenn der Doktortitel nicht zum Namen gehört, kann dieser im Personalausweis stehen. Wer in Deutschland rechtmäßig einen Doktortitel führt, der hat auch ein Recht darauf, diesen eintragen zu lassen.

§ KÖNNEN SICH STUDIERENDE IHRE STEUERN ZURÜCKHOLEN?

Ein Thema, mit dem sich Studierende fast gar nicht beschäftigen, sind die Steuern. Das Geld ist ohnehin knapp, verdienen tut man zu viel zum Sterben, zu wenig zum Leben. Arbeitet man mehr, muss man Steuern zahlen, also lässt man es besser bleiben und konzentriert sich aufs Studium. Aber stimmt das überhaupt? Nicht ganz! Denn viele Studenten wissen gar nicht, dass die Steuern zwar erst einmal weg sind, sich aber ganz leicht wiederholen lassen.

Ein Blick auf die hohen Ausgaben für Bücher, sonstiges Lernmaterial oder einen neuen Schreibtischstuhl für die vielen Online-Vorlesungen zeigt, dass Studenten im Laufe ihres Studiums Unsummen für ihren Werdegang ausgeben. Umso schöner ist doch die Vorstellung, sich dieses verloren geglaubte Geld zurückholen zu können. Und tatsächlich können Studenten viele ihrer Ausgaben steuerlich absetzen.

Voraussetzung ist natürlich, dass man überhaupt gearbeitet und Steuern gezahlt hat. Im Rahmen der Steuererklärung können unter anderem die Studien-, Kurs- und Prüfungsgebühren, Fahrtkosten, technische Geräte wie der neue Laptop und einiges mehr als Kosten geltend gemacht werden.

Allerdings muss eines beachtet werden: So hat das Bundesverfassungsgericht vor Kurzem entschieden, dass die Aufwendungen für ein Erststudium nicht als Werbungskosten zu verstehen sind (Beschluss vom 19.11.2019, Aktenzeichen 2 BvL 22/14). Somit sind sie auch nicht voll absetzbar. Sie gelten als Sonderausgaben, die auf 6000 Euro begrenzt sind.

Trotzdem lohnt sich eine Steuererklärung in der Regel – allein nach dem Motto: »Wer nicht wagt, der nicht gewinnt.« Wer jetzt noch Zweifel hat, es könnte schon zu viel Zeit verstrichen sein, liegt abermals falsch. Eine Steuererklärung kann rückwirkend bis zu vier Jahre beim zuständigen Finanzamt eingereicht werden. Darüber hinaus erhaltet ihr sogar pro Monat Zinsen auf die Summe, die ihr wiederbekommt. Klingt doch gar nicht so schlecht, oder?

§ STIMMT ES, DASS STUDIERENDE NUR EINEN MINIJOB AUSÜBEN DÜRFEN?

Bei Studierenden ist das Geld fast immer knapp. Wer sich seinen Lebensunterhalt finanzieren muss oder sich einfach etwas gönnen möchte, der greift zu einem Nebenjob. Die einen kellnern in der Kneipe an der Ecke, die anderen helfen am Wochenende bei der Betreuung der VIP-Gäste im Fußballstadion. Die Möglichkeiten für Studenten, neben dem Studium Geld zu verdienen, sind schier endlos. Was viele nicht wissen: Tatsächlich ist das Angebot für Nicht-Studenten oftmals nicht so umfangreich. Allein die Bezeichnungen einiger Jobs zeigen, dass sie primär den Studenten zur Verfügung stehen. So gibt es Stellen als Werkstudenten oder als studentische Hilfskräfte. Aber was unterscheidet diese Arbeitsstellen voneinander? Und darf man als Student grundsätzlich nur einen Minijob annehmen?

Der absolute Klassiker unter den Studentenjobs ist ohne Zweifel dieser sogenannte Minijob. Dabei dürfen maximal 450 Euro pro Monat verdient werden (520 Euro ab 1. Oktober 2022), wobei Vollzeitstudenten weder Steuern auf den Betrag noch Sozialabgaben zahlen müssen. Der Job lohnt sich also nicht nur für Studenten, sondern auch erst recht für die Arbeitgeber.

Auch der Midijob, eine Stufe zwischen Minijob und Vollzeitjob, ist eine sehr beliebte Jobform für Studenten. Hier liegt die Summe, die monatlich verdient werden darf, zwischen 450 und 1300 Euro (ab 1. Oktober 2022 zwischen 520 und 1600 Euro). Wie bei jeder anderen Teilzeitstelle bestehen ein regulärer Urlaubs- sowie im Krankheitsfall ein Lohnfortzahlungsanspruch. Auch in die Rentenversicherung zahlen Studenten hier ein. Allerdings müssen bei einem Midijob automatisch Kranken-, Pflege- und Arbeitslosenversicherungsbeträge geleistet werden, von denen der Arbeitgeber einen höheren Anteil als bei einer Vollzeitstelle übernimmt.

Ebenfalls sehr beliebt unter Studierenden ist eine Stelle als Werkstudent. Die Besonderheit dabei ist, dass es sich bei dem Arbeitgeber oftmals um ein Unternehmen handelt, das sich mit Themenbereichen des Studienfachs des Studenten auseinandersetzt. Das macht die Werkstudentenangebote zu heiß begehrten Jobs. Darüber hinaus ist das Gehalt in der Regel nicht allzu schlecht, oftmals sogar verhandelbar, und es besteht ein regulärer Urlaubsanspruch wie für andere Teilzeitkräfte auch. Während im Semester maximal 20 Wochenstunden gearbeitet werden dürfen, ist es in den Semesterferien mit 40 sogar das Doppelte – ein echter Anreiz, wenn man sich den nächsten Urlaub finanzieren möchte.

Für wen das nichts ist, der hat immer noch die Möglichkeit, selbstständig oder freiberuflich zu arbeiten. Dabei sind Studenten ihr »eigener Herr« (oder ihre »eigene Dame«), können also in der Regel zu selbst gewählten Zeiten arbeiten, den Urlaub frei planen und selbstständig über die Aufträge entscheiden. Allerdings ist als Freiberufler eine hohe Selbstdisziplin gefragt, insbesondere bezüglich der abzuführenden Steuern. Auf jeden Fall sollte vor Beginn der Tätigkeit ein Finanzamt bezüglich eines möglichen Gewerbescheins oder auch ein Steuerberater wegen der Abgaben zu Rate gezogen werden. Jedenfalls stehen Studenten grundsätzlich alle Jobmodelle offen. Einschränkungen kann es nur geben, wenn beispielsweise BAföG bezogen wird.

§ MUSS MAN DAS BAFÖG SOFORT NACH DEM STUDIUM ZURÜCKZAHLEN?

Das Studium ist zu Ende, und dank BAföG und Mini-Job hattest du eine finanziell relativ sorgenfreie Zeit. Doch jeder weiß, dass BAföG kein Geschenk des Staates ist. Vielmehr muss man die Hälfte davon zurückzahlen – ohne Zinsen allerdings und auch nur maximal 10 010 Euro. Nun rückt also der Tag der Abschlussarbeit oder der Abschlussprüfung immer näher. Ein Job ist noch nicht in Sicht: Woher nehmen, wenn nicht stehlen? Die Situation ist besonders dann bedrückend, wenn man nicht gerade mit Bestnoten abgeschlossen hat und folglich nach dem Studium erst einmal eine Reihe unbezahlter Praktika mit der Aussicht auf eine schlechtbezahlte Freelance-Tätigkeit anstehen. Doch irgendwann will der Staat ja seinen Teil des BAföG zurückhaben. Heißt das, du musst jetzt doch, ganz klischeebeladen, Taxi fahren, um deine Schulden begleichen zu können?

Nein, natürlich nicht. Erst einmal musst du grundsätzlich erst fünf Jahre nach dem Ende der Regelstudienzeit damit anfangen, die Schulden zurückzuzahlen. Je nachdem, wie schnell du warst, hast du also bis zu fünf Jahre Zeit, um in deinem Job anzukommen, bevor du dir über die Schulden Gedanken machen musst. Hast du allerdings nach dem Bachelor noch im Master studiert, fängt die Frist schon mit dem Beginn des Bachelors an zu laufen. Beträgt die Regelstudienzeit in deinem Studiengang drei Jahre, hast du nach Abschluss eines zweijährigen Masters also nur noch drei Jahre Zeit, bis die Rückzahlungspflicht beginnt. Anders ist es, wenn du während des Studiums noch einmal die Fachrichtung gewechselt hast. Dann gilt nur die Regelstudienzeit des zweiten, neuen Studiengangs.

Doch selbst dann musst du dir nicht zu viele Sorgen machen, plötzlich in eine Schuldenfalle zu geraten. Denn du musst nicht alles auf einen Schlag zurückbezahlen. Erst einmal ist die monatliche Rate von grundsätzlich 130 Euro mit einem halbwegs angemessen bezahlten Job verschmerzbar. Wenn du weniger als einen gewissen Freibetrag verdienst, kannst du auch beantragen, noch weniger zu zahlen. Bist du wirklich sehr knapp bei Kasse und kannst dir nicht einmal 42 Euro im Monat leisten, kann der Staat dir die Rückzahlung sogar komplett stunden, sodass du erst später (wieder) anfangen musst, die Schulden zurückzuzahlen. Es gibt also für alles eine Lösung!

§ DARF MAN SICH NUR WEGEN DES SEMESTER-TICKETS AN DER UNI EINSCHREIBEN?

Bei uns in NRW bekommt man, wenn man sich an einer Uni einschreibt, ein kostenloses Ticket für alle Stadt- und Regionalbahnen im ganzen Bundesland gratis dazu. Ein absolutes Schnäppchen, wenn man sich allein die Preise nur für ein Monatsabo der Kölner Verkehrsbetriebe anschaut: 136,40 Euro pro Monat, also fast 820 Euro im halben Jahr. Dagegen kostet die Einschreibung an der Uni Köln schlappe 292,75 Euro (Stand: März 2022). Also einfach mal in ein Fach ohne Zulassungsbeschränkung einschreiben und von den Vorteilen profitieren?

Nun, ein solches Scheinstudium ist – zumindest in der Theorie – illegal und sogar strafbar, denn es handelt sich um Betrug. Schließlich erschleicht ihr euch die mit dem Studierendenstatus verbundenen Vorteile, ohne ernsthaft studieren zu wollen.

Allerdings ist es höchst unwahrscheinlich, dass ein Scheinstudium überhaupt ans Licht kommt. Universitäten haben kaum die Kapazitäten, um euch zu überführen oder den Grund nachzuweisen, warum ihr keine Scheine gemacht habt. Strafrechtliche Konsequenzen sind daher eher selten. Stattdessen droht irgendwann die Exmatrikulation.

Wenn ihr nun also denkt, super, dann kann ich das ja machen, dann bedenkt bitte den moralischen Aspekt: Das Studium mit all seinen Vorteilen wird hauptsächlich durch Steuergelder finanziert.

Falls in meiner Bewerbung steht, dass ich schon mal zum Mond geflogen bin, nehme ich das natürlich zurück …

KAPITEL 9

ARBEITSLEBEN AUF ABWEGEN

*Ist die Studienzeit zu Ende, geht es an die Jobsuche ... Denn leider gibt
es nichts umsonst. Also muss ein Job her, mit dem man viiieeeel Geld
verdient! Aber was, wenn man auf seine Bewerbungen nur Jobs im
Niedriglohnsektor angeboten bekommt und so das Penthouse im Kölner
Zentrum nicht bezahlen kann? Könnte man dann nicht ein bisschen das
Abschlusszeugnis »bearbeiten«? Oder beim Bewerbungsgespräch flun-
kern und erzählen, man wäre ein Jahr für einen Sprachkurs in den USA
gewesen? Möchte man sich in diese Gefilde nicht bewegen, das Konto aber
dennoch aufbessern, hilft ein Nebenjob. Aber muss man sich dafür die
Zustimmung des Chefs einholen? Und wenn er nicht zustimmt, darf man
dann die Kollegen nach deren Gehalt fragen, um für sich selbst mehr Geld
zu verhandeln?*

*Hat man dann einen Job in der Tasche, geht es gleich weiter mit den
Schwierigkeiten. Denn Jobs sind nicht immer spannend: Darf man dann
am Smartphone surfen? Oder sich ein Gläschen Sekt genehmigen, um
die Laune wieder zu heben? Oder sich gar mit den Kollegen vergnügen?
Und privat ist doch privat: Wegen eines privaten Posts in den sozialen
Netzwerken darf einem der Chef doch nicht kündigen – ist schließlich der
eigene Account und gepostet hat man in der Freizeit. Oder?*

*Manchmal will man auch arbeiten, obwohl man nicht muss. Zum
Beispiel, wenn man krank ist. Darf man das? Und was ist, wenn man
nicht arbeiten will, aber soll – trotz einer Menge Überstunden oder während der nächsten Hitzewelle. Muss man das mitmachen? Mitmachen
will man auch so manches andere nicht, zum Beispiel die Überwachung
durch den Chef per Kamera oder mit anderen technischen Hilfsmitteln.
Dagegen muss man sich doch wehren können, oder?*

§ ABSCHLUSSNOTEN SIND DOCH VÖLLIG ÜBERBEWERTET... ODER NICHT?

90 000, 100 000, 120 000 Euro und mehr – wer gute Noten in seinen beiden juristischen Staatsexamen in der Tasche hat, der hört als Jurist wahrscheinlich schon die Kasse klingeln angesichts der Einstiegsgehälter, die manche Kanzleien ihrem juristischen Nachwuchs versprechen. Für die Top-Gehälter verlangen die Arbeitgeber jedoch auch entsprechende Gegenleistungen. Generell gilt: Je besser die Noten, desto höher das (Einstiegs-)Gehalt.

Das wusste auch ein 35-jähriger Mann und wollte ein Stück von diesem Kuchen. Seine Geschichte klingt wie die aus der beliebten amerikanischen Anwaltsserie *Suits*. Denn um in den Genuss des großen Geldes zu kommen, fälschte der Mann kurzerhand seine Staatsexamenszeugnisse. Allerdings reichte ihm ein einfaches Examen nicht aus. Für das große Geld sollten es natürlich Bestnoten sein, weshalb er sich für beide Staatsexamen kurzerhand ein »Prädikat« gab. Tatsächlich hatte der Mann ein Jurastudium nach sechs Semestern ohne Abschluss abgebrochen.

Und Bingo, mit diesen Noten wurde er eingestellt und besorgte sich bei der Anwaltskammer eine Zulassung als Anwalt. Mehr als drei Jahre arbeitete er bei drei verschiedenen Arbeitgebern und verdiente insgesamt 325 000 Euro. Für seine Arbeit wurde er sogar teilweise gelobt – bis der Schwindel aufflog. Er hatte nämlich nicht bemerkt, dass das angebliche Datum, auf das sein zweites Examenszeugnis ausgestellt war, auf einen Pfingstmontag fiel. Ein Anruf seines neuen Arbeitgebers beim Justizprüfungsamt, und der Hochstapler war überführt. Die Kanzlei erstattete Anzeige, die Sache landete vor Gericht. Dort musste der Mann seine Taten einräumen: »Das Geld war es nicht, das war es nie. Es war die Unfassbarkeit, dass ich trotz meiner fehlenden juristischen Ausbildung so gut vorankam«, sagte er im Prozess.

Für seine Tat wurde er wegen Betruges und versuchten Betruges in 6 Fällen sowie Urkundenfälschung in 22 Fällen zu einer Freiheitsstrafe von zwei Jahren auf Bewährung verurteilt. Darüber hinaus muss er seinen Arbeitgebern das ausgezahlte Gehalt vollständig zurückzahlen:

Immerhin 325 000 Euro. Bei Fällen des Anstellungsbetrugs geht es nämlich darum, dass man wegen der fehlenden fachlichen Qualifikation keine gleichwertige Gegenleistung für die Vergütung erbringen konnte (Urteil vom 23.11.2020, Aktenzeichen 823 Ls 231 Js 185686/19).

§ DARF MAN BEIM VORSTELLUNGSGESPRÄCH FLUNKERN?

Auch wenn die Bewerbungsunterlagen auf den ersten Blick perfekt sind, ist damit der Job noch nicht in der Tasche. Das Bewerbungsgespräch muss noch überstanden werden. Nun gilt es, den Arbeitgeber von seiner Persönlichkeit zu überzeugen. Für viele eine absolute Stresssituation. Was sollte man sagen, und was darf man überhaupt sagen? Darf man auch lügen?

Aus rechtlicher Sicht gibt es einige Dinge, die im Gespräch beachtet werden sollten. Ein potenzieller Arbeitgeber ist zum Beispiel nicht absolut frei in der Entscheidung, welche Fragen er stellen wird. Uneingeschränkt darf natürlich alles zum beruflichen Werdegang und zur Ausbildung gefragt werden. In der Konsequenz muss man zu diesen Punkten auch uneingeschränkt die Wahrheit sagen. Tut man das nicht, macht man sich womöglich wegen Anstellungsbetrug strafbar und verliert später nicht nur den Job, sondern auch das Vertrauen des Arbeitgebers.

Es gibt aber auch Fragen, auf die man im Rahmen eines normalen Anstellungsverhältnisses problemlos mit einer Lüge antworten darf. Echt jetzt? Ja, ganz richtig! Nämlich dann, wenn es um äußerst private Angelegenheiten wie die eigene Familienplanung, eine bestehende Schwangerschaft oder Krankheiten geht. Ebenso bei Fragen nach einer Gewerkschaftsmitgliedschaft oder der Religionszugehörigkeit. Persönliche Fragen können nur ausnahmsweise gestellt werden, wenn die erfragte Information oder Eigenschaft tatsächliche Relevanz für den Job hat, um den es geht. Besonderheiten gibt es, wenn eine Verbeamtung ansteht. Hier gelten beispielsweise höhere Anforderungen an die Gesundheit, und da darf man dann nicht lügen.

Aber warum lügen und nicht einfach sagen, dass man auf diese unzulässige Frage nicht antworten wird? Nun, ganz einfach: Wenn ein Bewerber die Frage schon mit der Begründung ablehnt, sie sei unzulässig, rechnet er wohl mit einem entscheidenden Nachteil im Bewerbungsprozess. Der Gesprächspartner könnte dann unweigerlich denken, man habe etwas zu verbergen. Das Recht zur Lüge ist in einer solchen Situation deshalb gerichtlich anerkannt (Bundesarbeitsgericht, Urteil vom 06.02.2003, Aktenzeichen 2 AZR 621/01). Fliegt die Lüge nach der Einstellung auf – was zum Beispiel bei einer bestehenden Schwangerschaft unvermeidbar wäre – kann dies also niemals ein Kündigungsgrund sein.

§ EIN GLÄSCHEN IN EHREN KANN MIR DER CHEF NICHT VERWEHREN, ODER?

Für manche Arbeitnehmer gehört ein kühles Bier im Sommer zu einem guten Mittagessen dazu, gerade wenn man mit den Kollegen ausgiebig im Biergarten speist. Doch darf ich mir in der Mittagspause ein kühles Blondes genehmigen, oder kann mir mein Chef das verbieten?

Ein generelles Alkoholverbot gibt es im Arbeitsrecht – zumindest für den durchschnittlichen Schreibtischtäter – nicht. Wenn es im Betrieb keine gesonderten Regeln gibt, ist das Trinken von ein, zwei Gläschen in der Mittagspause eigentlich kein Problem. Zumindest, sofern die Arbeitsleistung nicht darunter leidet. Wer aber nichts verträgt und schon nach einem Bier oder Wein keinen klaren Satz mehr rausbringt, der sollte das Trinken lieber lassen. Erst recht, wenn er dadurch sich selbst oder andere gefährden könnte.

Darüber hinaus kann es sein, dass manche Unternehmen Alkohol in der Mittagspause verbieten. Das ist ihr gutes Recht. Das Trinken kann im Arbeitsvertrag, in der Betriebsvereinbarung oder per Anweisung untersagt werden. Insbesondere bei Positionen mit Kundenkontakt kann eine solche Regel auch durchaus nachvollziehbar sein.

Etwas anderes gilt natürlich bei Maschinenführern, Fahrern im Kraftverkehr und bei gefährlichen Tätigkeiten wie der Verarbeitung von Chemikalien. Lkw-Fahrer müssen die Grenze von 0,5 Promille beachten, sonst machen sie sich strafbar. Für viele andere Berufsgruppen besteht sogar ein absolutes Alkoholverbot (0 Promille!). Dazu gehören zum Beispiel Bus- oder Rettungsdienstfahrer, Piloten und Ärzte im Dienst oder in Bereitschaft.

§ DARF MAN WÄHREND DER ARBEIT IM INTERNET SURFEN?

Etwas Leerlauf auf der Arbeit oder eine langweilige Telefonkonferenz verleiten schnell dazu, dass man zum Smartphone greift und mal eben auf Instagram die Nachrichten checkt. Dabei fällt euch ein, dass ihr ja noch ganz dringend ein Geschenk für die Geburtstagsfeier am Wochenende braucht – Amazon hilft ... Huch, schon sind 30 Minuten vergangen. Aber ist das eigentlich erlaubt? Darf der Arbeitgeber kontrollieren, ob man privat im Internet surft? Und was droht, wenn man erwischt wird?

Der Arbeitgeber darf frei regeln, ob ihr euren Dienstcomputer privat nutzen dürft oder nicht. Das hängt in erster Linie davon ab, was in eurem Arbeitsvertrag oder einer anderen Vereinbarung eures Büros steht. So kann es beispielsweise erlaubt sein, das Internet in den Pausen privat zu nutzen. Allerdings können dann auch bestimmte Websites gesperrt beziehungsweise verboten sein – insbesondere solche mit strafrechtlich relevanten Inhalten und illegale Tauschbörsen.

Darüber hinaus kann dir dein Chef natürlich nicht verbieten, dein privates Smartphone bei der Arbeit dabeizuhaben. Er kann dir aber verbieten, es privat zu nutzen, während du eigentlich arbeiten solltest. Gleiches gilt für den Dienstcomputer, auch wenn du ihn generell für privates Surfen nutzen dürftest. Denn während der Arbeitszeit bist du eben verpflichtet, zu arbeiten. Selbstverständlich kommt es auch hier auf das Maß an. Ein kurzer Blick auf das Handy, ob vielleicht jemand aus der Kita oder der Schule angerufen hat, wird noch keine Arbeitspflichten verletzen. Das Surfen in sozialen Netzwerken mehrmals am Tag summiert sich allerdings. Da drohen eine Abmahnung und im schlimmsten Fall die Kündigung. Wer besonders dreist ständig privat im Internet surft, anstatt zu arbeiten, kann sogar fristlos entlassen werden, so das Landesarbeitsgericht Berlin-Brandenburg. Hier hatte der Arbeitnehmer im Monat rund 45 Stunden der Arbeitszeit privat im Internet gesurft (Urteil vom 14.01.2016, Aktenzeichen 5 Sa 657/15). In Extremfällen kann das sogar als »Arbeitszeitbetrug« strafbar sein!

Ihr denkt jetzt vielleicht: Na, der arme Typ hatte bestimmt nur Pech. Denn was mein Chef nicht weiß, macht ihn nicht heiß ... Falsch gedacht. Hat der Arbeitgeber das private Surfen auf den dienstlichen Geräten verboten und merkt, dass ihr es doch tut, darf er euren PC sogar stichprobenartig mit Überwachungssoftware ausspionieren, um euch zu überführen. Beschränkt die Internetnutzung daher lieber auf die Pausenzeit oder besser gleich auf den Feierabend.

§ DARF EINEM DER CHEF WEGEN POSTINGS IN DEN SOZIALEN NETZWERKEN KÜNDIGEN?

Das Internet bestimmt unseren Alltag, sowohl auf der Arbeit als auch im Privatleben. Schnell ist man verleitet, einen Beitrag oder ein Foto zu kommentieren. Die eigene politische Haltung zu manchen Themen, die persönliche Verärgerung oder auch Zustimmung zu verschiedenen Ereignissen wird mit einem Post dann für jedermann sichtbar – auch für den Chef und die Kollegen. Doch was, wenn der Chef eure politische Meinung nicht teilt und über euren Post verärgert ist? Muss euch das interessieren? Und kann sein Ärger so weit gehen, dass er euch kündigt?

Jein. Im Grundsatz stimmt erst einmal: Auf das Verhalten im privaten Leben darf der Arbeitgeber eigentlich keinen Einfluss nehmen. Aber wie so oft im Recht gibt es auch hier Ausnahmen. Denn wenn man sich in seiner Freizeit rechtswidrig verhält und dadurch die Interessen des Arbeitgebers beeinträchtigt werden, kann eine Kündigung sehr wohl rechtens sein. Der Arbeitgeber ist zum Beispiel betroffen, wenn man den Chef oder die Kollegen auf einer Berufsplattform beleidigt. Denn beleidigende Äußerungen, die man öffentlich im Internet tätigt, verletzen die arbeitsrechtliche Pflicht zur Rücksichtnahme. Das

Hessische Landesarbeitsgericht entschied diesbezüglich, dass herabwürdigende Äußerungen stets zur Abmahnung durch den Arbeitgeber berechtigen – eine außerordentliche, sofortige Kündigung darf aber erst erfolgen, wenn die Beleidigung besonders gehässig und kränkend ist (Urteil vom 2001.2011, Aktenzeichen 5 Sa 342/10).

In der Regel haben Arbeitgeber gute Chancen, mit Kündigungen wegen kränkenden Äußerungen vor Gericht durchzukommen. Hier ein paar Beispiele von Äußerungen, die man sich deshalb sparen sollte: Vor dem Landesarbeitsgericht Berlin-Brandenburg reichte es für eine fristlose Kündigung, dass ein Busfahrer seinem Arbeitgeber gegenüber anwesenden Fahrgästen »menschenunwürdige Arbeitsbedingungen« vorwarf (Urteil vom 06.05.2011, Aktenzeichen 6 Sa 2558/10). Auch die Kündigung eines Auszubildenden, der seinen Chef auf Facebook als Menschenschinder und Ausbeuter bezeichnete, wurde gerichtlich bestätigt (Landesarbeitsgericht Hamm, Urteil vom 10.10.2012, Aktenzeichen 3 Sa 644/12).

Jedoch soll auch ein Gegenbeispiel erwähnt werden: Das Arbeitsgericht Duisburg sah es nicht als Kündigungsgrund an, dass ein Arbeitnehmer seine Kollegen auf Facebook unter anderem als »Speckrollen« und »Klugscheißer« bezeichnete. Der Post sei ohne Zweifel unangemessen gewesen, jedoch habe es einen bestimmten Anlass gegeben und der Verfasser lediglich seinem emotionalen Ärger Luft machen wollen (Urteil vom 26.09.2012, Aktenzeichen Ca 949/12).

Abgesehen von diesen an die Kollegen und Vorgesetzten adressierten Äußerungen gibt es auch Streitigkeiten über politische, beziehungsweise fremdenfeindliche Postings. Diesbezüglich wurden einige Kündigungen jedoch als unwirksam eingestuft, solange sie definitiv nicht das Arbeitsumfeld betrafen. Oftmals überwiegt das Recht der Meinungsfreiheit, wenn das berufliche Umfeld überhaupt nicht oder nur sehr gering betroffen ist. Beamte sollten hier allerdings aufpassen: Von ihnen darf erwartet werden, dass sie die freiheitliche demokratische Grundordnung unterstützen, also verfassungstreu sind. Äußerungen, die dem widersprechen oder gar als Volksverhetzung strafbar sind, können einfacher zu Konsequenzen führen als bei privaten Arbeitnehmern.

SIND LIEBSCHAFTEN UNTER KOLLEGEN TABU?

Eine offene und freundliche Unternehmenskultur ist heute für viele Arbeitnehmer und Arbeitgeber von höchster Priorität. Ein herzliches Miteinander wird von vielen vorausgesetzt, und bei Firmenevents oder einem Feierabendbier schließen viele Arbeitnehmer untereinander Freundschaften. Und wo Freundschaften entstehen, kann auch mehr entstehen. Viele fragen sich, ob es denn rechtlich wirklich unproblematisch ist, mit dem Kollegen oder der Kollegin eine Liebesbeziehung einzugehen. Darf der Arbeitgeber das unterbinden?

Aus amerikanischen Filmen kennt man das Gerücht: Liebe unter Kollegen ist verbotene Liebe. Tatsächlich scheinen andere Länder das so zu handhaben. Vor einigen Jahren versuchte ein amerikanisches Unternehmen, das in Deutschland Filialen eröffnete, für seine Angestellten das Verbot durchzusetzen, mit Arbeitskollegen auszugehen oder eine Liebesbeziehung anzufangen. Aus Sicht eines Arbeitgebers kann man diesen Wunsch wohl insoweit verstehen, als dass im Fall einer Trennung möglicherweise der Betrieb gestört wird, weil die Betroffenen nicht mehr miteinander arbeiten möchten.

Das Landesarbeitsgericht kippte das Verbot des US-Unternehmens aber zum Glück recht schnell (LAG Düsseldorf, Beschluss vom 14.11.2005, Aktenzeichen 10 TaBV 46/05). Denn in Deutschland ist eine solche Regelung selbstverständlich mit dem allgemeinen Persönlichkeitsrecht (Art. 2 Abs. 1 GG i. V. m. Art. 1 Abs. 1 GG) unvereinbar. Das private Liebesleben zählt zu den wichtigsten Schutzbereichen dieses Grundrechts, und der Arbeitgeber hat sich dort schlichtweg nicht einzumischen. Ausschließlich während der Arbeitszeit muss man sich Anweisungen des Arbeitgebers gefallen lassen. Vorschläge des Arbeitgebers zu einem möglichen Abteilungswechsel der Verliebten können deshalb zulässig sein. Zumindest dann, wenn der Betriebsfrieden gestört wird oder die Arbeitsleistung eines frisch verliebten oder frisch getrennten Paares tatsächlich zu wünschen übriglässt.

§ DARF MEIN ARBEITGEBER MIR EINEN NEBENJOB VERBIETEN?

Wenn das Geld, das man mit seinem Job verdient, nicht für alle Wünsche ausreicht, ist der Nebenjob eine naheliegende Idee. Auch muss es nicht immer das liebe Geld sein, das einen zum Nebenjob verleitet. Manche Menschen machen mit ihrem Nebenjob auch ihr Hobby zum Beruf. Dem Arbeitgeber des Hauptjobs wird das jedoch häufig nicht gefallen. Schließlich möchte er, dass ihr euch in der Freizeit ausruht und fit zur Arbeit kommt. Aber darf er sich bei diesem Thema überhaupt einmischen?

Grundsätzlich genießen alle Deutschen (und streng genommen auch alle EU-Bürger in Deutschland) die in Art. 12 GG garantierte Berufsfreiheit. Das bedeutet, dass jeder seinen Arbeitsplatz und Beruf sowie seine Ausbildung frei wählen darf. Diese Freiheit kann jedoch mit den Interessen des Arbeitgebers kollidieren. Das ist beispielsweise dann der Fall, wenn ein Mitarbeiter im Nebenjob für einen Konkurrenten tätig sein will. Zudem darf ein Arbeitnehmer selbstverständlich keine Arbeitszeit des Hauptjobs für seine Nebenjobs oder eine ehrenamtliche Tätigkeit verwenden.

Beispielsweise darf man nicht zwei Vollzeitjobs gleichzeitig nachgehen, nur weil beide Jobs im Homeoffice getätigt werden können und man gerade nur zur Hälfte ausgelastet ist. Auf diese Idee ist nämlich ein anonymer Programmierer aus den USA gekommen, wie er dem *Wall Street Journal* berichtete. Er habe seine eigentliche Arbeit in drei bis zehn Stunden pro Woche erledigen können. Der Rest habe ohnehin nur daraus bestanden, bei Meetings anwesend zu sein und beschäftigt zu wirken. Ein zweiter Vollzeitjob sei daher im Homeoffice gar kein Problem – alles natürlich ohne Kenntnis der beiden Arbeitgeber.

Zwei Vollzeitjobs sind aber in Deutschland auch deshalb schon nicht möglich, weil – vorausgesetzt, sie werden nacheinander erledigt – so die gesetzlich zulässige Höchstarbeitszeit überschritten wird und vorgeschrieben Ruhezeiten zwischen den Arbeitseinsätzen nicht mehr eingehalten werden können. Diese Regeln sind auch bei Nebenjobs einzuhalten. Denn andernfalls wird die Hauptarbeit unter dem

Nebenjob leiden, und das muss der Arbeitgeber des Hauptjobs natürlich nicht dulden. Nicht selten enthalten Arbeitsverträge daher klare Regelungen dazu, ob und in welchem Umfang Arbeitnehmer einem Nebenjob nachgehen dürfen. Häufig sieht der Vertrag vor, dass die Einwilligung des Arbeitgebers einzuholen ist und der Arbeitgeber jederzeit das Recht hat, diese Einwilligung zu widerrufen.

§ DARF MAN ÜBER DAS GEHALT SPRECHEN?

In Deutschland sind Gespräche über Gehalt und Vermögen eher verpönt. Über Geld spricht man nicht. Dabei wäre es eigentlich interessant zu erfahren, wie viel die Kollegen so verdienen? Bekommen sie gleich viel oder gar mehr als ich?

Der Arbeitgeber jedenfalls wird von solchen Gesprächen nicht gern hören, schließlich bringen die pauschalen Vergleiche der Gehälter nur Neid und damit Unruhe in den Arbeitsalltag. Aber darf er solche Unterhaltungen deshalb verbieten?

Tatsächlich findet sich in vielen Arbeitsverträgen auch heute eine Klausel, die es den Mitarbeitern verbietet, über ihren Lohn zu sprechen. Das Gehalt soll vertraulich behandelt werden. Allerdings sind solche pauschalen Klauseln rechtswidrig und bringen dem Arbeitgeber deshalb nichts. Das entschied beispielsweise das Landesarbeitsgericht Mecklenburg-Vorpommern (Urteil vom 21.10.2009, Aktenzeichen 2 Sa 237/09). Vielmehr ist der Arbeitgeber gesetzlich dazu verpflichtet, seine Beschäftigten nicht zu benachteiligen. Aber wenn Kollegen nicht über Gehalt sprechen dürften, können sie auch nicht überprüfen, ob sie fair behandelt werden. Euch drohen deshalb keine arbeitsrechtlichen Konsequenzen, wenn ihr es tut.

Zudem hat sich die Rechtslage mit diesem Urteil zumindest in Betrieben mit mehr als 200 Mitarbeitern im Interesse der Beschäftigten sogar noch weiterentwickelt: Seit 2017 gilt das Entgelttransparenzgesetz. Dies verpflichtet Arbeitgeber auf Nachfrage zur Auskunft über die Gehaltsstrukturen, um insbesondere einen Gender-Paygap zwischen Männern und Frauen zu verhindern. Das Auskunftsrecht besteht allerdings nicht bezüglich einzelner Kollegen, sondern es muss angegeben werden, wie sich das Gehalt bemisst und wie hoch dies in einer Vergleichsgruppe ist.

Nur ganz ausnahmsweise können Verschwiegenheitsregelungen zum Gehalt erlaubt sein. Nämlich dann, wenn die Diskretion für die Wettbewerbsfähigkeit eines Unternehmens wichtig ist. Das kann zum Beispiel bei Managergehältern der Fall sein, über deren Höhe die Konkurrenz Rückschlüsse auf die wirtschaftliche Lage des Arbeitgebers ziehen könnte.

§ DARF MICH MEIN CHEF ÜBERWACHEN?

Arbeitgeber kontrollieren so einiges im Arbeitsalltag ihrer Mitarbeiter: den Alkoholkonsum oder die Internetnutzung während der Arbeitszeit, Kommentare in sozialen Netzwerken, Liebschaften unter Kollegen oder auch das Engagement im Nebenjob. Doch so manchem reicht das noch lange nicht. Einige Arbeitgeber wollen ihre Arbeitnehmer am liebsten bei jedem Schritt überwachen. In der Arbeitsstätte hängen sie Kameras auf, aber auch den PC möchten sie kontrollieren. Sogenannte Keylogger-Systeme (dt. »Tasten-Protokollierer«) dienen genau diesem Zweck und könnten vor allem beim Arbeiten im Homeoffice zum Einsatz kommen. Denn Keylogger werden dazu verwendet, die Eingaben des Benutzers an der Tastatur eines Computers zu protokollieren und damit zu überwachen oder zu rekonstruieren, wie viel er arbeitet. Doch ist das erlaubt?

Die Videoüberwachung von Arbeitsplätzen ist nicht grundsätzlich verboten, aufgrund von datenschutzrechtlichen Vorschriften aber auch nicht so einfach durchzuführen. Grundsätzlich müssen die Mitarbeiter darüber informiert werden und sich einverstanden erklären. Dafür muss der Arbeitgeber konkrete Zwecke nennen, wie zum Beispiel den Schutz des Eigentums. Heimliche Videoüberwachung ist grundsätzlich ein No-Go. Nur ganz ausnahmsweise darf diese eingesetzt werden, wenn schon vorher gegen Mitarbeitende ein erhärteter Verdacht besteht, zum Beispiel wegen Diebstahls. Eine lose Vermutung würde nicht ausreichen.

Zusätzlich ist zu beachten, dass Räumlichkeiten wie Sanitär- und Umkleideräume in keiner Konstellation gefilmt werden dürfen. Dort überwiegt immer der Persönlichkeitsschutz der Arbeitnehmer.

Auch bei der Keylogger-Software auf Firmenrechnern besteht kein generelles Verbot. Der Einsatz kann zulässig sein, wenn gegen den Mitarbeiter der konkrete Verdacht besteht, seine arbeitsrechtlichen Pflichten schwer verletzt zu haben. Allerdings sollte die Überwachung das letzte Mittel sein und nur stichprobenartig stattfinden. Außerdem sollten Mitarbeitende wissen, dass der Chef die Software potenziell einsetzt. Das gilt alles jedoch nur, wenn der PC ausschließlich für die Arbeit gedacht ist. Ist auch die private Nutzung des Geräts erlaubt, gehen die meisten Juristen davon aus, dass die Überwachung verboten ist.

Ich habe einmal ein Unternehmen vertreten, das einer Mitarbeiterin wegen Arbeitszeitbetrug gekündigt hat. Nach der Kündigung haben wir den PC der Mitarbeiterin untersucht. Direkt im Laufwerk C fanden wir eine Word-Datei mit dem Beginn eines Buches: »Ich hätte auch nicht gedacht, dass ich dieses Buch einmal während meiner Arbeitszeit schreiben würde …«, lauteten die ersten Zeilen. Dass die Kündigung vor Gericht dann als rechtmäßig angesehen wurde, muss ich wohl nicht weiter erklären …

§ DARF ICH TROTZ KRANKSCHREIBUNG ARBEITEN?

Manche Arbeitnehmer freuen sich, wenn der Hausarzt sie wegen einer Erkältung gleich eine Woche krankschreibt. Sie entspannen sich in dieser Zeit einfach zu Hause, ohne an die Arbeit zu denken. Anderen wiederum graut bei der Vorstellung, dass sich wegen eines kleinen Schnupfens die Akten auf dem Schreibtisch stapeln oder Kollegen ihre Arbeit übernehmen müssen. Sie können es nicht erwarten, wieder an den Arbeitsplatz zurückzukehren.

Das wiederum sehen manche Chefs gern – andere hingegen überhaupt nicht. Schließlich kann die noch nicht völlig genesene Person andere Kollegen anstecken oder selbst einen Rückfall bekommen. Aber wie ist die rechtliche Lage? Kann ein Chef einen krankgeschriebenen Mitarbeiter wieder nach Hause schicken? Ist es vielleicht sogar verboten, trotz einer offiziellen ärztlichen Krankschreibung zu arbeiten?

Grundsätzlich liegt die Entscheidung darüber, ob man sich fit genug zum Arbeiten fühlt, beim Mitarbeiter selbst. Das ist auch sinnvoll, denn ein Arzt kann nur prognostizieren, wie lange sich die Krankheit hinziehen wird, es aber natürlich nicht exakt im Voraus sagen. Daher sind Krankschreibungen teilweise etwas großzügiger datiert. Tatsächlich müssen Arbeitnehmer sogar im Büro erscheinen, wenn sie wieder vollständig genesen sind. Dafür muss der Arzt sie nicht erst früher »gesundschreiben«.

Wer sich aber viel zu früh völlig verschnupft oder mit schwerem Husten auf die Arbeit schleppt, den darf der Chef getrost nach Hause schicken. Schließlich müssen nicht nur die anderen Mitarbeiter vor Ansteckung geschützt werden – sondern auch der übereifrige kranke Angestellte vor sich selbst.

Völlig anders sieht die rechtliche Situation natürlich aus, wenn es sich bei der Krankheit um Corona handelt und das Gesundheitsamt Isolation angeordnet hat. Dann darf man so lange das Haus nicht verlassen, bis die Isolation wieder aufgehoben wurde. Wer dagegen verstößt, dem droht ein hohes Bußgeld!

§ MÜSSEN ÜBERSTUNDEN BEZAHLT WERDEN?

Im Arbeitsleben angekommen müssen viele Menschen damit klarkommen, ein Stück ihrer Freiheit, die sie im Studium genossen haben, wieder abzugeben. Denn Angestellte sind bei ihrer Arbeitszeit ja mehr oder weniger dem Chef ausgeliefert und müssen auf Anweisung auch unbezahlte Überstunden leisten – oder?

Nun, in der Praxis läuft das häufig so: Das Recht des Arbeitgebers, Überstunden anzuordnen, findet sich in den meisten Fällen in eurem Arbeitsvertrag. Aber lest dieses Papier nun möglichst genau! Denn da könnten interessante Sätze stehen – etwa eine Klausel, die besagt, was mit den Überstunden passieren soll.

Eine immer noch häufig verwendete Formulierung lautet in etwa: *»Erforderliche Überstunden werden nicht gesondert vergütet, sondern sind mit dem Gehalt abgegolten.«* Klingt nach einer Menge unbezahlter Mehrarbeit, oder? Nein! Wenn ihr so etwas in eurem Vertrag findet, dann könnt ihr euch sogar glücklich schätzen. Diese Klausel ist schlicht unwirksam. Das hat das Bundesarbeitsgericht schon 2010 entschieden (Urteil vom 01.09.2010, Aktenzeichen 5 AZR 517/09). Der Grund: Arbeitnehmer können überhaupt nicht wissen, was in der Zukunft auf sie zukommt. Bei einigen Chefs ist das aber noch nicht angekommen. Wenn ihr eine solche Formulierung bei euch findet, könnt ihr deswegen in der Regel verlangen, dass euer Arbeitgeber die Überstunden trotzdem bezahlt, oder vereinbaren, dass ihr sie zumindest abfeiern könnt.

Zulässig ist es zudem nicht, in den Vertrag einfach 40 oder mehr Zusatzstunden im Monat hineinzuschreiben. Dann wisst ihr zwar im Voraus, dass ihr kaum noch Freizeit haben werdet. Das ist aber nicht Sinn der Sache. Schließlich sieht § 3 des Arbeitszeitgesetzes vor, dass normale Angestellte im Durchschnitt von sechs Monaten nicht mehr als acht Stunden am Tag arbeiten dürfen. Überstunden sollten die Ausnahme sein und nicht die Regel. So eine Klausel wäre also unzulässig.

Arbeitgeber dürfen Überstunden nur im Arbeitsvertrag vorsehen, wenn sie zum einen für den Arbeitnehmer planbar sind und zum anderen in einem angemessenen Umfang angeordnet werden können. Zulässig wären wohl maximal zehn Prozent der vereinbarten Arbeitszeit an Überstunden, wobei das schon recht viel ist. Alles, was darüber hinausgeht, muss der Arbeitgeber in jedem Fall gesondert bezahlen oder abfeiern lassen. Daher ist es – auch für den Streitfall – sinnvoll, die Überstunden direkt von Tag 1 an zu dokumentieren.

§ GIBT ES »HITZEFREI« AUCH FÜR ARBEITNEHMER?

Wir erinnern uns: Zu den guten alten Schulzeiten haben wir hin und wieder »hitzefrei« bekommen. Ab ins Freibad und das Leben genießen. Nun sind die Zeiten vorbei, schließlich soll man Geld verdienen. Aber muss man eigentlich auch bei unsäglicher Hitze im Großraumbüro arbeiten? Ist Hitze für Arbeitnehmer nicht genauso unerträglich wie für Schüler? Doch, schon, hilft aber nichts. Einen Anspruch auf hitzefrei haben Arbeitnehmer leider nicht. Trotzdem gibt es seit 2011 die »Arbeitsstättenverordnung«, an die sich Arbeitgeber halten müssen. Tun sie es nicht, drohen ihnen Strafen!

Ist es im Büro heißer als 26 Grad Celsius, »sollte« der Chef für Abkühlung sorgen. Spätestens, wenn die Temperaturen im Innenraum auf über 30 Grad klettern, haben Arbeitgeber sogar die Pflicht dazu. Möglich ist zum Beispiel, den Arbeitnehmer dazu aufzufordern, bestimmte Maßnahmen zum Hitzeschutz zu ergreifen. So kann es helfen, morgens einmal kräftig durchzulüften, Jalousien an den Fenstern zu schließen oder lockere Kleidung zu tragen. Auch die Nutzung von Ventilatoren oder (noch besser) Klimageräten verschafft Abhilfe. Hitzefrei gibt es zwar nicht, der Arbeitgeber hat aber die Möglichkeit, Arbeitszeiten anzupassen. Möglich sind zum Beispiel Gleitzeit und die Erlaubnis, bereits sehr früh mit der Arbeit zu beginnen beziehungsweise in den Nachmittags- und Abendstunden zu arbeiten.

Allerdings können Arbeitnehmer in der Regel nicht eine dieser Maßnahmen verlangen, sondern allenfalls Vorschläge machen. Und selbst wenn der Arbeitgeber überhaupt nichts tut, dürfen sich die Angestellten nur dann eigenmächtig hitzefrei nehmen, wenn ihre Gesundheit erheblich gefährdet ist. Das dürfte nur bei Schwangeren, gesundheitlich vorbelasteten oder schwer körperlich arbeitenden Menschen der Fall sein. Wer einfach ohne Absprache ins Homeoffice oder an den Badestrand wechselt, dem droht eine Abmahnung.

Doch auch die Möglichkeiten der Abkühlung haben Grenzen. Erreicht die Lufttemperatur im Innenraum mehr als 35 Grad und sind auch extreme technische Mittel wie Luftduschen, Wasserschleier oder Hitzeschutzkleidung nicht geeignet, das Problem zu beheben, gelten die Arbeitsräume als nicht mehr zur Arbeit geeignet. In solchen Fällen werden die meisten Arbeitgeber nur darauf ausweichen können, ihren Leuten tatsächlich hitzefrei zu geben, wenn sie sich nicht rechtswidrig verhalten wollen.

KAPITEL 10

DER EIGENE CHEF: SELBST UND STÄNDIG

Ihr habt es satt, dass der Chef über euer Leben bestimmt, euch Vorgaben macht und den Großteil des von euch erarbeiteten Geldes behält? Ihr sehnt euch nach beruflicher Verwirklichung und habt keine Angst vor unternehmerischer Verantwortung? Dann ist die Selbstständigkeit vielleicht genau das Richtige für euch! Doch wie viel Bürokratie erwartet euch jetzt? Nun, das kommt darauf an – vor allem darauf, womit ihr euch selbstständig machen wollt und ob ihr es allein oder mit anderen zusammen tut.

Zunächst stellt sich die Frage nach dem Gewerbe: Für welche Tätigkeiten muss man eigentlich ein Gewerbe anmelden, und wer darf welches Gewerbe ausüben? Übt man das Gewerbe nicht allein aus, sondern mit anderen zusammen, stellt sich die Frage der Regelung dieser Zusammenarbeit: Muss man einen Gesellschaftsvertrag abschließen?

Geht es dann endlich los, wächst die Aufregung … aber auch die Angst vor Nachahmern. Daher stellt sich schnell die Frage, welchen Teil des eigenen Business man eigentlich schützen lassen kann und wie genau man das macht. Kann man seine Geschäftsidee schützen lassen oder nur den Namen?

Ein gut strukturiertes Unternehmen hat natürlich einen Internetauftritt. Auch dort tauchen sofort die nächsten Rechtsfragen auf, schließlich will man keine Abmahnung kassieren: Wie genau geht das eigentlich mit Cookie-Bannern, AGB, Datenschutzerklärung oder Impressum? Wie muss das Ganze aussehen?

§ MUSS FÜR JEDE SELBSTSTÄNDIGKEIT EIN GEWERBE ANGEMELDET WERDEN?

Viele Menschen glauben, wer sich selbstständig macht, muss erstmal ein Gewerbe anmelden. Das stimmt aber nicht! In Deutschland unterscheiden wir zwischen den »freien Berufen« und den »Gewerbetreibenden«. Nur Letztere müssen die vielen zusätzlichen Formalitäten und finanziellen Belastungen tragen, die mit einem Gewerbe einhergehen. Freiberufler hingegen können ohne große Fremdbestimmung auf eigene Verantwortung arbeiten. Doch worin liegt der Unterschied zwischen einem freien Beruf und einem Gewerbe?

Welche Berufe als »Freie Berufe« anerkannt sind, steht in § 18 Einkommensteuergesetz: Das sind wissenschaftliche, künstlerische, schriftstellerische, unterrichtende oder erzieherische Tätigkeiten, Ärzte, Zahnärzte, Tierärzte, Rechtsanwälte, Notare, Patentanwälte, Vermessungsingenieure, Ingenieure, Architekten, Handelschemiker, Wirtschaftsprüfer, Steuerberater, beratende Volks- und Betriebswirte, vereidigte Buchprüfer, Steuerbevollmächtigte, Heilpraktiker, Krankengymnasten, Journalisten, Bildberichterstatter, Dolmetscher, Übersetzer, Lotsen und ähnliche Berufe. Die »ähnlichen Berufe« sind der Grund dafür, dass viele weitere Berufsgruppen ebenfalls als freie Berufe gelten. Nach § 1 des PartGG zeichnen sich freie Berufe dadurch aus, dass sie »auf der Grundlage besonderer beruflicher Qualifikation oder schöpferischer Begabung« basieren und »die persönliche, eigenverantwortliche und fachlich unabhängige Erbringung von Dienstleistungen höherer Art im Interesse der Auftraggeber und der Allgemeinheit zum Inhalt« haben.

Das sind ja schon einige Berufsgruppen. Bleibt überhaupt noch etwas übrig? Wer muss denn nun noch ein Gewerbe anmelden? Ganz einfach: alle anderen Berufsgruppen, die ein Gewerbe ausüben. Und das sind insbesondere solche aus Industrie, Handwerk, Handel, Gastronomie und Hotellerie, »einfache Dienstleistungen« wie Haushaltsreinigung, Vertreter, Vermittler und Agenturen oder auch Geld- und Vermögensberater. Doch Vorsicht: Wenn sich Freiberufler zu einer Kapitalgesellschaft (UG, GmbH oder AG) zusammentun, werden sie durch ihre Rechtsform automatisch gewerblich. Bei anderen

Gesellschaftsformen wie der Gesellschaft bürgerlichen Rechts oder der Partnerschaftsgesellschaft bleiben sie hingegen freiberuflich.

Wer gewerblich handelt, muss seine Tätigkeit bei der zuständigen Gemeinde anmelden. Die Bestätigung dieser Anmeldung nennt man umgangssprachlich auch »Gewerbeschein«. Allerdings handelt man schon vor der Anmeldung gewerblich. Mit der Ausübung eines Gewerbes gehen zudem Verpflichtungen einher. So unterliegen Gewerbebetriebe ab einem jährlichen Gewinn von rund 24 500 Euro der Gewerbesteuer (§ 2 Abs. 1 GewStG) gegenüber der Gemeinde. Zudem müssen Gewerbetreibende doppelt Buch führen und eine Bilanz erstellen, soweit (Stand 2022) mehr als 60 000 Euro Jahresumsatz oder 600 000 Gewinn erwirtschaftet werden. Auch werden sie automatisch Mitglieder in der Industrie- und Handelskammer oder Handwerkskammer und müssen Pflichtbeiträge zahlen.

§ DARF JEDER EIN GEWERBE AUSÜBEN?

Grundsätzlich herrscht in Deutschland Gewerbefreiheit, sodass ihr für euer neues Geschäft nicht erst eine Genehmigung beantragen oder besondere Fachkenntnisse vorweisen müsst. Ihr müsst es nur anmelden. Doch es gibt von diesem Grundsatz auch Ausnahmen. Denn in manchen Berufszweigen gibt es dann doch Sondervorschriften, mit denen Kunden vor der Unkenntnis oder der mangelnden Eignung des Gewerbetreibenden geschützt werden sollen. Einige Tätigkeiten sind deshalb erlaubnispflichtig nach der Gewerbeordnung (zum Beispiel Anlageberater, Wohnungsmakler, Security-Firmen, Spielhallen- oder Clubbetreiber), nach Spezialgesetzen (zum Beispiel Inkassobüros, Apotheken, Fahrschulen, Kitas oder Tierhändler) oder zumindest überwachungspflichtig (zum Beispiel Gebrauchtwagenhändler, Schlüsseldienste, Partnerschaftsvermittler oder Reisebüros). In jedem dieser Fälle müsst ihr erst einmal einen Antrag bei der zuständigen Behörde stellen. Welche Unterlagen ihr beifügen müsst und was die Behörde dann jeweils prüft, hängt von der Tätigkeit ab. Häufig geht es darum, ob ihr persönlich zuverlässig seid und – falls erforderlich – die nötige fachliche Qualifikation aufweist.

Das bekannteste Beispiel für solche Formalitäten ist die »Schanklizenz«. Ihr dürft nach dem Gaststättenrecht ein Restaurant zwar ohne Erlaubnis betreiben, wenn ihr keine alkoholischen Getränke ausschenkt. Sobald aber Bier, Wein, Sekt oder gar Hochprozentiges auf der Speisekarte stehen, wird es teuer und kompliziert. Zunächst müsst ihr einen förmlichen Antrag an das zuständige Ordnungsamt einreichen. Dazu müsst ihr in der Regel einige Unterlagen mit abgeben: etwa ein polizeiliches Führungszeugnis, einen Auszug aus dem Gewerbezentralregister, einige Unbedenklichkeitsbescheinigungen sowie Unterlagen zur Gaststätte selbst. Das Amt prüft dann ganz genau, ob ihr geeignet seid, anderen Alkohol auszuschenken. Zentrale Voraussetzung ist eure »Zuverlässigkeit« (§ 4 Gaststättengesetz). Als unzuverlässig sieht das Gesetz beispielsweise jemanden an, der Anzeichen dafür zeigt, unerfahrene, leichtsinnige oder willensschwache Personen auszubeuten. Auch Alkoholiker werden keine Schanklizenz erhalten – schließlich will keiner den Bock zum Gärtner machen.

Also, bevor ihr euch mit eurem Beruf selbstständig macht, erkundigt euch lieber ganz genau, ob es für euch irgendwelche Sondervorschriften gibt und ihr zunächst einen Antrag stellen müsst.

§ **MUSS MAN EINE GESELLSCHAFT GRÜNDEN, SOBALD MAN SICH FÜR SEINE GESCHÄFTSIDEE MIT JEMANDEM ZUSAMMENTUT?**

Ihr möchtet euch nicht allein selbstständig machen, sondern zusammen mit anderen ein eigenes Start-up gründen? Doch dabei denkt ihr nicht nur an das gemeinsame Feierabendbier oder die obligatorische Kicker-Runde in der Pause, sondern vor allem auch an umfangreiche Pflichten bei der Gesellschaftsgründung, an Notare und schriftliche Verträge? Ihr werdet überrascht sein: Tatsächlich MÜSST ihr, wenn ihr euch mit anderen zusammentut, keine Gesellschaft gründen. Diese entsteht nämlich ganz automatisch – als Gesellschaft bürgerlichen Rechts (GbR). Häufig wird diese Gesellschaft auch als »BGB-Gesellschaft« bezeichnet, da ihre gesetzlichen Regelungen in den §§ 705–740 des BGB zu finden

sind. Wenn ihr euch also zusammentut – hier um ein Start-up aufzubauen und damit Geld zu verdienen –, gelten diese gesetzlichen Vorschriften ganz automatisch für euch. Nun kommt natürlich das große
»ABER«: Dass ihr formal gesehen keine Gesellschaft gründen müsst,
heißt nicht, dass es nicht empfehlenswert wäre, sich darüber Gedanken
zu machen. Denn der Frage, in welcher Form ihr gemeinsam im Geschäftsverkehr auftreten wollt, kommt eine ganz entscheidende Bedeutung zu. Die Wahl der richtigen Gesellschaftsform entscheidet zum
Beispiel über die Haftung, das Verhältnis der Gründer zueinander, über
Machtverhältnisse und Möglichkeiten der Kapitalbeschaffung. Neben
der GbR gibt es noch weitere Gesellschaftsformen, die für euch Vorteile
bieten und Nachteile für euch abfedern können.

Die falsche Wahl der Gesellschaftsform ist einer der häufigsten Fehler, die Gründer machen. Dies gilt insbesondere dann, wenn das finanzielle Risiko hoch ist. In diesen Fällen sollten Gründer nicht die GbR
oder andere Gesellschaftsformen ohne Haftungsbeschränkung wählen.
Zwar haftet in erster Linie die GbR selbst mit ihrem Vermögen für
alle Verbindlichkeiten und Schulden, die im Namen der Gesellschaft
eingegangen wurden, aber reicht das Geld der GbR nicht aus, haftet
jeder Gesellschafter der GbR persönlich und unbeschränkt mit seinem
Privatvermögen. Die richtige Gesellschaftsform ist daher fast immer
die Gesellschaft mit beschränkter Haftung (GmbH) oder die haftungs-
beschränkte Unternehmergesellschaft (UG), selten die Aktiengesell-
schaft (AG). Was genau für euer Start-up die richtige Gesellschaftsform
ist, kann euch ein auf Gesellschaftsrecht spezialisierter Rechtsanwalt
sagen. Zwar wollen gerade Start-ups an dieser Stelle erst einmal Geld
sparen, doch die Investition macht sich bezahlt, wenn das Unternehmen nicht so gut läuft wie erwartet.

§ KANN MAN EINE GESCHÄFTSIDEE EXKLUSIV SCHÜTZEN LASSEN?

Die Geschäftsidee ist oft der wertvollste Teil eures Unternehmens und
bleibt darum lange Zeit ein gut gehütetes Geheimnis. Doch irgendwann

muss die Idee ja das stille Kämmerlein verlassen und auf den Markt. Bis dahin bleibt die Angst: Was, wenn ich richtig erfolgreich mit meiner Geschäftsidee werde und Konkurrenten sie einfach kopieren? Was, wenn meine Kunden zur Konkurrenz abwandern? Irgendwie muss man doch die eigene Idee, das »geistige Eigentum« und sein Know-how schützen können?

Tatsächlich gibt es dazu verschiedene Möglichkeiten. Je nachdem, ob es um ein Produkt, eine Idee, ein Werk oder um Betriebsgeheimnisse geht, helfen unterschiedliche rechtliche Instrumente. Auf der einen Seite stehen die Betriebsgeheimnisse, die sich nur schwer gesetzlich schützen lassen. Hier gibt es lediglich die Möglichkeit, Geheimhaltungsvereinbarungen (»non disclosure agreements«) mit Geschäftspartnern, Dienstleistern oder anderen »Mitwissern« abzuschließen. Die Parteien verpflichten sich mit der Unterzeichnung eines entsprechenden Vertrags, geteilte Ideen, Optimierungsvorschläge und betriebsinternes Know-how vertraulich zu behandeln. Wer dagegen verstößt, wird zur Zahlung von Schadensersatz oder zu einer Vertragsstrafe verpflichtet.

Auf der anderen Seite stehen der gesetzliche Schutz des geistigen Eigentums beziehungsweise die gewerblichen Schutzrechte, die den Rechteinhabern die Möglichkeit bieten, andere von der Benutzung und Kopie des Produktes oder der Dienstleistung auszuschließen. So schützt das Urheberrecht kreative Leistungen in ihrer konkreten Ausgestaltung – zum Beispiel Bilder oder Texte –, nicht aber die bloße Idee. Die Idee, eine Frittenbude zu eröffnen, kann also nicht geschützt werden. Ist die Frittenbude jedoch eröffnet, kann das Gastronomiekonzept durchaus Schutz genießen. So auch im Fall der Frittenbude »Frittenwerk«. Ihre Betreiberin reichte Klage gegen eine Konkurrentin ein, die ihr Erfolgskonzept nachgeahmt hatte, und erhielt vor dem Oberlandesgericht Düsseldorf recht (Urteil vom 22.11.2018, Aktenzeichen I-15 U 74/17). Und das aus gutem Grund: Gleiches Produkt (Pommes Frites), nahezu identische Menü-Karten und ein ähnliches Design-Konzept waren für die Richter des OLG Düsseldorf jenseits der Grenze des Zulässigen. Schließlich handele es sich bei dem Restaurant-Konzept von »Frittenwerk« um ein »schutzfähiges Erzeugnis mit durchschnittlicher wettbewerblicher Eigenart«.

Mit dem eingetragenen Design beziehungsweise Geschmacksmuster kannst du verhindern, dass das Design deines Produktes kopiert wird. Diese Schutzmöglichkeit ist besonders bei Produkten zu empfehlen, die nicht so kreativ sind, dass sie unter den Schutz des Urheberrechtes fallen. Daneben schützt das Patentrecht eine technische Erfindung, also entweder das (End-)Produkt oder ein Verfahren – allerdings nur, sofern es neu ist. Möchte man diesen Schutz erhalten, muss man das Patent anmelden, die Prüfung dauert allerdings lange. Wer nicht auf eine Patentanmeldung warten will, kann sich auch ein Gebrauchsmuster für eine technische Erfindung eintragen lassen. Die Anmeldung sollte natürlich vorgenommen werden, bevor man mit dem Produkt auf den Markt geht.

§ DARF DER NAME EINES UNTERNEHMENS KOPIERT WERDEN?

Der sprichwörtlich gute Name ist das Aushängeschild eines jeden Unternehmens. Daher ist es nur verständlich, dass Gründer ihre Firmennamen schnell schützen wollen. Doch geht das auch immer? Nein, könnte man meinen, wenn man an die vielen »Havanna«-, »Cubana«- oder »Irish Pub«-Lokalitäten denkt, die einem im Laufe der Jahre schon in den verschiedensten Städten begegnet sind. Sind das etwa Ketten? Nein, keineswegs. Es handelt sich um voneinander unabhängige Betriebe, die einfach nur denselben Namen tragen. Aber wie kann das sein?

Nun, der Name eines Unternehmens kann grundsätzlich geschützt werden, jedoch nicht jeder erdenkliche Name. Tatsächlich ist es so, dass der Name einer Firma bzw. eines Unternehmens durch das Namensrecht aus § 12 Bürgerliches Gesetzbuch (BGB) in Grenzen bereits automatisch geschützt ist. Danach darf der Name anderer nicht unbefugt verwendet werden – das gilt nicht nur für Menschen, sondern auch für Unternehmen. Wegen einer Verletzung des Namensrechts kann man allerdings nur dann gegen einen Konkurrenten vorgehen, wenn genau der Name des Unternehmens oder ein verwechslungsfähiger Name verwendet wird und zusätzlich der Eindruck entsteht, bei dem Unberechtigten handele es sich um den Namensinhaber oder einen Vertreter. Daher hilft das Namensrecht nicht in allen Fällen.

In der Praxis von besonderer Bedeutung ist der Schutz des Namens nach dem Markenrecht. Firmennamen, Logos oder Zeichen können automatisch nach § 5 Markengesetz als Unternehmenskennzeichen geschützt sein, wenn die Kunden dieses mit dem Unternehmen assoziieren. Jedoch ist auch in diesem Fall kein sicherer und umfassender Schutz geboten.

Des Weiteren kann ein Schutz aber auch durch Eintragung der Marke erfolgen. Das ist letztlich die beste und sicherste Möglichkeit, den eigenen Firmennamen zu schützen. Diese Variante bietet sich besonders dann an, wenn ihr unter dem Firmennamen auch Produkte verkaufen oder Dienstleistungen anbieten wollt. Eingetragen werden können nicht nur Wortmarken, sondern auch Logos wie der Mercedes-Stern oder Farbmarken wie das Telekom-Magenta. Das Markenrecht bietet den umfangreichsten Schutz und gibt euch die Möglichkeit, auf dem ganzen Gebiet, für das die Marke angemeldet ist, andere von der Benutzung ähnlicher Zeichen für dieselbe Branche auszuschließen. Ihr könnt damit euren Firmennamen deutschland-, europa- oder sogar weltweit monopolisieren. Habt ihr euer Unternehmen später zu großem Erfolg gebracht, könnt ihr sicher sein, dass sich niemand so leicht an euren guten Ruf anhängen kann.

Doch was ist mit unserem Beispiel vom Anfang – dem »Irish Pub«? Hat hier niemand die Eintragung als Marke versucht? Wohlmöglich schon, er wird aber damit gescheitert sein. Denn der Schutz eines Namens als Marke ist an Voraussetzungen gebunden. Das musste auch ein Gastronom aus Hamburg feststellen, der sich die Marke »Rio Grande« für gastronomische Dienstleistungen hat eintragen lassen. Dies hielt einen Berliner Gastronom jedoch nicht davon ab, sein Lokal »Riogrande« zu nennen. Der Markeninhaber wollte sich nun gegen die Verwendung der Bezeichnung durch eine Gastronomin in Berlin zur Wehr setzen und klagte – mit wenig Erfolg (Kammergericht Berlin, Urteil vom 17.03.2015, Aktenzeichen 5 U 111/13). Denn das Gericht führte aus, dass zwischen den Zeichen »Rio Grande« und »Riogrande«

zwar eine hochgradige Ähnlichkeit besteht, wodurch im Prinzip eine markenrechtliche Verwechslungsgefahr in der Regel unproblematisch zu bejahen ist. Jedoch gilt dies in diesem Fall nicht, weil der Rio Grande als Grenzfluss zwischen den USA und Mexiko einen unzweideutigen Hinweis auf die sogenannte Tex-Mex-Küche gibt. Dieser stark beschreibende Charakter des Namens hinsichtlich der gastronomischen Dienstleistungen schwächt die Kennzeichnungskraft der Marke stark. Schließlich ist der Verkehr in den genannten Bereichen daran gewöhnt, dass es vielerorts gleichnamige Etablissements gibt. Diese ordnen die Kunden nicht demselben Betreiber zu – jedenfalls dann nicht, wenn es sich nicht um bundesweit agierende Ketten handelt, so die Berliner Richter.

Also merke: Wollt ihr den Namen eures Unternehmens markenrechtlich schützen lassen, müsst ihr schon etwas kreativ werden. Je individueller der Name, desto höher die Schutzwürdigkeit!

§ WANN IST EINE WEBSITE VOR ABMAHNUNGEN SICHER?

Sind die Formalitäten der Unternehmensgründung erledigt, steht als Nächstes der Internetauftritt an. Denn der gehört inzwischen zum Standard. Wer ein Unternehmen gründet, will schließlich auch gefunden werden – und dafür braucht es zuallererst eine schöne Website für die potenziellen Kunden. Doch Vorsicht! Es ist in diesem Zusammenhang wichtig, das Geld nicht nur in IT und Design zu investieren, sondern auch in einen umfassenden rechtlichen Check. Leider gibt es viele Konkurrenten oder Wirtschaftsverbände, die sich darauf spezialisiert haben, rechtliche Fehler auf Websites zu finden und diese dann teuer wettbewerbsrechtlich abzumahnen.

Schon bei der Auswahl eures eigenen Domain-Namens müsst ihr darauf achten, keine fremden Rechte zu verletzen. Fremde Personen oder Firmennamen verfügen über einen rechtlichen Schutz nach dem Namensrecht. Darunter fallen auch geschützte Berufsbezeichnungen oder Pseudonyme. Auch eingetragenen Marken anderer Unternehmen sind durch das Markenrecht geschützt. Gerade im Bereich des Markenrechts können Abmahnungen schnell sehr teuer werden. All diese Namen sind daher tabu.

Achtet bei der Gestaltung der Inhalte darauf, dass ihr insbesondere keine Urheber-, Marken- oder Persönlichkeitsrechte verletzt. »Klaut« insbesondere keine Fotos, Videos, Texte oder Designs von anderen Websites, ohne dafür eine Erlaubnis (Lizenz) zu haben.

Haltet euch an die gesetzlichen Rahmenbedingungen – das sind einige. So braucht jede Website eine korrekte Datenschutzerklärung und außerdem ein Impressum. Möchtet ihr auf eurer Website Handel betreiben, gibt es zusätzliche Vorschriften zum E-Commerce. Wenn ihr Cookies setzt, haltet euch an die EU-Vorgaben zu Cookie-Bannern.

Wenn ihr Allgemeine Geschäftsbedingungen (AGB) nutzen möchtet, lasst diese dringend vorher rechtlich checken! Die AGB sind nämlich nicht nur unwirksam, wenn sie den Vertragspartner »unangemessen benachteiligen«. Sie können auch zur Abmahnfalle werden.

Gut beraten seid ihr, wenn ihr euch vor dem Start euer Website Rechtsrat einholt beziehungsweise den fertig gestalteten Internetauftritt noch einmal gegenchecken lasst. Es gibt bei Websites viele individuelle Gestaltungsmöglichkeiten – und dementsprechend viele Stolperfallen.

§ BRAUCHT DIE EIGENE WEBSITE EINE DATENSCHUTZERKLÄRUNG?

Auf nahezu jeder Unternehmenswebsite sieht man sie: die Datenschutzerklärung. Nun stellt sich natürlich die Frage, ob ihr selbst auch eine braucht. Denn eigentlich verarbeitet ihr doch gar keine personenbezogenen Daten … oder doch? Und selbst wenn, überfordern euch die ganzen Regelungen der DSGVO. Wofür gibt es die Datenschutzerklärung überhaupt und warum müsst ihr euch damit beschäftigen?

Der Zweck der Datenschutzerklärung ist es, die Kunden darüber aufzuklären, in welchem Umfang und zu welchen Zwecken der Websitebetreiber ihre personenbezogenen Daten verwendet. Personenbezogene Daten sind alle Informationen, die Rückschlüsse auf eine Person zulassen – neben Name, Adresse, Kontonummer eben auch alle digitalen Daten. Gerade im Internet hinterlässt man zwangsläufig eine Datenspur. Das bedeutet für euch als Betreiber der Website, dass ihr zumindest die IP-Adresse eurer Besucher – und die ist schon ein »personenbezogenes Datum« – sammelt und die DSGVO damit auch für euch als Website-Betreiber gilt. Vermutlich bietet ihr auch ein Kontaktformular an, damit Kunden sich bei Fragen an euch wenden können. Hier werden sie ihren Namen und ihre E-Mail-Adresse eintragen – das sind weitere gesammelte Daten. Und wenn ihr jetzt noch Google-Dienste wie Google Analytics oder die Schriftarten von Google Fonts einbindet, wird es richtig kompliziert, weil die Daten dann sogar an einen Dienst mit Sitz in den USA abwandern. Klingt kompliziert? Ist es auch!

Also, kümmert euch um eine ordentliche Datenschutzerklärung, sonst droht die Abmahnung eines Konkurrenten oder eines Wirtschafts- beziehungsweise Verbraucherverbandes. So erging es schon vielen Unternehmern – etwa einem gewerblichen eBay-Händler, der Reifen zum Sofortkauf anbot. Er hatte zwar ein Impressum, aber keine Datenschutzerklärung. Dafür wurde er vom Oberlandesgericht Stuttgart zur Unterlassung verurteilt (Urteil vom 27.2.2020, Aktenzeichen 2 U 257/19). Denn der von der Datenverarbeitung Betroffene muss über jede Verarbeitung personenbezogener Daten entsprechend den Regelungen der Artikel 13 und 14 DSGVO informiert werden. Bei Verstößen kann die Datenschutz-Aufsichtsbehörde horrende Bußgelder verhängen.

Eine Datenschutzerklärung muss Antworten auf die folgenden Fragen geben:

- Welche personenbezogenen Daten werden erhoben?
- Warum und auf welcher Rechtsgrundlage?
- Was passiert mit den erhobenen Daten? Wer sammelt sie überhaupt? Werden sie an Dritte weitergegeben? Findet ein grenzüberschreitender Datenverkehr statt?
- Welche Maßnahmen werden ergriffen, um die Sicherheit der Daten zu gewährleisten?
- Wie lange werden die Daten gespeichert?
- Welche Rechte habe ich als Website-Besucher?

Um rechtlich auf der sicheren Seite zu stehen, könnt ihr auch einen Datenschutzerklärungs-Generator nutzen. Wir von der Rechtsanwaltskanzlei »Wilde Beuger Solmecke« bieten einen solchen an (abrufbar unter http://wbs.is/dsgvo-generator). Das kostenlose Tool hilft euch dabei, die Datenschutzerklärung schnell und einfach auf dem neuesten Stand zu halten und euch vor Abmahnungen zu schützen. Beachtet jedoch bitte, dass Generatoren nur grundlegende oder gängige Aspekte des eigenen Auftritts berücksichtigen können und keine Hilfe für spezielle Konstellationen bieten. Dafür ist dann eine individuelle Rechtsberatung ratsam.

§ KANN MAN DIE ALLGEMEINEN GESCHÄFTS-BEDINGUNGEN UND DIE DATENSCHUTZ-ERKLÄRUNG BEI DER KONKURRENZ KOPIEREN?

Hat man erst einmal festgestellt, dass man eine Datenschutzerklärung für die eigene Website braucht, folgt meist die ernüchternde Erkenntnis, dass man leider keine Ahnung von diesen Dingen hat – und erst recht keine Lust, sich damit zu beschäftigen. Dann könnte man ja auf die Idee kommen, einfach bei der Konkurrenz zu schauen. Wer ähnliche Produkte verkauft oder Dienstleistungen anbietet, müsste doch die passende Datenschutzerklärung haben, oder nicht? Und kann man die AGB nicht gleich mitkopieren? Liest doch ohnehin niemand!

Manchmal doch. Nämlich der Verfasser der Texte selbst! Das Kopieren von Rechtstexten kann teure Konsequenzen nach sich ziehen. Denn Datenschutzerklärung und AGB sind nicht einfach nur Texte, sondern teilweise sogar urheberrechtlich geschützte Werke. Genau genommen handelt es sich um Sprach- oder Schriftwerke im Sinne des § 2 Abs. 1 Nr. 1 Urheberrechtsgesetz, in die der Ersteller viel Zeit und Wissen investiert hat. Die Übernahme von fremden AGB ist daher nicht zu empfehlen und stellt schnell einen urheberrechtlichen Verstoß dar, der abgemahnt werden kann.

Hat man keine Ahnung von der Materie, fällt einem natürlich auch nicht auf, wenn eine Klausel gar nicht zum eigenen Anwendungsbereich passt. »Nicht schlimm«, denkt ihr vielleicht, »merkt doch ohnehin keiner.« Und wenn doch? Die Verwendung falscher Rechtstexte kann einen wettbewerbsrechtlichen Verstoß darstellen und ebenfalls Konsequenzen haben.

Wie man sieht, ist das Kopieren von Rechtstexten gleich doppelt eine schlechte Idee. Also: Besser Finger weg!

§ BRAUCHT AUCH EIN SOCIAL-MEDIA-KANAL EIN IMPRESSUM?

Während eine Website selbstverständlich ist, ja schon fast wieder altmodisch, ist gerade der Auftritt von Unternehmen in sozialen Netzwerken kaum mehr wegzudenken. Facebook, Instagram oder Twitter gehören zum Tagesgeschäft. Man erreicht Kunden kinderleicht und kann seine Produkte und Dienstleistungen super vermarkten. Kein Wunder, dass fast niemand darauf verzichten möchte. Doch auch in sozialen Netzwerken muss man sich an alle gesetzlichen Vorschriften halten.

Besonders wichtig: das Impressum. Dabei handelt es sich um Pflichtangaben, die jede geschäftsmäßig angebotene Website und jedes Social-Media-Profil eines Unternehmens haben muss. Eure Besucher sollen ja wissen, wer hinter dem Internetauftritt steht und wie man euch erreichen kann.

Was alles im Impressum zu finden sein muss, steht zunächst in § 5 Telemediengesetz (TMG). Wenn ihr euer Impressum ohne anwaltliche Hilfe gestaltet, dann lest euch diesen Paragrafen ganz genau durch und macht jede einzelne Angabe dazu – lasst nichts aus! Vermutlich müsst ihr etwas herumtelefonieren, um alle notwendigen Informationen zu bekommen. Schließlich gehen die Pflichtangaben je nach Unternehmen über die einfachen Kontaktdaten hinaus.

Zudem hat unsere Erfahrung gezeigt, dass es selbst bei so einfachen Dingen wie Telefonnummer, Adresse und E-Mail ein paar häufige Stolperfallen gibt. Zum Beispiel dürft ihr kein Postfach anstelle einer geografischen Anschrift hinterlegen. Die angegebene E-Mail-Adresse muss funktionieren und darf nicht lediglich eine automatisierte Antwort versenden. Wenn ihr eine Telefonnummer angebt, dann darf sie keine Mehrwertnummer sein – bestehende Kunden müssen eine Möglichkeit haben, außerhalb der kostenpflichtigen Hotline für Bestellungen anzurufen. Die angegebene Telefonnummer darf außerdem nur dann durch ein Kontaktformular ersetzt werden, wenn darauf auch innerhalb von 30 bis 60 Minuten geantwortet wird.

Wenn ihr auf eurer Site (auch) journalistisch-redaktionelle Inhalte wie zum Beispiel einen Blog bereitstellt, müsst ihr zusätzlich einen Verantwortlichen für diese Inhalte nach § 18 Abs. 2 Medienstaatsvertrag (MStV) hinzufügen, der den Anforderungen der Norm genügt. In einer Redaktion wäre das zum Beispiel der Chefredakteur.

Darüber hinaus gehört ins Impressum unter Umständen auch der nach § 36 Verbraucherstreitbeilegungsgesetz (VSBG) notwendige Hinweis zur (Nicht-)Teilnahme an Streitbeilegungsverfahren vor einer Verbraucherschlichtungsstelle. Und wer direkt von seiner Seite aus den Erwerb von Produkten oder Dienstleitungen anbietet, muss dort außerdem nach Art. 14 Abs. 1 der EU-ODR-Verordnung auf die Online-Streitbeilegungsplattform (OS-Plattform) der EU verlinken.

Wo und wie könnt ihr nun euer Impressum platzieren? Allgemein gilt: Es muss mit maximal zwei Klicks erreichbar sein. Auf einer Website platziert man den Link daher üblicherweise direkt auf der Startseite ganz unten, beschriftet mit dem Wort »Impressum« oder »Kontakt«. Keinesfalls dürft ihr das Impressum in den AGB oder der Datenschutzerklärung verstecken.

Ihr seid unsicher, ob ihr alles richtig gemacht habt? Dann lasst euer Impressum noch einmal von einem Rechtsanwalt gegenchecken. Immerhin drohen bei Verstößen gegen die gesetzlichen Bestimmungen Bußgelder von bis zu 50 000 Euro sowie teure Abmahnungen von Konkurrenten oder Abmahnverbänden.

§ KANN MAN DIE NUTZER GANZ EINFACH IM COOKIE-BANNER AUF »OKAY« KLICKEN LASSEN?

Jeder Internetnutzer kennt sie, die lästigen Cookie-Banner, mit denen das Internet übersät ist. Eigentlich sollen diese für mehr Datensicherheit und Rechtsklarheit im Netz sorgen. Werden sie aber in unzulässiger Weise gebraucht, liegt schnell ein Datenmissbrauch vor. Abmahnungen wegen fehlender oder fehlerhafter Cookie-Banner sind daher keine Seltenheit. Wenn ihr dabei seid, euch selbst ein (Online-)Business aufzubauen, werdet ihr euch vermutlich mit dem Thema auseinandersetzen müssen.

Kurz zum Hintergrund: Cookies sind kleine Textdateien, die Websitebetreiber auf dem Computer des Nutzers speichern, um diesen bei seiner Rückkehr wiedererkennen zu können. Manche Cookies erleichtern den Nutzern die Bedienung einer Website oder die Seite kann ohne sie nicht betrieben werden, so zum Beispiel der Warenkorb-Cookie im Online-Shop.

Andere Cookies werden genutzt, um die Reichweite des eigenen Angebots zu messen oder gar das Nutzerverhalten über mehrere Websites hinweg zu analysieren und personalisierte Werbeanzeigen zu platzieren.

Lange Zeit war die Rechtslage im Hinblick auf Cookies in Deutschland recht verworren. Deshalb nutzten viele Websitebetreiber einfach einen »Okay«-Button, auf den die Besucher klicken sollten. Eine echte Wahlmöglichkeit gab es tatsächlich aber nicht. Nach Urteilen des Europäischen Gerichtshofs (Urteil vom 1.10.2019, Aktenzeichen C-673/17) und des Bundesgerichtshofs (Urteil vom 28.05.2020, Aktenzeichen I ZR 7/16) sowie einer Gesetzesänderung ist nun zumindest klar: Für alle Cookies, die nicht unbedingt erforderlich sind, um die Website zur Verfügung zu stellen, müssen Websitebetreiber die Nutzer um ihre freiwillige, aktive Einwilligung bitten (§ 25 TTDSG, Art. 6, 7 DSGVO). Der Einwilligungstext muss beim ersten Aufruf der Website eingeblendet werden und sollte so konkret wie möglich erläutern, welche Cookies gesetzt und welche Daten gesammelt werden. Erst, wenn der Nutzer aktiv eingewilligt hat, dürfen nicht technisch notwendige Cookies gesetzt werden.

Eine abschließende Liste, welche Art von Cookies nun wirklich erforderlich sind und welche nicht, gibt es aktuell noch nicht. Zumindest in Cookies, die der Analyse des Surfverhaltens oder gar der Erstellung von Nutzerprofilen für Werbung und Marktforschung dienen, müssen Nutzer einwilligen.

Viele Rechtsfragen sind derzeit weiterhin ungeklärt. Zugleich sind die Abmahnungen in Bezug auf Cookie-Banner zahlreich. Diese Problematik verschärft sich dann weiter dadurch, dass die Rechtslage sich ständig ändert und es irgendwann einmal mit neuen EU-Vorgaben durch die geplante ePrivacy-Verordnung wieder Handlungsbedarf für Unternehmer geben wird. Daher ist es auch hier wichtig, sich rechtlichen Rat zum aktuellen Stand der Lage einzuholen, bevor man auf das falsche, abmahnanfällige »Consent-Management-Tool« setzt.

§ IST MAN FÜR IMMER RUINIERT, WENN ES MIT DEM START-UP NICHT KLAPPT?

Jede Unternehmensgründung ist natürlich mit Risiken behaftet. Egal, wie viel Mühe man sich gibt, wie viel Arbeit man in die Produktentwicklung und Werbung steckt – irgendetwas kann immer mal schiefgehen. Ein wichtiger Kunde bricht weg, der Markt verändert sich grundlegend, oder aber man ist aus persönlichen Gründen nicht mehr in der Lage, allen Verpflichtungen nachzukommen. Natürlich wollen wir hier nicht den Teufel an die Wand malen. Keinesfalls sollte die Angst davor, sich ein Leben lang zu verschulden, so groß sein, dass man von vornherein nicht versucht, den Traum vom eigenen Unternehmen in die Tat umzusetzen. Aber es schadet nicht zu wissen, was passiert, wenn nicht alles nach Plan geht.

Wenn ihr einmal nicht mehr in der Lage sein solltet, eure Schulden zu begleichen, dies in absehbarer Zeit passieren wird oder ihr bereits überschuldet seid, dann müsst ihr unverzüglich Insolvenz beim Insolvenzgericht anmelden. Tut ihr das nicht, kann das böse

Konsequenzen haben – ihr könnt euch sogar wegen Insolvenzverschleppung strafbar machen (§ 15a InsO).

Im Insolvenzverfahren geht es im Wesentlichen darum, dass alles, was ihr noch habt oder durch eure Arbeit einnehmt, an die Menschen und Unternehmen abgeführt wird, denen ihr etwas schuldet. Ihr müsst zwar während des Insolvenzverfahrens den Gürtel enger schnallen. Aber ein Existenzminimum bleibt euch immer. Euch wird also keinesfalls das Bett zum Schlafen weggepfändet, und hungern müsst ihr auch nicht.

Als Unternehmer beziehungsweise Inhaber eines Unternehmens mit anderen werdet ihr meist das Regelinsolvenzverfahren durchlaufen. Als Selbstständiger steht euch auch die Möglichkeit der Privatinsolvenz offen, wenn ihr keine Forderungen aus Arbeitsverhältnissen und weniger als 20 Gläubiger habt. Neu ist bei beiden Formen: Alle seit dem 01.10.2020 beantragten Insolvenzverfahren können innerhalb von drei Jahren abgeschlossen werden.

Wenn das Verfahren beendet ist und ihr euch an alle Vorgaben gehalten habt, könnt ihr zumindest persönlich von euren restlichen Schulden befreit werden. Das gilt auch dann, wenn ihr es nicht geschafft habt, alle Schulden zu begleichen.

Ihr müsst also keine Angst haben, im Fall einer Insolvenz für immer eure Freiheit zu verlieren. Das Insolvenzverfahren dient letztlich dazu, einen Ausgleich zu schaffen zwischen den berechtigten Forderungen der Gläubiger und eurem Wunsch, wieder ein normales Leben ohne Schulden zu führen. Wird der Schuldenberg immer größer, bietet es sich daher an, Kontakt zur Schuldnerberatung aufzunehmen. Die können euch definitiv aus eurer vermeintlich ausweglosen Situation heraushelfen.

Letzte Woche hatte ich bei Ihnen All you can eat ... Haben Sie da zufällig einen Hosenknopf gefunden?

KAPITEL 11

RESTAURANTBESUCH – DER TEUFEL STECKT IM DETAIL

Was gibt es Schöneres als ein leckeres Essen? Richtig, ein leckeres Essen, das jemand anderes gekocht hat! Nicht ohne Grund ist der Restaurantbesuch immer noch ein Highlight im Alltag vieler Menschen. Manchmal kommt aber etwas dazwischen und man bleibt doch zu Hause. Muss man dann einen reservierten Tisch absagen? Tut man dies nicht, wird man jedenfalls den Unmut des Wirts auf sich ziehen, der sich fragt, ob er sich das eigentlich gefallen lassen muss. Wenig Freude macht man dem Wirt vielleicht auch, wenn man mit kleinen Kindern das Restaurant besucht, die dann zwischen den Tischen herumlaufen. Aber kann der Wirt dagegen vorgehen?

Auch die »Geiz ist geil«-Mentalität mancher Gäste treibt die Wirte zur Weißglut: Die einen reizen »All you can eat«-Angebote aus, die anderen sitzen stundenlang mit einer einzigen Tasse Kaffee im Café oder wollen keine Getränke zum Essen bestellen. Manche wollen zudem gratis ein Glas Leitungswasser. Umgekehrt stellen auch Wirte die Geduld ihrer Gäste auf die Probe, wenn sie beispielsweise die Getränke nicht richtig bis zur 0,2-l-Marke befüllen. Muss man sich das eigentlich gefallen lassen?

Und dann gibt es noch die leidige Rechnung am Ende des Abends. Darf man einfach die Striche auf dem Bierdeckel wegkratzen, damit die Rechnung etwas geringer ausfällt? Wer zahlt, wenn alle am Tisch ohne zu zahlen gegangen sind? Und kann ich einfach gehen, ohne zu bezahlen, wenn der Kellner trotz mehrmaliger Nachfrage die Rechnung nicht bringt? Und wenn die Rechnung dann endlich kommt, muss ich unbedingt bar bezahlen?

§ KANN MAN EINE RESERVIERUNG EINFACH VERFALLEN LASSEN?

Wer kennt das nicht: Man plant ein gemeinsames Essen mit Freunden, reserviert vorsorglich einen Tisch im Restaurant, und dann wird man doch krank, findet keinen Babysitter oder muss aus einem anderen Grund absagen. Also lässt man die Reservierung verfallen, ohne im Restaurant Bescheid zu geben. Aber geht das so einfach?

Eine Reservierung ist nicht so unverbindlich, wie die meisten Menschen vielleicht denken. Denn rechtlich kann man eine Reservierung als eine vorvertragliche Verhandlung betrachten: Gast und Gastronom sprechen darüber, dass sie zu einem bestimmten Zeitpunkt einen Bewirtungsvertrag abschließen wollen. Wird eine Reservierung im Restaurant nicht wahrgenommen, kann der Gastwirt Ersatz seiner Vorbereitungskosten oder sogar entgangenen Gewinn verlangen. Allerdings muss der Wirt beweisen, dass er wegen der Reservierung andere Gäste wegschicken musste. Dies geht aus einer Entscheidung des Landgerichts Kiel hervor (Urteil vom 22.01.1998, Aktenzeichen 8 S 160/97). In der Praxis passiert das aber nur sehr selten, in der Regel gibt es keine negativen Konsequenzen. Schließlich will man es sich ja auch nicht mit seinen Kunden verscherzen.

Anders sieht die Sache aus, wenn man im Voraus Leistungen des Restaurants bestellt hat, zum Beispiel ein spezielles Essen für eine Hochzeitsfeier. Erscheint man hierzu nicht, kann der Wirt sich die Kosten für das eingekaufte Menü ersetzen lassen. Schließlich kann er anderweitig nichts damit anfangen und hätte vielleicht alternativ einen anderen Gast angenommen. Wer sein Lieblingsrestaurant schätzt, sollte eine Reservierung in jedem Fall rechtzeitig absagen, damit die Plätze neu vergeben werden können!

§ DÜRFEN KINDER IN JEDES RESTAURANT?

Im Jahr 2018 sorgte ein Rügener Restaurant für Schlagzeilen, als sich der Inhaber dazu entschied, seinen Betrieb am Abend nur noch für

Gäste ab 14 Jahren zu öffnen. Auch in einem Hamburger Café mussten kleine Kinder bis 6 draußen bleiben – sie waren nicht erwünscht. Ein entsprechender Hinweis auf der Homepage des Cafés machte 2019 auf Instagram die Runde. Über die Besitzerin brach ein Shitstorm herein: Eltern empörten sich in sozialen Medien und verbreiteten den Hashtag #Schnullergate, schnell war auch von Diskriminierung die Rede. Aber werden Kinder durch »Adults only«-Cafés oder -Restaurants wirklich diskriminiert? Oder dürfen sie einfach ausgeschlossen werden?

Grundsätzlich steht es Gastronomen frei, im Rahmen ihres Hausrechts bestimmte Personen von der Nutzung ihres Lokals auszuschließen. Das Hausrecht hat allerdings Grenzen: So schützt das Allgemeine Gleichbehandlungsgesetz (AGG) unter anderem vor Benachteiligungen aufgrund des Lebensalters, also auch des Kindesalters. Insofern kann eine Regelung, mit der Restaurants Kindern pauschal den Zutritt verwehren, gegen das AGG verstoßen. Unterschiedliche Behandlungen sind aber dann zulässig, wenn es einen nachvollziehbaren, sachlichen Grund für sie gibt. Ein bestimmtes unternehmerisches Konzept kann dabei ein solcher Grund sein. Wenn sich ein Restaurant an eine klar definierte Zielgruppe, hier eben Erwachsene richtet, die ohne Kinderlärm essen gehen möchten, dann kann das zulässig sein. Restaurants dürfen ihr Geschäftsmodell also auf eine bestimmte Personengruppe beschränken, ohne dass es sich um eine unzulässige Diskriminierung handelt! Familien haben in der Regel ja eine große Auswahl an anderen Lokalen, in denen sie auch mit jüngeren Kindern herzlich willkommen sind.

§ KANN MAN SICH BEIM »ALL YOU CAN EAT«-BÜFETT SO VIEL NEHMEN, WIE MAN WILL?

Ihr kennt das: Beim »All you can eat«-Büfett sind die Augen oft größer als der Magen. Aber was, wenn der Magen größer ist als das Büfett? So zum Beispiel im Fall eines chinesischen Influencers, der in einem »All you can eat«-Restaurant mal 1,5 Kilo Schwein, mal 4 Kilo Garnelen aß und bis zu 30 Flaschen Sojamilch trank – seine Videos zu den Gelagen wurden millionenfach geklickt. Der geschröpfte Wirt war weniger begeistert als die Zuschauer und erteilte dem Influencer kurzerhand Hausverbot. Aber ginge das auch ohne Weiteres in Deutschland?

Grundsätzlich gilt: Heißt ein Angebot »All you can eat« und der Wirt weist seine Gäste nicht vor der Bestellung ausdrücklich auf Einschränkungen hin, so kann ein Gast tatsächlich so viel essen, wie er will. Auch wenn er es schafft, das halbe Büfett leerzufuttern. Wer einmal einen mündlichen Vertrag über das »All you can eat«-Büfett abgeschlossen hat, den darf der Wirt später nicht mehr rauswerfen. Was aber auch in Deutschland möglich wäre, ist die Aussprache eines auf die Zukunft gerichteten Hausverbots. Denn der Restaurantbesitzer entscheidet, mit wem er zukünftig noch Verträge eingehen will. Das ist keine Diskriminierung von Viel-Essern, sondern rechtlich völlig okay. Schließlich hat der Wirt das Hausrecht und bestimmt, wen er zu Gast haben möchte und wen nicht.

Solange brav aufgegessen wird, ist ja noch alles in Ordnung. Ärgerlicher sind hingegen die Fälle, in denen Gäste sich die Teller vollladen und am Ende nicht einmal die Hälfte aufessen. Aber auch dafür gibt es eine Lösung: In einem »All you can eat«-Sushi-Restaurant bei uns um die Ecke dürfen Gäste nur fünf Sushi-Teller auf einmal bestellen. Erst, wenn man die alle gegessen hat, darf man neue bestellen. Zudem ist die Zeit, in der man bestellen darf, begrenzt. Solche Einschränkungen sind erlaubt, wenn man sie vorher beispielsweise auf der Speisekarte oder anderswo im Restaurant deutlich sichtbar ankündigt.

 ## DARF MAN STUNDENLANG MIT NUR EINEM KAFFEE IM CAFÉ SITZEN?

Euch fällt im Homeoffice die Decke auf den Kopf und ihr wollt mal wieder unter Menschen? In Zeiten des mobilen Arbeitens kein Problem! Ihr schnappt euch einfach euren Laptop und ab ins nächste Café. Natürlich seid ihr aber zum Geldverdienen dort und nicht, um Geld auszugeben. Deswegen nuckelt ihr seelenruhig vier Stunden lang an nur einem einzigen Filterkaffee. Nachfragen des Kellners wie »Darf es noch etwas sein?« wimmelt ihr genervt ab, schließlich seid ihr gerade bei der Arbeit. Zu dumm nur, dass irgendwann der Wirt höchstpersönlich auftaucht und euch freundlich bittet, entweder weitere Getränke zu bestellen oder das Café zu verlassen. Doch darf er das?

Tatsächlich ja. Ihr habt kein Recht dazu, einfach stundenlang in einem Café oder Restaurant zu sitzen, ohne zu trinken oder zu essen. Wenn ihr in ein Restaurant geht und etwas bestellt, schließt ihr einen mündlichen Vertrag mit dem Restaurantbesitzer ab – einen »Bewirtungsvertrag«. Der sichert euch zu, so lange dort sitzen zu dürfen, wie ihr entspannt braucht, um euer Getränk zu trinken und euer Essen zu essen. Natürlich gibt es dafür keine genau festgelegten Zeiten. Doch wenn der Kaffee irgendwann leer ist oder ihr tatsächlich vier Stunden lang für eine einzige Tasse »braucht«, ist das Maß überschritten. Irgendwann hat der Wirt seine Seite des Vertrags erfüllt und schuldet euch den gemütlichen, warmen Platz nicht mehr. Dann greift wieder sein Hausrecht und er darf euch hinausbitten, um konsumierende Gäste zu bedienen.

§ KANN MAN EIN GLAS LEITUNGSWASSER GRATIS VERLANGEN?

Man kennt es aus dem Ausland – während in Frankreich und vielen anderen Ländern eine Karaffe Wasser wie selbstverständlich kostenlos auf den Tisch gestellt wird, sorgt Leitungswasser in deutschen Restaurants häufig für Diskussionen. Hierzulande kann es gut sein, dass Leitungswasser auch auf Nachfrage durch den Gast gar nicht oder nur sehr widerwillig serviert wird. Dabei hat man doch einen Anspruch auf ein kostenloses Glas Leitungswasser, oder nicht?

Tatsächlich ist das Glas Leitungswasser nur ein zusätzlicher Service des Restaurants – und keine Selbstverständlichkeit. Über das Angebot in seinem Restaurant kann jeder Gastwirt frei entscheiden. Er ist nicht verpflichtet, Getränke oder Speisen unentgeltlich anzubieten. Möchte er in seinem Lokal kein Leitungswasser und schon gar nicht gratis anbieten, könnt ihr als Gäste daran nichts ändern. Ein Anspruch auf ein kostenloses Glas Wasser existiert trotz des verbreiteten Irrglaubens nicht.

Der Grund für die unterschiedliche Handhabung in anderen Ländern ist die Preiskalkulation: Während Gastwirte in Deutschland versuchen, vor allem über die Getränke einen Gewinn zu erzielen, da die Essenspreise nicht allzu hoch sind, ist das in Ländern wie beispielsweise Frankreich anders. Dort sind die Preise für das Essen im Allgemeinen sehr viel höher, weshalb darin dann auch ein kostenloses Wasser mit einkalkuliert ist. Immer mehr Cafés und Restaurant in Deutschland servieren allerdings mittlerweile auch kostenlos Leitungswasser oder stellen ihren Gästen eine Karaffe mit Wasser bereit – natürlich nur für solche, die auch etwas anderes bestellen.

§ MUSS EIN GLAS GRUNDSÄTZLICH RANDVOLL GEFÜLLT SEIN?

Wenn man bei uns in Köln über die Zülpicher Straße geht, übertreffen sich die Bars mit Happy-Hour-Sonderangeboten. Hier der Cocktail für 4 Euro, da für 3,50 Euro. Doch rentiert sich das für die Kneipen überhaupt? Nun, ich will ihnen nichts unterstellen. Doch der eine oder andere Trick ist ja allgemein bekannt: So werden zum Beispiel Bier- oder Weingläser einfach nicht bis zum Strich gefüllt oder Bier einmal kräftig geschüttelt, sodass der Gast mehr Schaum als Gerstengetränk erhält. Cocktails werden mit nur einem Hauch von teurem Alkohol versehen, oder das Getränk wird kurzerhand zu 80 Prozent mit Eiswürfeln gefüllt. Fertig ist die Mogelpackung. Doch könnt ihr euch dagegen wehren?

Ja, das könnt ihr! Wenn ihr die in der Speisekarte ausgewiesenen 0,2 Liter Wein oder Kölsch bestellt habt, dann könnt ihr auch so viel Wein oder Kölsch verlangen. Und mit Bier ist das tatsächliche Bier gemeint und nicht eine Schaumkrone bis zur Mitte des Glases. Auch nicht 80 Prozent Eiswürfel und 20 Prozent Cola. All diese Tricksereien könnt ihr reklamieren. Leicht erkennen könnt ihr die Menge an Flüssigkeit an dem »Eichstrich« von 0,1 oder 0,2 auf dem Glas. Fast jedes Glas in der deutschen Gastronomie muss einen oder mehrere dieser Eichstriche haben. Endet die Schaumkrone beim Bier am Füllstrich, könnt ihr euch schon denken, dass ihr zu wenig bekommen habt. Gleiches gilt, wenn ihr in dem Glas mehr Eiswürfel als Getränk seht und es trotzdem am Strich endet. Beschwert euch dann besser direkt, sobald euch das Getränk gebracht wird, und fragt nach mehr Inhalt oder einem neuen Glas. Sonst könnte man euch vorwerfen, einfach etwas abgetrunken zu haben.

Auch Cocktails mit lediglich homöopathischen Spuren von Alkohol müsst ihr nicht auf euch sitzen lassen. Selbst dann nicht, wenn der Cocktail zur »Happy Hour« nur 3,50 Euro gekostet hat. Denn wie viel Alkohol in einem alkoholischen Getränk zu sein hat, ist keineswegs allein dem Gastwirt überlassen. Zwar hat jeder Barkeeper einen gewissen Spielraum beim Mixen seiner Getränke. Allerdings ist es nicht zulässig, den Getränken primär Säfte hinzuzufügen und auf die alkoholischen Zutaten größtenteils zu verzichten. Wenn euer Cocktail also nur nach Saft und so gar nicht nach Rum schmeckt, könnt ihr ihn reklamieren und ein neues Getränk verlangen.

 ## MUSS MAN BEZAHLEN, WENN ES NICHT GESCHMECKT HAT?

Ihr sitzt im Restaurant und freut euch auf ein leckeres Essen – und dann seht ihr das berühmte Haar in der Suppe schwimmen. Scheußlich schmecken tut es außerdem. Was jetzt? Könnt ihr das Essen einfach zurückgeben und das Lokal ohne Bezahlung verlassen?

Die einfache Begründung, dass euch das Essen nicht schmeckt, reicht leider nicht. Wenn euch der Geschmack nicht zusagt, aber das Essen an sich völlig in Ordnung ist, bleibt euch nur die Möglichkeit, dem Restaurant eine negative Bewertung zu geben und es in Zukunft nicht mehr zu besuchen. Ihr könnt das Gericht leider nicht zurückgehen lassen und ihr müsst es trotzdem bezahlen.

Ist das Essen allerdings qualitativ schlecht, liegt die Sache natürlich ganz anders: Speisen und Getränke müssen von einwandfreier Qualität und Zubereitung sein. Verdorbene Lebensmittel wie schimmeliges Gemüse oder Salat mit ranzigem Öl dürfen selbstverständlich zurückgegeben werden. Auch bei noch fast rohen Nudeln, versalzenem Fisch oder dem Haar in der Suppe ist es euer gutes Recht, das Essen zurück-gehen zu lassen. Liegt etwas anderes auf dem Teller, als bestellt wurde, müsst ihr auch das nicht akzeptieren. Entspricht das Essen nicht der Beschreibung der Karte und wurde beispielsweise Blumenkohl ge-liefert, obwohl ihr Brokkoli bestellt habt, braucht ihr das ebenfalls nicht hinzunehmen.

Einen kleinen Haken gibt es jedoch: Das Essen kann also zurück-gegeben werden – aber darf man das Lokal auch einfach ohne zu zah-len verlassen? Zum Ärger von einigen Gästen leider nicht, denn ihr müsst dem Wirt grundsätzlich die Möglichkeit geben, euch ein neues und einwandfreies Essen zu servieren. Das noch rohe Steak muss der Koch also nach Wunsch durchbraten und den runzligen Salat vom Vor-tag gegen einen frisch zubereiteten austauschen. Sollte auch das neue Gericht wieder ungenießbar erscheinen, braucht ihr es dann nicht zu bezahlen. Einen erneuten Besuch des Restaurants solltet ihr euch in einem solchen Fall gut überlegen!

§ DÜRFEN RESTAURANTS FÜR DEN TOILETTENGANG GELD VERLANGEN?

Im Alltag kann es vorkommen, dass man außerhalb der eigenen vier Wände ein Geschäft verrichten muss. So zum Beispiel bei einem län-geren Abend im Restaurant oder in der Kneipe. Regelmäßig kommt es dabei jedoch zu einem gewissen Ärgernis: Die Gaststätte, in der man sich befindet oder die man für seinen Toilettengang ausgewählt hat, verlangt ein wenig Kleingeld für die Nutzung – meist 50 Cent oder einen Euro. Aber dürfen die das?

Überraschung: Es kommt darauf an! Seit einer Föderalismusreform 2006 können die Bundesländer eigene Gaststättengesetze erlassen, die den Toilettenbesuch regeln. Dadurch gibt es 16 Gesetze, die sich teil-weise unterscheiden. Festhalten kann man dabei erst einmal, dass es ab einer gewissen Größe oder der Art der Gaststätte in der Regel über-all vorgeschrieben ist, überhaupt Gästetoiletten zu haben. Diese Pflicht erwähnen die Behörden meist ausdrücklich in der Baugenehmigung.

Daraus folgt aber leider nicht, dass die Toiletten stets kostenlos sein müssten. Einen Anspruch auf kostenfreie Toiletten haben nur Gäste in Berlin, Hamburg, Niedersachsen und Rheinland-Pfalz. Das gilt aber wirklich nur für Gäste des jeweiligen Restaurants, Cafés oder der Kneipe. Für Passanten greift diese Regelung nicht. Da jeder Gastwirt das Hausrecht über seine Einrichtung innehat, darf er selbst entscheiden, ob er Personen die Nutzung erlaubt und ob er dafür ein Entgelt erhebt. Sinn macht das natürlich aus seiner Perspektive: Schließlich kostet ihn jeder Toilettengang Wasser, Toilettenpapier, Strom und Seife plus eine Reinigungskraft. Warum also sollte er diese Kosten für Personen übernehmen, die nicht seine Kunden sind? Würdet ihr wahrscheinlich an seiner Stelle auch nicht machen.

Wenn ihr also das nächste Mal unterwegs seid und schnell in einer Gaststätte das stille Örtchen aufsuchen möchtet, müsst ihr es euch durchaus gefallen lassen, dass 50 Cent oder ein Euro verlangt werden.

§ WIRD MEINE GARDEROBE IM RESTAURANT GESTOHLEN, ÜBERNIMMT DER WIRT KEINE HAFTUNG. ODER ETWA DOCH?

Überall dort, wo man seine Garderobe ablegen kann, findet man das eine Schild, das wohl jeder aus dem Restaurant oder dem Konzertbesuch kennt: »Für Garderobe keine Haftung«. Doch was passiert, wenn die Jacke am Ende des Abends nicht mehr da ist? Stehe ich als Gast dann wirklich ohne Ansprüche gegen den Gastwirt da?

Nein. Richtig ist: In vielen Fällen haften die Gastwirte trotz des obligatorischen Schildes für die Garderobe der Gäste. Wenn der Wirt die Garderobe bewacht oder das Bedienungspersonal dem Gast die Garderobe abnimmt und bei Verlassen des Lokals wieder aushändigt, hilft dem Wirt das Schild »Für Garderobe keine Haftung« überhaupt nicht. Vor allem dann nicht, wenn man Geld für die Bewachung der Jacke bezahlt. Dann wird nämlich ein Verwahrungsvertrag geschlossen. Dies gilt auch dann, wenn nur eine Gebühr von einem Euro verlangt wird. Aber auch dann, wenn die Garderobe nicht bewacht wird und vom Gast nicht einsehbar ist, muss der Betreiber bei einem Verlust haften.

Wenn der Gast seine Garderobe allerdings an einer Stelle ablegt, die er selbst gut einsehen kann, dann haftet er selbst. Ob der Gastwirt das Schild »Für Garderobe keine Haftung« aufgehängt hat oder nicht, ist dann vollkommen gleichgültig. Auch ohne das Schild müsste der Gastwirt nicht haften.

Wenn die eigene Jacke verloren geht oder gestohlen wird, sollte man sich also nicht sofort von dem Hinweis auf ein solches Schild verunsichern lassen. Denn das Schild ist meistens genauso falsch wie überflüssig!

§ DARF ICH DIE STRICHE AUF DEM BIERDECKEL EINFACH WEGKRATZEN?

Man sitzt abends in geselliger Runde in der Kneipe, ein Bier nach dem anderen kommt an den Tisch – und am Ende erschrickt man, wie viele Getränke auf dem Bierdeckel verzeichnet sind. Das wird teuer! Aber vielleicht kann man ja das ein oder andere Strichlein auf dem Bierdeckel auch einfach wegkratzen?

Den wenigsten Menschen ist klar, dass es sich bei Bierdeckeln um echte Urkunden im Sinne des § 267 StGB handelt. Das gilt jedenfalls dann, wenn sie auf einem Kneipentisch liegen und dem Kellner dazu dienen, darauf die Zahl der getrunkenen Biere zu notieren. Die Bleistiftstriche, mit denen dies geschieht, sind manchmal recht dünn. Wenn man nur ein bisschen über den Bierdeckel reibt, kann es sein, dass sie wie von Zauberhand verschwinden – vor allem, wenn der Deckel bereits durch heruntergelaufenen Schaum triefend nass ist.

Wer sich zur Manipulation hinreißen lässt und dem Kellner dann bei der Bestellung der Rechnung ganz bewusst einen derart manipulierten Bierdeckel vorlegt, macht sich wegen Urkundenfälschung strafbar. Auch bevor man dem Kellner den Bierdeckel gibt, hat man sich bereits strafbar gemacht. Denn es ist ein Irrtum, zu glauben, dass nur hochförmliche Dokumente wie Zeugnisse oder notariell beurkundete

Kaufverträge Urkunden sind. Es braucht keine Stempel, Siegel, Unterschriften oder Ähnliches, um aus einem Stück Papier eine Urkunde zu machen. Darüber sollte man sich im Klaren sein, wenn man das nächste Mal scheinbar gedankenverloren auf seinem Bierdeckel herumreibt. In dem Moment, in dem man den manipulierten Bierdeckel dem Kellner vorlegt und in der Folge weniger zahlt, als man getrunken hat, macht man sich zudem noch wegen Betruges gem. § 263 Abs. 1 StGB strafbar. Ein einfaches Wegkratzen von Strichen auf Bierdeckeln kann einem dann ein Strafverfahren einbringen, das mit einer Geldstrafe oder einer Freiheitsstrafe von bis zu fünf Jahren ausgehen kann.

§ DER LETZTE ZAHLT DIE ZECHE, ODER NICHT?

Ein schöner Abend klingt aus, alle am Tisch haben viel gegessen und getrunken. Nach und nach verlassen die Gäste das Lokal und machen sich auf den Heimweg. Die Rechnung hat bisher niemand bestellt. Als auch der letzte Gast am Tisch in Aufbruchstimmung ist, macht der Kellner schon einmal die Gesamtrechnung fertig. Jedoch sehr zum Erstaunen des verbliebenen Kunden. Denn der wollte eigentlich nur seine zwei Bier bezahlen und nicht den gesamten Tisch. Der Kellner hingegen besteht auf die Bezahlung der gesamten Rechnung – getreu dem Motto: »Der Letzte zahlt die Zeche!« Doch stimmt das auch?

Nein, das stimmt nicht. Denn jeder muss nur das bezahlen, was er auch selbst konsumiert hat. Es obliegt dem Wirt oder dem Kellner zu beweisen, wer was bestellt hat, und somit auch, wer was zu zahlen hat. Insbesondere dann, wenn es nur eine Sammelrechnung gibt, ist das häufig schwierig und führt dazu, dass der Wirt im schlimmsten Fall – auch juristisch – Pech gehabt hat. Auch wenn der Letzte am Tisch in solchen Fällen meist die Rechnung übernimmt, ist er keinesfalls dazu verpflichtet. Er wird sich das Geld in der Regel dann eben bei seinen Freunden zurückholen. Dies ist aber letztlich nur eine Nettigkeit des Gastes, mehr nicht! Alternativ kann er auch die Daten der übrigen Gäste hinterlassen, und der Wirt muss denen die Rechnung dann nach Hause schicken.

§ MUSS MAN BEZAHLEN, WENN DER KELLNER DIE RECHNUNG NICHT BRINGT?

Auch diese Situation kennt wohl jeder: Nach einem schönen Abend ist man nun müde und möchte nach Hause. Also bestellt man die Rechnung. Doch die kommt und kommt einfach nicht. Was also tun? Einfach gehen? Besser nicht …

Sind seit der Bestellung der Rechnung zehn Minuten vergangen und ihr habt noch immer keine Rechnung erhalten, dann solltet ihr auf den Kellner zugehen und nochmals um die sofortige Vorlage bitten. Dabei solltet ihr ihm auch gleich mitteilen, dass ihr nach weiteren fünf Minuten das Restaurant verlassen werdet. Das sollte eigentlich dazu führen, dass die Rechnung nun schnell kommt. Aber was tun, wenn nicht?

Habt ihr nach weiteren fünf Minuten immer noch keine Rechnung erhalten, so könnt ihr gehen. Dass keine Rechnung gekommen ist, heißt aber nicht, dass ihr nicht zahlen müsst! Ihr solltet daher der guten Ordnung halber eure Kontaktdaten am Tisch hinterlassen, damit sich der Restaurantbesitzer mit euch in Verbindung setzen kann und ihr die Rechnung noch begleichen könnt.

Zahlen müsst ihr zwar, strafrechtlich habt ihr aber nichts zu befürchten. Denn Gehen ohne zu bezahlen ist nur dann als Betrug strafbar, wenn ihr von vornherein nicht vorhattet, die Rechnung zu begleichen. Sofern ihr aber zahlen wollt und lediglich keine Rechnung erhaltet, weil etwa das Personal überlastet ist, liegt keine Straftat vor.

§ MÜSSEN RESTAURANTS GRUNDSÄTZLICH KARTENZAHLUNGEN AKZEPTIEREN?

Im Jahr 2019 machte ein Hamburger Restaurant Schlagzeilen, weil es Bargeld als Zahlungsmittel verbannte. Möglich war dort nur noch die Zahlung per Karte oder Smartphone. In den Google-Rezensionen des Lokals machten daraufhin viele Menschen ihrem Ärger Luft: »Unmöglich, kein Bargeld zu akzeptieren« oder »Akzeptiert kein Bargeld und schließt somit auch Menschen aus« hieß es unter anderem. Aber ist es überhaupt zulässig, Barzahlung zu verbieten? Und wie wäre es andersrum, darf ein Lokal auch Kartenzahlung gänzlich ablehnen und nur Barzahlung verlangen?

Bargeld ist das gesetzliche Zahlungsmittel in Deutschland (§ 14 Bundesbankgesetz). Bei anderen Zahlungsarten, zum Beispiel Überweisung, Scheck oder Lastschrift, handelt es sich nicht um gesetzliche Zahlungsmittel, sodass diese auch nicht akzeptiert werden müssen – anders als Euro-Münzen und Scheine, bei denen es grundsätzlich eine Pflicht zu deren Annahme gibt. Aber keine Regel ohne Ausnahme: Es gilt nämlich das Prinzip der Vertragsfreiheit. Daraus folgt, dass Gastwirt und Kunde auch andere Zahlungsoptionen vereinbaren können. Insofern kann auch eine bestimmte Zahlungsart festgelegt werden. Gastwirte müssen also nicht zwangsläufig Bar- oder Kartenzahlungen akzeptieren, wenn sie das nicht wollen. Voraussetzung für das geänderte Verfahren ist aber, dass der Gast vor dem Abschluss des Vertrages darüber informiert wird, welche Zahlungsmöglichkeiten nicht akzeptiert werden. Ein Hinweisschild vor dem Eingang reicht dafür beispielsweise aus. Wenn ihr euch unsicher seid, solltet ihr am besten vor der Bestellung im Restaurant nachfragen, welche Zahlungsmethode akzeptiert wird, damit es nach dem Essen nicht zu einer unangenehmen Situation kommt. Ob es letztlich kundenfreundlich ist, seine Gäste ausschließlich mit Bargeld oder mit Karte zahlen zu lassen, ist natürlich eine andere Frage …

KAPITEL 12

URLAUBS(UN)FREUDEN

Urlaub ist doch ein Grund zur Freude … sollte man meinen. Doch auch auf Reisen und in Hotels lauern so einige Unsicherheiten und Kuriositäten, mit denen man vielleicht vorab nicht gerechnet hat. Los geht es bei der Urlaubsplanung: Bei dem Gedanken, jemand könnte in der eigenen Abwesenheit in das geliebte Haus einbrechen, kann einem schon mulmig werden. Vielleicht sollte man vorsichtshalber eine Einbrecherfalle stellen? Aber ist das erlaubt? Bei der Wahl des Hotels suchen sich die Kinder ausgerechnet das »Adults only«-Hotel aus. War es das jetzt mit dem schönen Hotel oder kann man die Unterkunft dort erzwingen? Ist die Hotelwahl erledigt und die Vorbereitungen beginnen, passiert nicht selten das, was nicht passieren darf: Ein Mitglied der Familie wird krank. Muss derjenige nun allein zu Hause zurückbleiben oder kann die ganze Familie die Reise stornieren?

Auch wenn alle gesund in den Urlaub starten, kann die Laune schnell umschlagen: Auf den Flieger muss man stundenlang wegen Verspätungen warten. Und ist man am Zielflughafen angekommen, erwartet einen das nächste Desaster: Der Koffer ist weg … Muss man jetzt auf eigene Kosten einkaufen gehen? Und darf man sich dann mit gefälschten Designer-Klamotten eindecken? Im Hotelzimmer angekommen, kann der Anblick auf die Betten die Laune weiter in den Keller treiben: zwei Einzelbetten statt eines Doppelbetts … Und das in den Flitterwochen! Mittags am Pool sind alle Liegen mit einem Handtuch belegt, aber niemand liegt drauf. Darf ich mich dann einfach dort hinlegen? Und muss ich eigentlich nervige Mitreisende ertragen? Und was passiert, wenn ich am Strand etwas Wertvolles finde, darf ich das behalten oder bekomme ich Finderlohn, wenn ich es abgebe? Fragen über Fragen …

§ DARF ICH POTENZIELLEN EINBRECHERN WÄHREND MEINES URLAUBS EINE FALLE STELLEN?

Wohl jeder kennt *Kevin allein zu Haus*, den Kino-Klassiker aus den 90ern. Darin wird der kleine Kevin von seinen Eltern über Weihnachten zu Hause vergessen und erfährt, dass Einbrecher in sein Haus einsteigen wollen. Kurzerhand installiert er diverse Einbrecherfallen: ein herabfallendes Bügeleisen im Keller, kaputte Weihnachtsdeko und Murmeln zum Ausrutschen auf dem Fußboden, eine vereiste Treppe, ein glühend heißer Türknauf und so einiges mehr … Hollywood eben!

Doch auch das reale Leben kennt Einbrecherfallen. Gefährlicher als Kevins Fallen allerdings sind sogenannte Selbstschussanlagen, die beim Betreten des Grundstücks oder des Gebäudes einen Schuss in Richtung des Eindringlings abgeben. Damit soll dieser abgeschreckt, verletzt oder sogar getötet werden. Tatsächlich sind in den USA schon einige Menschen durch solche Selbstschussanlagen ums Leben gekommen. Was aber vor allem daran liegt, dass die Eigentümer oftmals vergessen, die Anlagen zu deaktivieren, wenn sie selbst ihre Häuser wieder betreten wollen.

Doch ist es überhaupt erlaubt, sein Haus vorsorglich durch Fallen gegen Einbrecher abzusichern? Eigentlich wäre das Aufstellen solcher Maschinen – je nachdem, was dadurch später passiert – als gefährliche Körperverletzung oder Totschlag strafbar. Selbstschussanlagen ohne Genehmigung sind außerdem ein strafbarer Verstoß gegen das Waffengesetz.

Allerdings kennt das Strafrecht auch die Notwehr. Das bedeutet: Man darf sich grundsätzlich verteidigen, wenn man selbst oder das Eigentum unmittelbar angegriffen wird – zum Beispiel durch einen Einbrecher. Auch vorher aufgestellte Fallen können als »antizipierte Notwehr« erlaubt sein. Allerdings geht man das Risiko ein, später einen harmlosen Besucher zu treffen – oder sich selbst. Es hängt also vom Zufall ab, ob man sich später gegen einen vermeintlichen Eindringling hätte wehren dürfen oder nicht.

Außerdem gibt es noch ein weiteres Problem, zumindest bei wirklich gefährlichen Fallen oder Selbstschussanlagen: Das Notwehrrecht verlangt, dass man von mehreren gleich geeigneten Mitteln das am wenigsten Gefährliche nutzt, um den Angreifer abzuwehren. Selbstschussanlagen dürften danach grundsätzlich nie erlaubt sein – erst recht nicht, wenn sie auf die Brusthöhe eines potenziellen Eindringlings gerichtet sind, um ihn direkt zu töten. Also: Finger weg!

§ IST »ADULTS ONLY« EINE DISKRIMINIERUNG MEINER KINDER?

Das »K« in »Adults Only«-Hotel steht für Kinder. Oh, Moment, der Buchstabe kommt gar nicht in dem Wort vor! Tatsächlich besteht dieses neuartige Geschäftsmodell darin, anderen Reisenden einen Urlaub ohne Kindergeschrei am Pool zu bescheren. Denn in der Vergangenheit hatten vorsichtige Hinweise mancher Gasthäuser wie »Dieses Hotel ist für Kinder nicht geeignet« nicht zum erhofften Erfolg geführt.

Während einige Urlauber dieses Angebot lange herbeigesehnt haben, fühlen andere sich schlichtweg benachteiligt. So auch ein Elternpaar von fünf Kindern, das vor einigen Jahren eine Buchungsanfrage für die gesamte Familie in einem »Adults only«-Hotel gestellt hatte, jedoch mit dem Hinweis auf das Mindestalter von 16 Jahren abgelehnt wurde. Das wollten die Eltern sich in keiner Weise gefallen lassen und forderten im Namen aller fünf Sprösslinge eine Entschädigungszahlung wegen Altersdiskriminierung. Allerdings ohne Erfolg, wie sogar der Bundesgerichtshof entschied (Urteil vom 27.05.2020, Aktenzeichen VIII ZR 401/18). So dürfe sich ein Hotel mit diesem Geschäftsmodell durchaus auf lediglich eine Personengruppe beschränken. Schließlich verfolge es damit nur seine wirtschaftlichen Interessen. Abgesehen davon gebe es in der Regel etliche andere Hotels, auf die Familien mit jüngeren Kindern ausweichen könnten. Eine Diskriminierung sei also nicht zu erkennen.

§ WENN EINER IN DER FAMILIE KRANK WIRD, DÜRFEN DANN ALLE VOM VERTRAG ZURÜCKTRETEN?

Das Familienhotel ist ausgesucht, die Koffer sind gepackt, und am nächsten Tag soll es endlich losgehen. Und dann das: Der Vater hat Fieber, Husten und Schnupfen, der Kopf dröhnt – so kann er unmöglich ins Flugzeug steigen. Was bedeutet das nun? Kann er wegen seiner Krankheit die Reise stornieren? Und was ist mit dem Rest der Familie? Müssen die ohne den Vater fliegen oder kann die ganze Familie zu Hause bleiben?

Tatsächlich gibt es ein gesetzliches Rücktrittsrecht bei Pauschalreisen (§ 651h Abs. 1 S. 1 BGB). Hierfür ist auch kein besonderer Grund nötig, sondern ihr könnt vor Reisebeginn jederzeit von dem Vertrag zurücktreten. Allerdings solltet ihr euch nicht zu früh freuen – denn die Sache hat einen Haken: Der Reiseveranstalter kann nach § 651h Abs. 1 S. 3 BGB eine »angemessene Entschädigung« für den Rücktritt verlangen. Insofern kann er im Vertrag durch AGB entsprechende Entschädigungspauschalen festlegen, was auch der Standardfall ist. Wer seine Reise dann wegen Krankheit, Tod eines Angehörigen oder Verlust des Arbeitsplatzes absagen muss, kommt um die Stornokosten des Veranstalters nicht herum. Und die können bei einer Stornierung kurz vor Reisebeginn bis zu 90 Prozent des ursprünglichen Preises betragen. Auch wenn ihr krank im Bett liegt, dürft ihr also nicht kostenlos vom Reisevertrag zurücktreten, genauso wenig wie der Rest der Familie.

Vermieden werden kann ein solches Unglück durch den Abschluss einer Reiserücktrittsversicherung. Diese übernimmt die Stornokosten, wenn die Reise aus unerwarteten Gründen nicht angetreten werden kann. Wichtig für Familien: Die Reiserücktrittsversicherung übernimmt die Stornokosten meist auch, wenn nicht nur die versicherte Person selbst, sondern zudem eine sogenannte Risikoperson betroffen ist. Als Risikopersonen gelten zum Beispiel eure Kinder, euer Lebenspartner und dessen Kinder oder eure Schwiegereltern. Damit Versicherungsschutz besteht, müssen die Ereignisse aber unerwartet sein.

Habt ihr Vorerkrankungen oder chronische Krankheiten und bucht trotzdem einen Urlaub, zahlt die Versicherung unter Umständen nicht. Eine solche Versicherung kann gerade für Familien aber grundsätzlich sehr sinnvoll sein. Denn ohne muss man eben die Stornokosten im Falle einer Krankheit tragen.

§ EIN PAAR STUNDEN WARTEZEIT AM FLUGHAFEN GEHÖREN ZUR REISE MIT DAZU, ODER?

Ihr seid pünktlich am Flughafen, damit auch nichts schiefläuft, und wartet aufgeregt darauf, dass es losgeht. Und dann das: Der Flug hat sechs Stunden Verspätung – na toll. Ich persönlich habe mich früher tierisch über derartige Wartezeiten geärgert, heute weiß ich: Flugverspätungen können die Urlaubskasse gewaltig aufbessern. Wie das?

Beträgt die Verspätung bei der Ankunft am Reiseziel mindestens drei Stunden, haben Reisende je nach Entfernung einen Anspruch auf Zahlung von 250, 400 oder 600 Euro pro Person – Kinder eingeschlossen. Die genaue Höhe richtet sich nach der Entfernung des Ziels und danach, ob die EU-Fluggastrechte Anwendung finden. Das hängt davon ab, wo Start- und Zielflughafen liegen. Die Fluggesellschaft muss allerdings keine Entschädigung zahlen, wenn sie nachweisen kann, dass der Flug aufgrund von außergewöhnlichen Umständen verspätet war, die sich auch durch Ergreifen aller zumutbaren Maßnahmen nicht verhindern ließen. Darunter fallen beispielsweise schlechte Wetterverhältnisse, Streik (etwa der Fluglotsen), Terrorwarnungen oder Naturkatastrophen. Technische Defekte gelten grundsätzlich nicht als außergewöhnliche Umstände. Auch nicht die Zusammenlegung von Flügen aus Gründen der Kostenersparnis, wie es häufig praktiziert wird.

Verspätet sich der Abflug um fünf Stunden oder mehr, könnt ihr sogar vom Vertrag zurücktreten und von der Fluggesellschaft die vollständige Erstattung des Flugpreises verlangen. Konkret heißt das: Ihr könnt auf den ursprünglich gebuchten Flug verzichten und ganz von der Reise absehen oder versuchen, einen anderen Flug zu buchen, und eventuelle Mehrkosten später als Schadenersatz geltend machen. Übrigens: Um eine Entschädigung zu bekommen, müsst ihr den verspäteten Flug gar nicht angetreten haben! Das hat das Amtsgericht Hamburg entschieden: Eine Fluggesellschaft hatte dem Passagier am Flughafen vor dem Abflug mitgeteilt, dass sich die Maschine verspäten und deshalb erst am nächsten Tag fliegen werde. Der Fluggast trat den Flug daraufhin nicht an, verlangte aber zu Recht eine Entschädigung (Urteil vom 26.04.2016, Aktenzeichen 12 C 328/15).

Einfach hinnehmen sollte man Verspätungen also nicht, sondern sich auf jeden Fall über seine Rechte informieren – und sie natürlich auch einfordern!

§ HABE ICH EINFACH PECH GEHABT, WENN MEIN GEPÄCK AUF DEM FLUG VERLOREN GEHT?

Es ist wohl so ziemlich die Horrorvorstellung eines jeden Reisenden: Da steigt man dick eingemummelt im winterlichen Deutschland in den Flieger und freut sich schon darauf, im herrlich warmen Süden endlich das Hawaii-Hemd oder das Strandtuch überzuwerfen. Unterwegs passiert dann das, was nicht passieren sollte: Das Gepäck mit der Sommerkleidung hat es leider nicht zum Zielort geschafft. Also steht einem erst einmal eine Shoppingtour mit gefütterten Schuhen und Wintermantel bei 35 Grad im Schatten bevor. Gute Erholung dabei!

Und als ob das nicht schon das Schlimmste wäre, droht auch noch Ärger mit der Fluggesellschaft, weil die natürlich keine Lust haben, einem das verloren gegangene Reisegepäck zu erstatten. Gut ist es dann, wenn man den *Taschenanwalt* im Handgepäck mit sich herumträgt!

Kommt euer Gepäck nicht an, solltet ihr sofort den Gepäckschalter des Flughafens (»Lost and Found«) aufsuchen. Meldet euer Gepäck außerdem beim Customer Service der entsprechenden Fluglinie als vermisst und füllt das Formular aus, das die Mitarbeiter euch geben. Manche Fluglinien halten zudem Notfallpakete mit Zahnbürste und Unterwäsche für solche Fälle bereit. Fragt außerdem direkt nach einem Vorschuss, um die wichtigsten Dinge einzukaufen, die ihr am Urlaubsort braucht. Den könnt ihr nach dem sogenannten »Montrealer Übereinkommen« nämlich verlangen. Habt ihr eine Pauschalreise gebucht, solltet ihr euren Reiseveranstalter informieren. Ihr könnt dann nämlich später einen Teil eures Reisepreises wegen »entgangener Urlaubsfreude« zurückbekommen.

Wenn das gesamte Gepäck nach 21 Tagen nicht auffindbar ist, gilt der Koffer als verschollen und die Fluglinie muss den Zeitwert des Kofferinhalts ersetzen. Wenn ihr nicht gerade ein Foto des Kofferinhalts oder Kaufbelege zur Hand habt, könnt ihr einfach den Vordruck der Fluglinien ausfüllen, in dem ihr den ungefähren Wert und das Alter des Inhalts angeben müsst. Die Fluglinien werden auf dieser Basis den Wert eures Koffers schätzen. Allerdings haften sie nur bis zur Grenze von rund 1385 Euro pro Person. Wertgegenstände wie Bargeld, Dokumente und Schmuck werden bei einem Kofferverlust allerdings nicht ersetzt. Nehmt eure Wertsachen also lieber mit ins Handgepäck und verzichtet beim Urlaub auf Luxusgegenstände!

§ DARF MAN SICH IM AUSLAND MIT GEFÄLSCHTEN LUXUSARTIKELN EINDECKEN?

Ist der Koffer nun weg und man muss sich mit neuen Klamotten eindecken, kann man das doch gleich bei Prada, Louis Vuitton oder Chanel machen, oder? Ihr lacht? Warum nicht, schließlich werden in einigen Urlaubsländern am Strand eine Vielzahl von gefälschten Designer-Klamotten, Uhren und Taschen angeboten. Diese vermeintlichen Designer-Artikel gehen dann für schlappe 20 Euro über die Theke (oder eher über das Handtuch), während die tatsächlichen Markenprodukte in den Geschäften oder im Internet schnell mehrere Tausend Euro kosten. Da sollten die Alarmglocken klingeln: Das kann doch nicht mit rechten Dingen zugehen …

In der Tat schadet es nicht, sich inmitten des Kaufrausches einmal einen groben Überblick über die angebotenen Produkte zu verschaffen.

Reist man nämlich mit dem Flugzeug oder dem Schiff, darf man nach § 2 Nr. 5 lit. b) der Einreise-Freimengen-Verordnung pro Person lediglich Einkäufe in einem Gesamtwert von 430 Euro steuerfrei nach Deutschland importieren. Bei Reisen mit dem Auto oder der Bahn sind nur Waren im Wert von 300 Euro erlaubt, bei mitreisenden Kindern beträgt der Freibetrag lediglich 175 Euro pro Kind. Dabei bezieht sich der Gesamtwert auf den Preis, den der Reisende im Urlaubsort für die Waren gezahlt hat. Um einem kritischen Zollbeamten schnell wieder ein Lächeln ins Gesicht zu zaubern, schadet es deshalb nicht, bei jedem Kauf nach einer Quittung zu fragen. Dass das am Strand unter Umständen schwer werden dürfte, ist klar. Das weiß im Zweifel aber auch der Zollbeamte.

Keine Duldung erwarten können Reisende, die nicht nur ein einzelnes gefälschtes T-Shirt mitbringen, sondern gleich 50 davon im Koffer haben. Denn hier ist von einem gewerblichen Handel, also möglicherweise dem verbotenen teureren Weiterverkauf der Produkte im Heimatland auszugehen – unter Umständen noch unter der Vorgabe, dass es sich um ein Original handelt. Und das wird unter anderem aufgrund des Markenrechtsverstoßes direkt geahndet.

Und wer bei der Einreise clever sein will und behauptet, die Louis Vuitton-Tasche sei nicht gefälscht, sondern im Original-Shop gekauft worden, man könne nur die Rechnung nicht finden, der muss sich darauf einstellen, die Ware nach Maßgabe des Originalpreises versteuern zu müssen … Das wird teuer für die billige Tasche!

§ MÜSSEN WIR GETRENNT SCHLAFEN, WENN IM HOTELZIMMER NUR ZWEI EINZELBETTEN STEHEN?

Ein romantischer Urlaub zu zweit! Ob im Sommer an den Strand oder im Winter in ein kuscheliges Hotel in den Bergen, für viele verliebte Paare ist dies das Highlight des Jahres. Doch im Urlaub kann bekanntlich vieles schiefgehen. Für ein deutsches Paar, das im August 1990 einen schönen Urlaub auf Menorca verbringen wollte, entpuppte sich beispielsweise das Hotelzimmer als blanker Horror: Statt eines Doppelbetts fanden sie nämlich zwei separate Einzelbetten vor.

Die Verliebten verklagten daraufhin den Reiseveranstalter, bei dem sie die zweiwöchige Urlaubsreise gebucht hatten. Denn während des gesamten Urlaubs sei ein harmonisches »Beischlaferlebnis« nicht zustande gekommen, auch weil die Einzelbetten auf glatten Fliesen standen und bei jeder kleinsten Bewegung auseinandergerutscht seien. Deshalb wollten die beiden 20 Prozent des Preises zurückhaben, weil durch den kaum stattgefundenen Intimverkehr die erhoffte Erholung und Harmonie zwischen den Lebensgefährten ausgeblieben sei.

Klingt verrückt? Ist es auch! Selbst das Amtsgericht Mönchengladbach, das über diese Forderung zu entscheiden hatte, sagte im Urteil, dass der Eindruck entstünde, die Klage sei nicht ernst gemeint, also ein Scherz. Allerdings sei es in der Zivilprozessordnung nicht vorgesehen, Klagen von vornherein abzuweisen, wenn man an ihrer Ernsthaftigkeit zweifle. Deshalb wurde darüber doch entschieden, aber die Klage als unbegründet abgelehnt. Denn: »Dem Gericht sind mehrere allgemein bekannte und übliche Variationen der Ausführung des Beischlafs bekannt, die auf einem einzelnen Bett ausgeübt werden können, und zwar durchaus zur Zufriedenheit aller Beteiligten« (Urteil vom 25.04.1991, Aktenzeichen 5a C 106/91). Ja, das steht so im Urteil! Zudem ist das Gericht der Meinung gewesen, dass sich das Paar auch selbst hätte aushelfen können, wenn seine individuellen sexuellen Vorlieben ein festverbundenes Doppelbett voraussetzen würden. Denn die einfachen Betten hätte man auch mit Schnüren schnell und stabil miteinander verbinden können. »Bis zur Beschaffung dieser Schnur hätte sich der Kläger beispielsweise seines Hosengürtels bedienen können, denn dieser wurde in seiner ursprünglichen Funktion in dem Augenblick sicher nicht benötigt«, führte das Gericht weiter aus.

Man merke sich: Persönliche Voraussetzungen für einen »harmonischen Intimverkehr« sind wohl in den seltensten Fällen gerichtlich einklagbar.

§ KANN MAN DEN REISEPREIS MINDERN, WENN DIE MITREISENDEN NERVEN?

Von vermeintlichen Minderungen des Reisepreises wegen schmutziger Hotelzimmer oder einer lauten Baustelle haben wir alle schon gehört. Doch was, wenn nicht die Umstände vor Ort einem den Urlaub vermiesen, sondern andere Urlauber? Kann ich dann auch einen Teil meiner Reisekosten zurückverlangen? Diese Frage stellte sich ein Urlauber, der mit seiner Familie in einem tunesischen Luxushotel entspannen wollte. Da ein benachbartes Drei-Sterne-Hotel überbucht war, wurden Gäste dieses Hotels umgebucht und in dem von ihm gebuchten Luxushotel untergebracht. Der Mann fühlte sich von den Gästen, die durch Körpergeruch, lautes Rülpsen und dem Restaurantbesuch in Badekleidung negativ auffielen, massiv gestört und wollte deshalb den Reisepreis mindern.

Das Amtsgericht Hamburg sah das allerdings anders: Rülpsende Mitreisende seien kein Reisemangel (Urteil vom 07.03.1995, Aktenzeichen 9 C 2334/94). Im Zeitalter des Massentourismus sei es allen Bevölkerungsschichten möglich, Fernreisen anzutreten. Ein spezielles Publikum für Luxushotels gebe es demnach nicht mehr. Körpergeruch und Badekleidung beim Essen seien zudem hinzunehmende Erscheinungen in Strandhotels und kein Grund, weniger für die Reise zu zahlen.

Doch schlimmer geht immer, auch im Urlaub: So hatte ein Urlauber für eine 22-tägige Afrika-Safari nur ein halbes Doppelzimmer gebucht – und das, obwohl er wusste, dass er auf die Auswahl seines Mitbewohners keinen Einfluss haben würde. Es kam, wie es kommen musste: Er erwischte einen nervigen Zimmergenossen und wollte deshalb die Minderung des Preises erreichen. Der Reiseveranstalter belegte die freie Hälfte des Doppelzimmers nämlich mit einem Mann, der einige merkwürdige Angewohnheiten hatte: Jede Nacht lief dieser im Zimmer herum, schaltete das Licht ein und aus und führte Selbstgespräche. Außerdem verrückte er Möbel und benutzte nach dem Toilettengang die Klobürste nicht. Der genervte Urlauber verlangte vom Reiseveranstalter Abhilfe, war aber nicht bereit, den Aufpreis für ein Einzelzimmer zu zahlen. Ein solches Benehmen muss wohl keiner ertragen, denkt ihr jetzt? Doch, so das Amtsgericht Köln. Denn auch wenn das Verhalten des Mitbewohners lästig war, reiche dies nicht für einen Reisemangel aus, so die Kölner Richter (Urteil vom 05.11.2012, Aktenzeichen 142 C 334/12). Denn wer nur ein halbes Doppelzimmer mietet, nimmt in Kauf, dass er sich für einige Tage oder Wochen die Unterkunft mit einer Person teilen muss, die andere Eigenarten, Verhaltensweisen und auch Gewohnheiten hat als man selbst. Nervige Mitreisende muss man deshalb im Urlaub leider ertragen!

§ DARF MAN SEINEN LIEGESTUHL MIT DEM HANDTUCH RESERVIEREN?

Woran erkennen andere Nationen die deutschen Touristen? Richtig, in der Regel daran, dass sie um 6.30 Uhr mit riesigen Handtüchern die Liegestühle am Pool bedecken, den Platz aber erst Stunden später nutzen. Während die Frühaufsteher dann in Ruhe das Büffet leer essen oder erst einmal zur Massage gehen, staunen die erst im Laufe des Tages am Pool eintrudelnden Urlauber beim Anblick der Handtuch-Ausstellung nicht schlecht.

Was die meisten nicht wissen: Das muss sich niemand gefallen lassen. Schließlich begründen ein Handtuch auf einem Liegestuhl ebenso wenig wie Zeitungen, Sonnenbrillen oder Cocktailgläser weder ein Besitzrecht an der Liege noch andere Ansprüche auf Sonderbehandlung. Jeder Urlauber ohne Liegestuhl darf ruhigen Gewissens ein vereinsamtes Handtuch von einem reservierten Liegestuhl nehmen, beiseitelegen und es sich selbst am Platz in der Sonne bequem machen. Zuvor wartet man vielleicht noch einen Moment, aus Höflichkeit, vielleicht ist der Reservierer ja gerade eine Runde schwimmen oder holt einen Drink von der Bar.

Diese Regelung gilt natürlich nicht, wenn ein anderer Urlauber den Liegestuhl offiziell gemietet hat. Dann besteht nämlich ein Rechtsanspruch – auch dann, wenn die Liege tagelang unbenutzt bleibt. Heißt also für den nächsten Urlaub: Ein Handtuch allein reserviert noch lange keinen Liegestuhl. Sein Glück muss jeder Urlauber schon selbst in die Hand nehmen – sei es durch eine Miete bei der Rezeption oder durch die tägliche Suche nach einem freien Liegestuhl am Pool.

§ DARF MAN GESTRANDETE FLACHBILDSCHIRME EINFACH MITNEHMEN?

Was für eine Vorstellung: Man spaziert den Strand entlang, genießt die warme Meeresbrise, und auf einmal funkelt etwas im Sand. Es ist nicht etwa eine Muschel oder eine Centmünze, sondern ein ganzer Flachbildschirm. Unglaublich, aber das ist nahezu genau so passiert. Eines der größten Frachtschiffe der Welt verlor im Jahr 2019 sage und schreibe 270 Container, die unter anderem Bildschirme, aber auch Flipflops, Glühbirnen und Vliesdecken enthielten. Kein Wunder, dass die umliegenden Strände kurz nach der Havarie überfüllt waren, was jedoch nicht nur an den vielen angespülten Gegenständen, sondern auch an den vielen Menschen auf der Suche nach mitzunehmendem Strandgut lag. Aber darf der Besucher eines deutschen Strandes auch wirklich alles, was er dort angespült findet, einfach so mitnehmen?

Bis vor wenigen Jahrzehnten war das aufgrund eines eigenen Strandrechts tatsächlich kein Problem. Um genau zu sein: bis 1990. Doch dann wurde Strandgut dem allgemeinen Fundrecht des Bürgerlichen Gesetzbuches zugeordnet. Das heißt: Niemand darf einfach so einen angespülten Flachbildschirm oder sonstige Sachen vom Strand behalten. Vielmehr besteht gemäß § 965 BGB eine Anzeigepflicht, nach der der Fund der zuständigen Behörde gemeldet werden muss. Bei Glühbirnen beispielsweise gilt diese Pflicht jedoch nicht, weil es sich dabei um Gegenstände mit einem Wert von unter zehn Euro (sogenannte Kleinfunde) handelt.

Trotzdem besteht die Möglichkeit, zum Eigentümer des gefundenen Bildschirms zu werden. Meldet sich der rechtmäßige Eigentümer sechs Monate nach der Anzeige nicht, dann werdet ihr zunächst einmal Eigentümer der Fundsache. Derjenige, der die Sache verloren hat, hat aber insgesamt drei Jahre Zeit, die verlorene Sache zurückzufordern.

Das gilt nicht, wenn der Finder unehrlich sein sollte, beispielsweise wenn er auf Anhieb einen großen Aufkleber auf dem Bildschirm mit der Aufschrift »Der gehört Christian Solmecke« entdeckt.

Diese Regelungen gelten nicht überall. In den Niederlanden beispielsweise ist die Mitnahme erlaubt. Vielleicht halte ich in meinem nächsten Urlaub dann mal verstärkt nach Flachbildschirmen am Sandstrand Ausschau …

§ BEKOMMT MAN GRUNDSÄTZLICH FINDERLOHN, WENN MAN ETWAS VERLORENES FINDET?

Meldet sich der Eigentümer des Flachbildschirms aus der vorherigen Rechtsfrage bei den Behörden, stellt sich die Frage, ob ein Finderlohn gezahlt werden muss. Auch wenn ehrliche Finder häufig darauf verzichten, gibt es tatsächlich einen Anspruch auf Finderlohn. Dieser beträgt fünf Prozent bei Gegenständen im Wert von bis zu 500 Euro. Übersteigt er die 500 Euro, bekommt man noch drei Prozent des darüber liegenden Wertes.

Wenn es sich um für den Eigentümer besonders wichtige Sachen handelt, wie das Portemonnaie oder das Smartphone, sind viele aber bereit, den Finder deutlich üppiger zu entlohnen. Es empfiehlt sich daher, auf sein gutes Gewissen zu vertrauen und gefundene Gegenstände nicht heimlich einzustecken. Schließlich kann man selbst einmal in eine solche Situation kommen und freut sich dann über ehrliche Finder. Denn auch vermeintlich wertlose Dinge können einen besonderen ideellen Wert für den Eigentümer haben!

§ MUSS MAN ZAHLEN, WENN MAN EINEN SCHADEN AM MIETWAGEN VERURSACHT?

Kratzer im Lack, Beulen oder verlorene Schlüssel – wer sich im Urlaub einen Leihwagen mietet, der muss ihn am Ende eigentlich unversehrt zurückbringen. Aber was passiert, wenn während der Leihdauer doch Schäden entstehen? Müsst ihr die als Mieter dann vollständig bezahlen? Grundsätzlich ist ein Mietwagen – wie jedes andere Fahrzeug – durch eine Kfz-Haftpflichtversicherung geschützt. Sie übernimmt Schäden, die ihr dem Mietfahrzeug sowie anderen Beteiligten zufügt. Die Haftpflichtversicherung greift aber nur, wenn ihr unverschuldet in einen Unfall geratet. Schäden, die durch Eigenverschulden entstehen, übernimmt die Haftpflichtversicherung dagegen nicht. Wenn ihr den Schaden schuldhaft verursacht habt, seid ihr deshalb tatsächlich in der Pflicht, ihn zu ersetzen. Etwas anderes gilt nur, wenn im Mietvertrag entsprechende Regelungen vereinbart wurden. Ihr könnt zum Beispiel eine Vollkaskoversicherung mit oder ohne Selbstbeteiligung abschließen. Im Mietvertrag heißt es dann zum Beispiel, dass der Mieter den Schaden nur bis zu einer bestimmten Selbstbeteiligung bezahlen muss. Das Problem ist hier oft die grobe Fahrlässigkeit. Denn es gibt verschiedene Varianten von Vertragsklauseln, die bei grober Fahrlässigkeit des Fahrers die Haftungsbeschränkung wieder aufheben – sodass ihr eben doch über die Selbstbeteiligung hinaus haftet. Grob fahrlässig ist zum Beispiel das Nichtbeachten einer roten Ampel oder das Überfahren eines Stoppschildes. Wichtig für den Versicherungsschutz sind zudem andere Aspekte: So dürfen nur die im Mietvertrag angegebenen Personen das Fahrzeug steuern – fahren andere, erlischt der Versicherungsschutz! Das Gleiche gilt beispielsweise für geografische Einschränkungen in den Mietbedingungen, das Fahren auf unbefestigten Straßen oder das Überqueren von Staatsgrenzen.

Aber selbst wenn die Vollkaskoversicherung den Schaden am Mietfahrzeug abdeckt, könnt ihr unter Umständen nicht einfach fröhlich und kostenfrei nach Hause gehen. Denn der Vermieter kann möglicherweise Schadensersatz von euch verlangen. In jedem Fall solltet ihr deshalb gut auf den Mietwagen achtgeben!

Um Ihre Frage direkt zu beantworten: Ein 14-tägiges Widerrufsrecht gibt es nicht.

KAPITEL 13

DIE EHE ... BIS DASS DER RICHTER EUCH SCHEIDET!

Den Bund fürs Leben einzugehen, ist anfangs eine romantische Sache, die jedoch an Glanz verliert, wenn Probleme auftreten. Manchmal kommt es gar nicht erst zur Eheschließung, und das Ganze endet schon nach der Verlobung. Muss dann nicht wenigstens der Diamantring für den Heiratsantrag zurückgegeben werden?

Treten in diesem Stadium noch keine Probleme auf, wird der Termin beim Standesamt gemacht. Aber wer darf eigentlich wen heiraten, und was ist mit Mehrfach-Ehen aus dem Ausland? Erkennt das Standesamt die hier in Deutschland an? Und warum eigentlich zum Standesamt, kann man nicht auch auf einem Traumschiff durch den Kapitän getraut werden? Andere wiederum denken an das liebe Geld und sichern sich für den Fall der Fälle per Ehevertrag ab. Aber muss der schon vor der Ehe geschlossen werden? Mit der Ehe geht man bekanntlich Rechte und Pflichten ein. Gehört zu diesen auch die Pflicht, die Schulden des Mannes zu bezahlen? Und habe ich einen Anspruch auf Sex, wenn mein Partner sich weigert? Kann ich vor Gericht ziehen? Darf man fremdgehen? Und was passiert, wenn mein Partner das Geschlecht angleicht? Kann ich dann die Ehe aufheben lassen? Das sind alles Probleme in einer Ehe, die auch zur Scheidung führen können.

Die Scheidung muss nicht immer in einer Schlammschlacht enden. So könnte doch beispielsweise ein gemeinsamer Anwalt dabei helfen, Kosten zu sparen, oder ist das nicht erlaubt? Hier ist der künftige Aufenthalt der Kinder ein Punkt, über den häufig erbittert gestritten wird. Oder bleiben die Kinder grundsätzlich bei der Mutter?

§ KANN ICH DIE GESCHENKE NACH EINER AUFGELÖSTEN VERLOBUNG BEHALTEN?

Es ist eine beliebte Szene in vielen Hollywoodromanzen oder im Reality-TV und das gefundene Fressen eines jeden Promi-Klatschmagazins: der Heiratsantrag! Da geht der zukünftige Ehemann beziehungsweise die Ehefrau vor dem Angebeteten auf die Knie, selbstverständlich in der Hoffnung auf ein tränenreiches »Ja!«. Zur Feier des Tages wird ein funkelnder Ring an den linken Ringfinger gesteckt – fertig ist die Verlobung. Die Realität ist leider manchmal weniger bunt, glamourös oder traumhaft. Was, wenn man sich zwischen Verlobung und Hochzeit auseinanderlebt, wenn einer fremdgeht oder dunkle Geheimnisse ans Licht kommen? Kann man eine solche Verlobung einfach auflösen? Oder hat das rechtliche Konsequenzen?

Ihr ahnt es vermutlich schon: Ja, diese rechtlichen Konsequenzen gibt es. Zwar kann die entjungferte Verlobte kein »Kranzgeld« mehr vom Verlobten verlangen – diese antiquierten Zeiten sind »schon« seit dem Jahr 1998 (!) vorbei. Es gibt aber durchaus eine Reihe von Vorschriften, nach denen die Beinahe-Ehepartner beziehungsweise die Schwiegereltern etwas verlangen können, weil sie darauf vertraut haben, dass es wirklich zur Hochzeit kommt.

Zunächst können beide Partner nach § 1303 BGB die Geschenke zurückverlangen, die sie einander zum Zeichen der Verlobung gemacht haben. Das kann zum Beispiel der Verlobungsring sein. Normale Geschenke während der Partnerschaft, etwa zum Geburtstag oder Weihnachten, kann man hingegen wegen der aufgelösten Verlobung nicht zurückverlangen, auch wenn man noch so verletzt ist.

Die Verlobung kann dazu führen, dass man dem Partner oder den Schwiegereltern Ersatz zahlen muss, wenn sie im Vertrauen auf die Hochzeit Aufwendungen getätigt haben. Das können zum Beispiel das bezahlte Brautkleid, ein geschenktes Haus für Kind und Schwiegerkind sein oder auch die Kosten für den Umzug zum Verlobten. Ausnahmsweise greift diese Ersatzpflicht allerdings nicht, wenn zum Beispiel das Verlöbnis aus einem wichtigen Grund aufgelöst wurde. Solche Gründe sind etwa Gewalt, Fremdgehen, das Verschweigen einer früheren Ehe sowie von Kindern oder das Verheimlichen einer schwerwiegenden Krankheit.

Euch wünsche ich aber natürlich, dass eure Verlobung kein so trauriges Ende nimmt und ihr von diesen Rechtsproblemen verschont bleibt.

§ KANN MAN MIT 17 HEIRATEN, WENN DIE ELTERN EINVERSTANDEN SIND?

Um in Deutschland heiraten zu können, müssen verschiedene Voraussetzungen erfüllt sein – nicht jeder kann einfach jeden zur Frau oder zum Mann nehmen. Die erste Voraussetzung ist den meisten Menschen wahrscheinlich bekannt: Die Eheleute müssen zum Zeitpunkt der Heirat volljährig, also 18 Jahre alt sein. Die Möglichkeit, mit Zustimmung des Familiengerichts zu heiraten, wenn einer der Verlobten das 16. Lebensjahr vollendet hat und der andere volljährig ist, wurde 2017 abgeschafft. Nach § 1314 Abs. 1 Bürgerliches Gesetzbuch (BGB) kann eine Ehe aufgehoben werden, wenn sie mit einem Minderjährigen geschlossen wurde, der zwar älter als 16, aber noch keine 18 Jahre alt war. Damit haben die Gerichte ein Ermessen, bei älteren Minderjährigen von der Eheaufhebung abzusehen. Jedoch soll davon nur in besonderen Härtefällen Gebrauch gemacht werden – wenn etwa ein minderjähriger Ehepartner zwischenzeitlich volljährig geworden ist und die Ehe bestätigt. Diese Regelungen gelten auch für Ehen, die im Ausland geschlossen wurden.

Eine solche Ausnahme hat der Bundesgerichtshof im Fall der im Libanon geschlossenen Ehe einer Frau angenommen, die bei ihrer Heirat erst 16 war. Der BGH bestätigte, dass die Gerichte ausnahmsweise von der Aufhebung der Ehe absehen können, »wenn feststeht, dass die Aufhebung in keiner Hinsicht unter Gesichtspunkten des Minderjährigenschutzes geboten ist, sondern vielmehr gewichtige Umstände gegen sie sprechen« (Beschluss vom 22. Juli 2018, Aktenzeichen XII ZB 131/20). Und das war in diesem Fall gegeben, urteilte das Gericht, weil die mittlerweile 35-jährige Frau 14 Jahre lang mit ihrem Mann zusammengelebt und nach Erreichen der Volljährigkeit vier Kinder mit ihm zusammen bekommen hatte. Das leuchtet wohl ein …

§ MÜSSEN IM AUSLAND ANERKANNTE MEHRFACH-EHEN AUCH IN DEUTSCHLAND AKZEPTIERT WERDEN?

Die Vorstellung von zwei oder mehr gleichzeitig bestehenden Ehen ruft wohl die unterschiedlichsten Gefühle hervor. Für manche ist es ein Traum, für manche eher ein Albtraum … Interessant scheinen das Konzept aber viele zu finden, so läuft in den USA bereits seit 2010 eine Reality-TV-Serie namens »Sister Wives«, die das Leben einer polygamen Familie dokumentiert: ein Mann, vier Ehefrauen, achtzehn Kinder.

Was unglaublich klingt, ist in Deutschland leider oder zum Glück verboten. Nach § 1306 BGB darf eine Ehe nicht geschlossen werden, wenn einer der Partner bereits mit einer anderen Person verheiratet ist. Hierzulande ist die Ehe also ausschließlich eine monogame Paarbeziehung, die keine weiteren Ehen zulässt. Bigamie und Polygamie, also die Eingehung einer Doppel- oder Mehrfach-Ehe, sind nach § 172 StGB sogar strafbar und können eine Freiheitsstrafe von bis zu drei Jahren oder eine Geldstrafe zur Folge haben. Allerdings gilt das nicht für die gesamte Welt! Es existieren einige Staaten, in denen Doppel- oder Mehrfach-Ehen rechtlich unproblematisch sind (oft allerdings nur für Männer, die mehrere Frauen haben, und nicht andersrum). Dazu zählen zum Beispiel China, der Iran, die Philippinen oder Indonesien. Aber was ist, wenn jemand im Ausland zum Beispiel drei Ehen führt und dann nach Deutschland kommt? Müssen die Ehen hier alle akzeptiert werden?

Tatsächlich schon. Eine im Ausland erfolgte Heirat kann grundsätzlich anerkannt werden, wenn die Voraussetzungen zur Eheschließung für beide Verlobten nach ihrem jeweiligen Heimatrecht vorlagen. Wer in einem anderen Staat, in dem mehrere Ehen legal sind, eine weitere

Ehe schließt und diese in Deutschland fortführt, begeht deshalb keine Straftat. Die Begründung einer neuen Ehe in Deutschland ist aber weiterhin verboten.

Zudem gibt es eine wichtige Einschränkung: Eine im Ausland geschlossene Zweit-Ehe verhindert in Deutschland die Einbürgerung. Nach § 10 Abs. 1 Staatsangehörigkeitsgesetz (StAG) ist eine Einbürgerung nämlich nicht erlaubt, wenn die Person mit mehreren Ehegatten verheiratet ist. In diesem Fall sei eine Einordnung in die deutschen Lebensverhältnisse nicht gewährleistet. Erhofft man sich also eine Einbürgerung in Deutschland, sollte man auf gleichzeitige Ehen verzichten!

§ MUSS DER EHEVERTRAG VOR DER EHE GESCHLOSSEN WERDEN?

Viele Paare stellen sich vor einer Hochzeit die Frage: Ehevertrag, ja oder nein? Schließlich kann ein Ehevertrag vermutlich nur vor der Ehe geschlossen werden. Das ist jedoch ein wirklich schlechter Zeitpunkt, denn kurz vor dem großen Tag an das Scheitern der Ehe denken … das will eigentlich niemand und wird als höchst unromantisch empfunden.

Es gibt aber gute Neuigkeiten: Tatsächlich ist es ein weit verbreiteter Irrglaube, dass ein Ehevertrag vor der Heirat geschlossen werden muss. Auch nach der Eheschließung kann bis zur Rechtskraft der Scheidung noch ein solcher Vertrag geschlossen werden. Vergisst man diesen Schritt also vorher oder möchte sich die Freude nicht mit dem unromantischen Thema verderben, gibt es später noch Gelegenheit, die Sache nachzuholen. Einen Ehevertrag kurz vor einer geplanten Scheidung nennt man dann allerdings »Scheidungsfolgenvereinbarung«.

Der Vertrag hat seine – wenn auch unromantische – Berechtigung. Denn im Rahmen der Scheidung findet ein sogenannter Zugewinnausgleich statt. Dann muss derjenige einen Ausgleich an den anderen zahlen, der während der Ehe mehr hinzugewonnen hat. Genauer gesagt:

die Hälfte des »Zugewinns« zwischen Anfang und Ende der Ehe! Wer sich nun innerhalb der Ehezeit ein eigenes Geschäft aufgebaut hat, läuft damit Gefahr, pleite zu gehen, weil er die Hälfte des Firmenwertes an den oder die Ex abdrücken muss. Mit Abschluss des Ehevertrages wird dies hingegen anders geregelt.

§ KANN DER KAPITÄN EINE TRAUUNG AUF HOHER SEE VORNEHMEN?

Im lokalen Standesamt heiraten kann jeder. Allerdings ist die Trauung im Rathaus bei Weitem nicht so Social-Media-tauglich wie zum Beispiel eine Heirat auf Hoher See. Jeder kennt die Szene aus zahlreichen romantischen Filmen: Braut und Bräutigam stehen auf einem Schiff, mitten auf dem Meer, ein Kapitän in weißer Uniform traut die beiden. Anschließend wird der Brautstrauß bei Sonnenuntergang ins Kielwasser geworfen. Von einer sogenannten Hochseetrauung träumen viele Menschen. Aber ist so eine Hochzeit in der Realität überhaupt möglich?

Der Kapitän ist die höchste Autorität auf einem Schiff. Er ist aber an Recht und Gesetz des Landes gebunden, unter dessen Flagge es fährt. In Deutschland ist vorgeschrieben, dass die Ehe vor einem Standesbeamten geschlossen wird, § 1310 Abs. 1 S. 1 BGB. Eine Eheschließung durch einen Kapitän, der nicht gleichzeitig auch Standesbeamter ist, ist auf einem deutschen Schiff deshalb nicht zulässig; auch nicht, wenn sich das Schiff in internationalen Gewässern befindet.

Trotz der eindeutigen Rechtslage wollen sich immer mehr Paare auf schwankenden Planken das Jawort geben. Hierfür gibt es verschiedene Möglichkeiten: Paare mit deutscher Staatsangehörigkeit können von einem Kapitän auf Schiffen getraut werden, die unter der Flagge Maltas, der Bahamas oder der Bermudas fahren. In diesen Ländern darf der Kapitän eines Kreuzfahrtschiffes nämlich Trauungen vornehmen. Dann hätte man allerdings offiziell im Ausland geheiratet und müsste die Ehe anschließend in Deutschland eintragen lassen, man muss sich also auf viel Papierkram einstellen. Heiratswillige Paare können sich den Traum von der Hochzeit auf See aber auch ohne bürokratische Formalitäten erfüllen: Wenn die offizielle Trauung schon vor Antritt der Kreuzfahrt daheim vollzogen wurde, steht einer nachträglichen Zeremonie auf dem Kreuzfahrtschiff nichts im Wege. Dann wird die Kreuzfahrt zur Hochzeitsreise mit romantischem Fest und einer Wiederholung des Jaworts vor dem Kapitän.

§ MÜSSEN EHELEUTE IMMER EINEN GEMEINSAMEN NAMEN ANNEHMEN?

Lange wurde es als Ausdruck deutscher Tradition angesehen, dass Eheleute einen gemeinsamen Familiennamen tragen. Der Name war Symbol und Ausdruck der Einheit der Familie. Aber ist das auch noch heute zwingend so? Tatsächlich habt ihr verschiedene Möglichkeiten:

Wem die Wahl eines gemeinsamen Namens zu aufwendig und kompliziert ist, kann seinen jeweiligen Nachnamen ganz einfach behalten. Ein gemeinsamer Ehename ist nicht Voraussetzung für eine Eheschließung. Alternativ kann ein Ehepartner auch ganz klassisch den Nachnamen des anderen annehmen – das kann sowohl der Name des Mannes als auch der Name der Frau sein. Alternativ kann auch ein Doppelname gewählt werden: Ein Partner darf seinem Geburtsnamen den neuen Ehenamen hinzufügen. Allerdings kann ein Doppelname nicht als gemeinsamer Familienname bestimmt werden. Es kann also immer nur ein Ehepartner einen Doppelnamen tragen, der andere behält seinen Geburtsnamen.

Ein praktisches Beispiel: Teresa Müller heiratet Nico Meyer. Die beiden können nun ihre derzeitigen Nachnamen behalten und es bleibt bei Teresa Müller und Nico Meyer. Teresa und Nico können aber auch Müller oder Meyer als gemeinsamen Ehenamen bestimmen. Sie heißen dann Teresa und Nico Müller oder Teresa und Nico Meyer. Teresa oder Nico können sich auch dazu entscheiden, einen Doppelnamen anzunehmen. Dabei sind folgende Kombinationen möglich: Teresa Müller-Meyer bzw. Meyer-Müller und Nico Meyer sowie Teresa Müller und Nico Meyer-Müller bzw. Müller-Meyer.

Ein Partner muss also nicht immer den Namen des anderen annehmen, sondern es gibt noch einige andere Optionen. Könnt ihr euch bis zur Eheschließung nicht für eine Variante entscheiden, dürft ihr übrigens auch später noch einen gemeinsamen Familiennamen festlegen – also nur kein Stress!

§ MÜSSEN EHELEUTE DIE SCHULDEN DES PARTNERS BEZAHLEN?

Verheiratet zu sein, ist für viele eine romantische Vorstellung – anderen hingegen macht es Angst, zu einer Einheit zu verschmelzen und die Eigenständigkeit zu verlieren. Was wir Juristen häufig zu hören bekommen ist: Eine Ehe ist auch mit Verpflichtungen verbunden. Was, wenn der Mann zum Beispiel im Rahmen seiner Selbstständigkeit Schulden macht oder sich verzockt und die Gläubiger vor der Tür stehen? Muss ich dann auch zahlen?

An dieser Stelle zunächst die Beruhigung: Grundsätzlich verpflichtet eine Ehe nicht, die Schulden des Partners zu zahlen. Hat man mit den Schulden rechtlich nichts zu tun, also keine Verträge oder Bürgschaften unterschieben, müssen sich die Gläubiger an den Ehepartner halten. Es sind seine Schulden, und er muss auch dafür geradestehen. Der Grundsatz bleibt: Jeder haftet für seine eigenen Verbindlichkeiten.

Eine Ausnahme davon besteht jedoch in dem heute sehr seltenen Fall, dass ein Ehepaar noch eine Gütergemeinschaft per Ehevertrag vereinbart hat. Dann haften die Ehepartner gegenseitig für die Schulden des anderen. Das macht aber heutzutage fast niemand mehr. Wer überhaupt einen Ehevertrag schließt, vereinbart eher die Gütertrennung.

Aber auch innerhalb des klassischen Falls der Zugewinngemeinschaft, die immer gilt, wenn man nicht per Ehevertrag etwas anderes vereinbart hat, gibt es Ausnahmekonstellationen, in denen man für die Schulden des Ehepartners haftet. Das ist zum Beispiel dann der Fall, wenn Schulden für den Erwerb von Dingen »zur angemessenen Deckung des Lebensbedarfs der Familie« gemacht werden. Dazu zählen etwa Essen, Haushaltsbedarf, der Kauf einer Spül- und Waschmaschine,

Reparaturen an der Wohnung oder Reisekosten. Dann kann der Gläubiger das Geld durch § 1357 Abs. 1 BGB auch vom anderen Ehepartner verlangen. Das gilt ebenfalls für Schulden auf dem gemeinschaftlichen Girokonto oder aus dem Mietvertrag, auch wenn nur ein Ehepartner als Mieter im Vertrag aufgeführt ist. Und auch bei Einkommenssteuerschulden aus gemeinsamer Veranlagung kann das Finanzamt auf beide Ehepartner zurückgreifen.

§ HAT MAN INNERHALB EINER EHE AUCH ANSPRUCH AUF SEX?

Seit 1997 ist Vergewaltigung in der Ehe genauso strafbar, wie wenn man eine unbekannte Person vergewaltigt. Da würde man nun denken: Zum Sex in der Ehe kann niemand gezwungen werden. Doch stimmt das wirklich?

Nach dem Gesetz sind Ehegatten einander zur ehelichen Lebensgemeinschaft verpflichtet, so sagt es § 1353 BGB. Unter »Herstellung der Gemeinschaft« verstehen Juristen in der Ehe tatsächlich auch die Befriedigung des Geschlechtstriebs. Also doch eine Pflicht zum Sex. Wer seinem Ehepartner Sex verweigert, verstößt gegen ein Grundprinzip des Rechtsgebildes Ehe. Nach verbreiteter juristischer Auffassung kann die »Sexpflicht« nicht einmal per Ehevertrag ausgeschlossen werden.

Allerdings kann man den Partner aus rein formalen Gründen nicht zum Sex zwingen, wenn er dem nicht selbst nachkommt. Der Partner kann nicht auf Herstellung der ehelichen Gemeinschaft verklagt werden, weil ein solches Urteil nicht vollstreckbar wäre. Denn: Die Handlung, die eigentlich der Beklagte vornehmen müsste – also der Sex –, müsste im Fall der Weigerung des beklagten Ehepartners dann von einem Gerichtsvollzieher geleistet werden. In den meisten Fällen wohl eine wenig »befriedigende« Lösung. Deshalb gibt es zwar eine Pflicht zum Sex, diese kann aber nicht gerichtlich durchgesetzt oder eingeklagt werden, wenn ein Partner den Beischlaf verweigert. Sollte der andere Partner diese Pflicht gewaltsam durchsetzen wollen, handelt es sich selbstverständlich um eine strafbare Vergewaltigung.

§ GIBT ES DIE PFLICHT ZUR TREUE?

Wenn der Partner keinen Sex mehr möchte oder fremdgeht, ist das für viele Menschen unverzeihlich und ein Grund, sich ebenfalls anderweitig umzuschauen. Aber haben Seitensprünge auch rechtliche Konsequenzen? Müssen Ehepartner einander wirklich treu sein, oder wird das in der Gesellschaft nur erwartet?

Der Gesetzgeber bestimmt in § 1353 Abs. 1 BGB, dass Ehegatten einander zur ehelichen Lebensgemeinschaft verpflichtet sind und füreinander Verantwortung tragen. Hieraus wird unter anderem abgeleitet, dass die Partner voneinander Treue verlangen können.

Aber was, wenn sich einer nicht an diese Pflicht zur ehelichen Treue hält? Tatsächlich waren die rechtlichen Folgen eines Seitensprungs bis 1977 eindeutig geregelt: Im Scheidungsrecht galt damals das sogenannte Verschuldensprinzip. Ein Ehepartner konnte sich scheiden lassen, wenn der andere eine »schwere Verfehlung« begangen hatte. Dazu zählte insbesondere das Fremdgehen. Es wurde also geprüft, welcher der beiden Ehepartner Schuld an der Trennung hatte – in einem solchen Fall die untreue Person. Dieses Verschuldensprinzip wurde 1977 allerdings abgeschafft. Heute gilt nur noch das Zerrüttungsprinzip, wonach eine Ehe geschieden werden kann, ohne dass geprüft wird, wer die Schuld dafür trägt.

Letztlich gilt daher bei der Pflicht zur ehelichen Treue dasselbe wie bei der »Sexpflicht« – sie ist in der Praxis nicht einklagbar.

Allerdings werden auch heute noch rechtliche Folgen an das Fremdgehen geknüpft. Denn wer die Pflicht, seinem Ehepartner treu zu sein, verletzt, riskiert, dass nach § 1579 Nr. 7 BGB sein Anspruch auf Trennungsunterhalt gekürzt oder sogar ganz gestrichen wird. Allerdings gilt dieser Härtegrund nur in Ausnahmefällen, wenn darin nachweislich die Ursache für das Scheitern der Ehe lag. So wird ein einmaliger One-Night-Stand in einer jahrzehntelangen Ehe nicht dafür ausreichen – möglicherweise aber die dauerhafte außereheliche Affäre eines erst wenige Jahre verheirateten Ehepartners.

§ KANN ICH DIE EHE AUFHEBEN LASSEN, WENN MEIN PARTNER EINE GESCHLECHTSANGLEICHUNG VORNIMMT?

Wer eine Ehe schließt, tut dies in der Absicht, sein Leben lang mit der geliebten Person zu verbringen. Aber selbstverständlich gehen viele Liebesbeziehungen mit der Zeit zu Ende, aus den unterschiedlichsten Gründen. Als Grund für eine Trennung können vor allem persönliche Veränderungen im Leben infrage kommen: Wie sieht es zum Beispiel rechtlich aus, wenn eine verheiratete Person im Laufe der Ehe geschlechtsangleichende medizinische und rechtliche Schritte gehen möchte? Dann hat man als Frau nicht mehr einen Mann, sondern eine Frau als Partner oder auch umgekehrt. Das sieht bekanntlich nicht jeder so entspannt.

Ob die Ehe dann zwingend geschieden werden muss, ist eine Frage, mit der sich das Bundesverfassungsgericht schon im Jahr 2008 beschäftigt hat (Beschluss vom 27.05.2008, Aktenzeichen 1 BvL 10/05). Es ging um eine Transfrau, die mit der bisherigen Ehefrau bereits drei Kinder hatte und sich erst in höherem Alter einer geschlechtsangleichenden Operation unterzog. Die damalige Rechtslage ließ die entsprechende rechtliche Anerkennung aber nur zu, wenn das Paar sich vorher scheiden ließ. Heute ist das natürlich auch aufgrund der »Ehe für alle« undenkbar, denn im Gegensatz zu 2008 dürfen Ehen glücklicherweise auch zwischen gleichgeschlechtlichen Personen bestehen.

Wenn man im Gegensatz zum Ehepaar aus dem Fall hingegen nicht zusammenbleiben will, zum Beispiel aus Gründen der sexuellen Orientierung, kann man sich selbstverständlich – wie auch aus jeglichen anderen Gründen – scheiden lassen. Eine Eheaufhebung, die teils unrichtigerweise Annullierung genannt wird, kommt aber nicht infrage, denn diese ist nur unter strengen Voraussetzungen möglich. Gründe dafür können sein, dass eine Person bei Eheschließung minderjährig war oder zur Eheschließung durch Drohung genötigt wurde. Möchte man sich aber von seinem transidenten Partner oder seiner Partnerin trennen, muss man einen gewöhnlichen Scheidungsprozess anstreben.

§ KANN MAN SICH AUCH FRIEDLICH SCHEIDEN LASSEN?

Angelina Jolie und Brad Pitt haben es getan, Johnny Depp und Amber Heard ebenfalls, außerdem Bill und Melinda Gates und viele andere berühmte Personen: Rosenkriege und Schlammschlachten inklusive gegenseitiger Schuldvorwürfe und verletzter Gefühle. Doch das ist Hollywood, so dramatisch muss keine Scheidung ablaufen. In vielen Fällen schaffen es die ehemaligen Partner, sich friedlich zu trennen.

Wichtig ist es dabei vor allem, dass einem der richtige Anwalt oder die richtigen Anwälte zur Seite stehen. Das soll jetzt keine Werbung für Scheidungsanwälte werden – aber dieser Hinweis ist dennoch wichtig. Ein Bekannter von mir hat mir mal von seinem vier Jahre andauernden Scheidungskrieg erzählt. Und all das nur, weil der Anwalt seiner Ex-Frau sie von ihrem eigentlichen Vorhaben einer einvernehmlichen Scheidung abgebracht hat. Klar, wenn man um jeden Löffel streitet, bringt das natürlich einer Person ziemlich viel Geld ein: dem Anwalt selbst. Mein Bekannter und seine Ex-Frau haben am Ende neben viel Geld noch mehr verloren: ihren Respekt füreinander, außerdem Zeit und Nerven. Erst nach Jahren haben sie wieder miteinander gesprochen. Und dann kam heraus, dass alles auch hätte ganz anders laufen können, nämlich einvernehmlich!

Bei der einvernehmlichen Scheidung können beide Ehepartner vorab alle Scheidungsfolgen gemeinsam klären und sich zum Beispiel von einem Mediator oder einem Anwalt beraten lassen. Diese Einigung halten sie in einer Scheidungsfolgenvereinbarung fest, die ein Notar abschließend bestätigt. Vor Gericht geht es dann ganz schnell. Hier reicht es, wenn sich nur ein Ehepartner anwaltlich vertreten lässt und der andere der Scheidung zustimmt. Nicht möglich ist es hingegen, sich einen Anwalt zu teilen. Rechtsanwälte sind – anders als Notare – parteiliche Interessenvertreter und machen sich des Parteiverrats strafbar, wenn sie die Eheleute gemeinsam beraten. Wenn ein Anwalt also beide Ehepartner vertritt, kann er gemäß § 356 StGB sogar mit einer Freiheitsstrafe von bis zu fünf Jahren bestraft werden. Denn die Interessen sind bei einer Scheidung naturgemäß konträr.

Bei der streitigen Scheidung bleiben hingegen bis zum Scheidungstermin einige Fragen offen – etwa, wer wem wie viel Geld zahlen muss und wie die gemeinsam gekauften Sachen aufgeteilt werden. Beide Ehepartner brauchen dann einen eigenen Anwalt und am Ende entscheidet das Gericht, wer was bekommt.

§ MUSS ICH NACH DER SCHEIDUNG ALLE GESCHENKE ZURÜCKGEBEN?

Eine Scheidung geht oft mit verletzten Gefühlen und enttäuschten Hoffnungen einher. Viele Entscheidungen und Investitionen werden nur gemacht, weil man denkt, man bleibe für immer zusammen. Kein Wunder, dass viele Ex-Partner dem anderen nach der Scheidung am liebsten alle Geschenke wieder abnehmen würden. So dachte auch ein Mann, der 25 Jahre mit seiner Frau verheiratet war und ihr nach 13 Ehejahren seinen Anteil an dem gemeinsamen Haus übertrug. Ebenso die Schwiegereltern, die ihrem Schwiegersohn knapp 30 000 Euro für ein gemeinsames Haus überwiesen. Ist es möglich, solche Geschenke zurückzufordern? Oder handelt es sich hierbei um unrealistische Rachefantasien? Eine Frage von immenser materieller Bedeutung.

Grundsätzlich können Ex-Partner Geschenke behalten. Wer also dem Mann oder Schwiegersohn einen schönen Sportwagen geschenkt hat, kann seine Großzügigkeit im Nachhinein nicht bereuen und den Wagen einfach zurückfordern.

Ausnahmsweise aber sieht der Bundesgerichtshof die Möglichkeit, »ehebezogene Zuwendungen« zwischen Partnern allein wegen der Scheidung zurückzufordern. Und zwar, wenn sie nur für den Bestand der Ehe geschenkt wurden. Wenn die Ehe die sogenannte »Geschäftsgrundlage« im Sinne des § 313 BGB für die Zuwendung war, fällt diese mit der Scheidung weg. Das gilt aber nur für Zuwendungen, bei denen der Schenkende davon ausgeht, dass beide als Ehepartner davon profitieren werden. So etwa, wenn Eltern der Tochter und dem Schwiegersohn Startkapital für ein gemeinsames Eigenheim schenken und hoffen, die beiden würden darin gemeinsam alt werden und

Enkelkinder zeugen. Dann fällt mit der Scheidung die Rechtsgrundlage der Schenkung weg, und die Eltern können sich überlegen, ob sie das Geld zurückverlangen. Jedenfalls aber wird dieses Startkapital aus der aufzuteilenden Vermögensmasse der Ehe herausgerechnet. Sie kommt so nur dem eigenen Kind zugute. Ob die Eltern das Geld tatsächlich zurückverlangen, bleibt ihnen überlassen.

Daher, auch wenn es unromantisch ist: Wer jemandem nur Geschenke macht, weil er an ein gemeinsames Leben als Ehepaar glaubt, sollte das in einer Schenkungsvereinbarung festhalten. Darin kann man ganz einfach regeln, was im Fall einer Scheidung zurückgegeben werden muss. Dann weiß jeder, woran er ist. Traurig und nervenaufreibend ist die Scheidung zwar immer noch – aber zumindest verläuft sie ohne zusätzlichen Streit wegen der Geschenke.

§ MUSS MAN NACH DER SCHEIDUNG SEINEN ALTEN NACHNAMEN WIEDER ANNEHMEN?

Ob Geschenke nach der Scheidung zurückgegeben werden müssen, haben wir im Abschnitt zuvor geklärt. Doch es gibt noch etwas anderes, das man oftmals mit der Ehe (gratis) dazubekommt: einen neuen Nachnamen. Nach der Trennung wollen viele nicht mehr an den oder die Ex erinnert werden und kehren daher zu ihrem ursprünglichen Familiennamen zurück. Doch es kann Gründe geben, den angeheirateten Namen auch nach der Scheidung zu behalten. Womöglich hat man zum Beispiel nach der Heirat Karriere gemacht und ist öffentlich mit dem neuen Namen bekannt. Oder aber man möchte keinen anderen Namen tragen als die gemeinsamen Kinder.

Chaos kann entstehen, wenn die Personen mit dem angeheirateten Namen nun noch einmal heiraten möchte. Was passiert dann mit dem Nachnamen?

Ein Beispiel aus der »Promi-Welt« wäre der Mallorca-Sänger Michael Wendler. Dieser hieß bürgerlich nie Wendler, das ist nur ein Kunstname. Gebürtig hieß er »Skowronek«, doch seit seiner ersten Hochzeit führt er tatsächlich den Nachnamen seiner damaligen Frau:

»Norberg«. Als er 2020 die junge Laura Müller heiratete, wählten Michael Wendler und Laura Müller dann den Nachnamen Norberg als gemeinsamen Ehenamen – was der Ex-Frau gar nicht schmeckte. Doch hätte die Ex-Frau dagegen etwas tun können? Durfte »Der Wendler« ihren Namen nach der Scheidung einfach so weiterführen?

Ja, das durfte er. Der Ehepartner, dessen Name zum Ehenamen geworden ist, kann nicht vom anderen verlangen, dass dieser den Namen nach der Scheidung wieder aufgibt. Wer also seinen Namen geändert hatte, darf diesen auch nach einer rechtskräftigen Scheidung behalten.

Dass man den Namen behalten darf, führt dann dazu, dass man diesen in nächster Ehe als Ehenamen bestimmen darf. Michael Wendler könnte also noch so viele weitere Ehen eingehen und allen Frauen den Namen Norberg geben – seine erste Ex-Frau könnte dagegen nichts ausrichten.

Allerdings steht es jedem nach der Scheidung frei, seinen Geburtsnamen wieder anzunehmen. Auch die Namen von Kindern könnte man nach der Scheidung entsprechend ändern – wenn beide Elternteile sorgeberechtigt sind, müssen aber auch beide zustimmen.

§ BLEIBEN DIE KINDER NACH DER SCHEIDUNG IMMER BEI DER MUTTER?

Wenn Eltern sich trennen, wird das Leben der Kinder gehörig durcheinandergewirbelt. Alles, was vorher sicher war, ändert sich auf einmal. Papa oder Mama ziehen aus und haben vielleicht sogar neue Partner. Möglicherweise ziehen sogar beide in andere Wohnungen und verkaufen das gemeinsame Haus. So eine Situation kann Kindern durchaus Angst machen. Sie fragen sich: Wo kann ich bleiben, wer passt auf mich auf? Bleiben nicht alle Kinder grundsätzlich bei der Mutter? Nein, ein solcher Grundsatz existiert nicht. Es gibt verschiedene Möglichkeiten, wie man die Betreuung des Kindes gestalten kann.

Der Klassiker ist das Residenzmodell. Dabei wohnt das Kind fest bei der Mutter oder dem Vater, während es den anderen Elternteil zu festgelegten Zeiten sieht – etwa ein Tag am Wochenende und in der

Hälfte der Ferienzeiten. Davon zu unterscheiden ist das Wechselmodell, bei dem das Kind zwei »Zimmer« hat – eines bei Mama, eines bei Papa. In diesem Fall verbringt es in etwa genauso viel Zeit bei dem einen wie bei dem anderen Elternteil. In einem festen Rhythmus – etwa alle zwei Wochen oder jeden Monat – zieht das Kind vom einen zum anderen. Hinzu kommt: Betreuen beide Eltern das Kind gleich lang, muss keiner dem anderen Unterhalt zahlen. Bei der dritten Variante, dem sogenannten Nestmodell, bleibt das Kind im alten Zuhause wohnen und die Eltern ziehen abwechselnd dort ein. Dazu müssen sie zusätzlich jeweils eigene Wohnungen haben. Für die Kinder hat das den Vorteil, dass sie nicht ständig packen und umziehen müssen, sondern nur einen stabilen Lebensmittelpunkt haben. Dafür bedeutet es einen gewissen Stress für die Eltern und natürlich auch einen erheblichen finanziellen Aufwand.

In der Praxis ist es allerdings so, dass die alternativen Modelle meist nur funktionieren, wenn sich die Eltern darauf auch geeinigt haben. Muss hingegen ein Familiengericht darüber entscheiden, wo das Kind in Zukunft wohnen soll, heißt das meist, dass das Kind hauptsächlich bei nur einem Elternteil aufwachsen soll. Dieses »Aufenthaltsbestimmungsrecht« sprechen die Gerichte noch immer sehr häufig allein den Müttern zu.

Das ist nicht der Kauf-
preis, sondern die monat-
liche Miete.

KAPITEL 14

EIGENHEIM: DER (ALB-) TRAUM VON DEN EIGENEN VIER WÄNDEN

Viele Menschen verbinden den Traum von den eigenen vier Wänden mit einem Gefühl von Freiheit: keine Mieterhöhungen mehr, kein Kündigungsrisiko, zumeist keine Gestaltungsvorgaben – stattdessen selbstbestimmt und frei leben. Doch so ganz selbstbestimmt und frei läuft das Ganze zumeist nicht ab. Eine Vielzahl von Gesetzen regelt alles – vom Vertragsschluss über Grenzbäume bis hin zum Schneeschippen. Hat man das Traumhaus gefunden, will man schnell den Vertrag unterschreiben. Kann man das direkt vor Ort machen? Und ist man dann sofort Eigentümer des Hauses? Ihr ahnt es schon: eher nicht …

Manche mögen's bunt und sind bei der Haus- und Gartengestaltung besonders kreativ. Kann man sein Haus eigentlich in jeder Farbe streichen, die einem gefällt? Und kann man in seinem Garten obszöne Gartenzwerge aufstellen? Irgendwo muss doch eine Grenze sein! Apropos, eine Grenze jedenfalls ist klar: die Grundstücksgrenze. Was ist zu beachten, wenn man in der Nähe oder genau auf der Grenze einen Baum pflanzen möchte? Während man selbst sich an dem Baum erfreut, muss der Nachbar Laub und Nadeln wegharken, kann aber im Gegenzug auch Obst essen, oder nicht? Beseitigt werden müssen nicht nur das Laub aus dem Garten, sondern in der kalten Jahreszeit zudem Schnee und Eis von den Straßen und Gehwegen – was aber, wenn ich im Urlaub bin?

Und was ist eigentlich, wenn man wegen des nervigen Nachbarn auszieht – kann man diesen dann vielleicht sogar den Umzug bezahlen lassen?

§ GEHÖRT EINEM DAS HAUS, SOBALD MAN DEN KAUFVERTRAG UNTERSCHRIEBEN HAT?

Wer es sich leisten kann und seine Traumimmobilie gefunden hat, macht wahrscheinlich Luftsprünge vor Freude. Hat man sich über den Preis geeinigt, ist schnell die Rede vom Kaufvertrag. Was muss man dabei eigentlich beachten? Kann man den Kaufvertrag direkt vor Ort machen, bevor später noch jemand anderes das Haus kauft? Und ist man Eigentümer des Hauses, nachdem man den Vertrag unterschrieben hat?

Also, dass ihr vor Ort einen Kaufvertrag unterschreibt, dagegen hat leider der Gesetzgeber etwas einzuwenden. Denn gemäß § 311b Abs. 1 Satz 1 BGB bedarf der Kaufvertrag über ein Haus der notariellen Beurkundung. Verträge, die ihr ohne Notar nur mit dem Verkäufer schließt, sind deshalb unwirksam. Der Käufer kann sich das Haus aber zunächst vertraglich reservieren lassen, indem er einen Vorvertrag mit dem Verkäufer, auch Reservierungsvertrag genannt, abschließt. Der Vorvertrag stellt eine Sicherheit für beide Vertragsparteien dar und ist häufig mit einer Reservierungsgebühr verbunden. Bis zu dem in dem Vertrag festgelegten Termin darf der Eigentümer das Objekt nicht an einen anderen Interessenten verkaufen, auch wenn dieser einen höheren Preis bietet.

Aufpassen sollte man auch bei der Vereinbarung des Kaufpreises: Es ist teilweise durchaus beliebt geworden, vor dem Notar einen niedrigeren Kaufpreis beurkunden zu lassen, als man eigentlich zahlen möchte. Man einigt sich beispielsweise auf 500 000 Euro und sagt dem Notar, man hätte sich auf 450 000 Euro geeinigt – das übrige Geld schiebt man dem Verkäufer dann im Geheimen zu. Damit will man sich Notarkosten und Steuern sparen. Ein Schwarzkauf, also die Beurkundung eines falschen Preises, führt aber grundsätzlich dazu, dass beide Abreden nichtig sind. Und durch die Schwarzgeld-Rechtsprechung des Bundesgerichtshofs (Urteil vom 16.03.2017, Aktenzeichen VII ZR 197/16) kann dies auch nicht durch die Grundbucheintragung geheilt werden. Das heißt, ein Schwarzkäufer wird auch mit Eintragung ins Grundbuch niemals Eigentümer.

Kommt es dann zum lang ersehnten Notartermin, müssen Verkäufer und Käufer beide anwesend sein und den Kaufvertrag nach Verlesung durch den Notar unterschreiben. Und ist man jetzt endlich Eigentümer und kann ins Haus? Leider nein! Wer beim Notartermin die Schlüssel erwartet, wird enttäuscht. Denn der Kaufvertrag verpflichtet den Verkäufer lediglich dazu, euch gegen Zahlung des Kaufpreises zum Hauseigentümer zu machen. Eigentümer eines Hauses ist man erst, wenn der Name im Grundbuch eingetragen ist. Gleiches gilt natürlich auch für den Kauf einer Wohnung.

Bei Abschluss des Kaufvertrages kann man allerdings den Notar schon beauftragen, eine sogenannte Auflassungsvormerkung im Grundbuch eintragen zu lassen. Diese schränkt die Rechte des Verkäufers stark ein, er kann dann keine weiteren Belastungen auf die Immobilie mehr eintragen lassen, die den weiteren Ablauf noch stören könnten.

Ist alles rechtmäßig abgewickelt worden, erfolgt in der Regel die Übergabe des Hauses und ihr bekommt die Schlüssel. Jetzt kann der Traum vom Eigenheim beginnen!

DARF MAN SEIN HAUS STREICHEN, WIE IMMER MAN WILL?

Das erste Eigenheim ist zwar wunderhübsch, aber die Fassade braucht eurer Ansicht nach einen neuen Anstrich. Kein Problem, könnte man meinen … Aber dürft ihr euer Haus einfach streichen, wie es euch gefällt? Ist ja schließlich euer Haus! Gehen auch rot, pink, lila oder blau?

Nein, in aller Regel leider nicht. In den meisten Gemeinden ist relativ strikt vorgeschrieben, wie Dächer und Hausfassaden auszusehen haben. Genaue Regelungen findet man im Baugesetzbuch, im jeweiligen Landesbauordnungsrecht und in der Gestaltungssatzung der Gemeinde. Ziel solcher Vorschriften ist es, Ortschaften ein einheitliches Bild zu verpassen. Ein durch Gesetze und Verordnungen geregeltes Stadtbild kommt deshalb letztendlich wohl allen zugute. Und seien wir mal ehrlich: So gern ihr vielleicht eure Fassade in der neuesten

Trendfarbe streichen wollt, so ungern wollt ihr doch auch täglich auf ein neongrünes oder knallpinkes Nachbarhaus blicken müssen, oder? Nicht jeder möchte in einem bunten Haus wohnen. Das ist insbesondere dann ein Problem, wenn man in einer Eigentumswohnung lebt und die anderen Eigentümer im Haus deutlich farbenfroher sind. So erging es auch dem Eigentümer einer Wohnung in einem Mehrfamilienhaus in München, der Klage beim Landgericht München I (Urteil vom 20.9.2012, Aktenzeichen 36 S 1982/12) einreichte, nachdem die Miteigentümer in der Eigentümerversammlung mehrheitlich beschlossen hatten, beim Neuanstrich der Fassade ein »modernes Farbkonzept« umzusetzen. Konkret sollte das bedeuten: »orangerote Akzentstreifen« entlang der Balkone. Der Kläger, der bei der Eigentümerversammlung überstimmt wurde, begründete seine Klage damit, dass es sich bei der Fassadenerneuerung um eine störende bauliche Veränderung handle, die ohne seine Zustimmung nicht hätte beschlossen werden dürfen. Das LG München I vertrat die Auffassung, dass orangerote Kontraststreifen wegen ihrer besonderen Auffälligkeit gegenüber der bisherigen »gleichmäßigen Unauffälligkeit der Farbgebung« eine wesentliche Änderung darstellen und gab dem Kläger recht. Noch einmal Glück gehabt, kann man da wohl nur sagen …

§ DÜRFEN GARTENZWERGE DEN NACHBARN PROVOZIEREN?

Ist man endlich eingezogen, lernt man langsam auch die Nachbarn kennen und lieben … oder auch nicht. Denn nicht alle Nachbarn sind erträglich. Schon gar nicht deren Sinn für Ästhetik! Über Geschmack lässt sich streiten, und wenn es um Gartenzwerge geht, sogar vor Gericht! Denn die kleinen Figuren mit roter oder blauer Zipfelmütze, mit Spaten in der Hand oder Vogel auf der Schulter, weihnachtlich dekoriert oder angestrahlt wie ein Fußballfeld, sind nicht jedermanns Sache. Viele assoziieren damit Spießertum oder Kitsch und wollen die Zwerge keinesfalls in ihrer Grünanlage sehen. Aber was macht das Ganze vor Gericht?

Nun, vor vielen Jahren hatte die Eigentümerin einer Wohnung inmitten einer Wohnanlage ihren Nachbarn verklagt, weil der zwei Gartenzwerge aufgestellt hatte. Die Figuren seien unter anderem Symbole von Dummheit und daher zu entfernen. Tatsächlich gab die dritte Instanz der Frau recht, und die zwei Zwerge mussten kurzerhand entfernt werden (OLG Hamburg, Beschluss vom 2004.1988, Aktenzeichen 2 W 7/78). Immerhin würden die niedlichen Figürchen den optischen Gesamteindruck der Wohnanlage beeinträchtigen.

Tatsächlich beeinträchtigend empfinde ich Gartenzwerge, die den Stinkefinger zeigen oder ihr Hinterteil entblößen. Dass es so was überhaupt zu kaufen gibt! Kein Wunder, dass sich einige von diesem Anblick persönlich beleidigt und belästigt fühlen.

Mein Tipp an alle mit einem grünen Stinkefinger, äh, Daumen: Solltet ihr einen provozierenden Zwerg in euren Garten stellen wollen, bindet ihm einfach ein Stück Stoff um den Finger oder das Hinterteil. Dieser verdeckt nicht nur die Extremitäten, sondern verhindert auch einen möglichen Anspruch eurer Nachbarn, die Gestalten wieder entfernen zu lassen.

§ DARF MAN BEHALTEN, WAS AUF DEM EIGENEN GRUNDSTÜCK LANDET?

Genussvoll eine Tasse Kaffee auf der Terrasse trinken? Wenn da nur die Nachbarskinder nicht wären, die das gute Wetter zum Ballspielen nutzen. Und selbst das wäre kein Problem, wenn der Ball nicht regelmäßig auf dem Esstisch landen würde. Da kann man schon mal auf die Idee kommen, das ganze Spiel zu beenden, indem man den Ball einfach nicht zurückwirft. Aber wäre das erlaubt?

Zunächst einmal: Die Kinder dürfen nicht einfach in den fremden Garten laufen, um sich den Ball selbst wiederzuholen. Diese Aktion nennt sich nämlich im Strafrecht Hausfriedensbruch, sodass der Nachbar ein bereits strafmündiges Kind (also Kinder ab 14 Jahren) durchaus strafrechtlich belangen könnte. Auch zivilrechtlich könnte ein nicht sehr wohlgesonnener Nachbar etliche rechtliche Schritte einleiten, zum Beispiel einen Unterlassungsanspruch gegen den »Balljungen« geltend machen. In einem solchen Fall dürften die Betroffenen in der Regel in Zukunft keinen Fuß mehr auf das Grundstück setzen. Hat der Nachbar jedoch grundsätzlich das Betreten erlaubt, stellt sich natürlich kein Problem, und die Kinder dürfen den Ball wieder einsammeln.

Egal, wie genervt der Nachbar von dem Ballspiel ist, eins geht jedenfalls nicht: den Ball nicht zurückzugeben. Denn das ist aus rechtlicher Sicht nicht erlaubt. Nur weil der Ball sich auf dem Grundstück des Nachbarn befindet, geht er nämlich nicht einfach in dessen Eigentum über, sondern bleibt vielmehr im Eigentum des Kindes beziehungsweise seiner Eltern. Der Nachbar ist dadurch sogar verpflichtet, den Ball zeitnah herauszugeben. Im schlimmsten Fall per Gerichtsbeschluss. Allerdings zieht ein gemeinsames Treffen (vielleicht sogar im Garten) in der Regel deutlich nachbarschaftsfördernere Ergebnisse nach sich als der direkte Weg zum Gericht – und vielleicht spielt man schon bald gemeinsam mit den Nachbarn Fußball.

§ MUSS DER BAUM AN DER NACHBARSGRENZE GEFÄLLT WERDEN?

Der Baum des Nachbarn ist etwas Schönes. Im Sommer bietet er Schatten, ist hübsch anzusehen und dient manchmal als Sichtschutz. Doch irgendwann kommt der Herbst, und der Baum verliert sein Laub – mitten hinein in euren Garten! Müsst ihr das jetzt sauber machen? Jahr für Jahr? Das kann doch nicht sein … oder doch?

Wie jede nur erdenkliche Nachbarstreitigkeit ist auch diese schon vor Gericht verhandelt worden: Wie schön Bäume im Garten sind, dachte sich auch ein Berliner und freute sich über seine ausladende, 40 Jahre alte Schwarzkiefer. Dass sich jemand davon gestört fühlen könnte, wollte er nicht nachvollziehen. Schließlich ragte die breite Krone der Kiefer seit mindestens zwei Jahrzenten in den Garten seines Nachbarn, und das um ganze fünf bis acht Meter. Der Nachbar war aber von den abfallenden Zapfen und Nadeln alles andere als begeistert und forderte den Eigentümer der Kiefer vergeblich zum Rückschnitt auf. Dieser wiederum befürchtete, dass der Baum ohne seine Äste nicht sicher stehen würde. Das Ganze landete dann mehrfach vor Gericht, bis sogar der BGH ein Machtwort sprach: Er entschied, dass der Nachbar die Äste des Baumes abschneiden darf, die in seinen Garten hineinragen – und zwar selbst dann, wenn der Baum dadurch absterben könnte (Urteil vom 11.06.2021, Aktenzeichen V ZR 234/19). Ihr müsst euch also nicht mit störenden Ästen, die über die Grundstücksgrenze ragen, abfinden oder mit abfallenden Zapfen und Nadeln!

Aber gibt es auch die Möglichkeit, nicht nur die überhängenden Äste, sondern gleich den gesamten Baum loszuwerden? In den Nachbarrechtsgesetzen der Bundesländer gibt es konkret festgelegte Pflanzabstände. Dabei gilt grundsätzlich: Je höher und ausladender der Baum wird, desto größer muss der Abstand sein, der zur Grenze des Nachbargrundstücks eingehalten wird. Für großkronige, stark wachsende Bäume gilt meistens ein Abstand von vier bis fünf Metern, gemessen von der Grundstücksgrenze zur Mitte des Baumstammes. Falls dieser Abstand nicht eingehalten wird, könnt ihr innerhalb einer bestimmten Frist (meist fünf bis sechs Jahre) nach der Pflanzung tatsächlich noch die Beseitigung des Baumes verlangen! Nach Ablauf der Frist könnt ihr dann nur noch die überhängenden Äste abschneiden (lassen).

Ein anderer Fall ist der sogenannte Grenzbaum (§ 923 BGB): Dabei handelt es sich um einen Baum, der so auf dem Grundstück steht, dass er von der Grundstücksgrenze quasi »durchgeschnitten« wird. Die Grenzlinie muss nicht mitten durch das Gehölz gehen, sondern kann den Baum auch nur anteilig schneiden. In einer solchen Situation gehört jedem benachbarten Grundstückseigentümer derjenige Teil des Grenzbaums, der sich auf seinem Grundstück befindet – sie teilen sich das Eigentum also. Jeder von beiden kann hierbei die Zustimmung des anderen zur Beseitigung des Grenzbaums verlangen. Man kann aber auch einfach den Baum stehen lassen und Freude daran haben, zum Beispiel wenn es ein Obstbaum ist. Denn dann könnt ihr entspannt das Obst auf eurer Seite des Baumes essen.

Bäume an und auf Grundstücksgrenzen sind ein sehr komplexes Thema – wer Ärger vermeiden möchte, pflanzt sich vielleicht doch lieber einen hübschen Strauch in seinen Garten oder wahrt den nötigen Abstand. Dann gehört das Obst auch euch allein!

§ KANN ES PROBLEME GEBEN, WENN MAN DIE PAKETE DER NACHBARN ANNIMMT?

Jeder kennt es: Hat der Paketbote einen erst einmal erwischt, möchte er am liebsten alle Pakete der Nachbarn dalassen und schnell weiterziehen. Hin und wieder ein Paket anzunehmen, das war für die meisten Nachbarn selten ein Problem. Doch seit mit der Corona-Pandemie der Online-Handel einen weiteren Boom erfahren hat, hat die Zahl der Pakete erheblich zugenommen. Dadurch kann auch die Annahme der Pakete stressig sein – der Nachbar vom Haus gegenüber ist immer so unfreundlich, sein Paket wollt ihr eigentlich nicht annehmen. Dürft ihr also ablehnen?

Zunächst einmal können wir festhalten, dass die Paketdienste die sogenannte Ersatzzustellung an den Nachbarn meist in ihren Vertragsbedingungen vorsehen. Solange man nicht ausdrücklich angibt, dass man etwas dagegen hat, dürfen Paketboten dies also tun. Das heißt aber nicht, dass ihr auch als Nachbarn mitspielen müsst. Ihr dürft die Annahme stets ablehnen. Wer jedoch der guten Nachbarschaft zuliebe Pakete annimmt, sollte diese auch sorgfältig aufbewahren. Wenn ihr das Paket verliert oder beschädigt, bevor der Nachbar es holen kommt, haftet ihr dafür. Aus diesem Grund dürft ihr die Pakete für den Nachbarn auch nicht einfach vor dessen Tür abstellen, weil es dort geklaut werden könnte. Als Nachbar ist man verpflichtet, ein fremdes Paket zumindest so gut zu behandeln, wie man üblicherweise mit den eigenen Sachen umgeht (§ 690 BGB).

Habt ihr das Paket nun in eurer Bude liegen, wollt ihr es natürlich nicht auf ewig behalten. Doch was, wenn der Nachbar es einfach nicht holen kommt? Muss man ihm nun hinterherlaufen? Nein, müsst ihr nicht. Der Nachbar ist verpflichtet, sein Paket selbst abzuholen. Man muss es ihm nicht vorbeibringen. Es gibt allerdings auch abweichende rechtliche Meinungen: Demnach könne es sich um eine sogenannte »Geschäftsführung ohne Auftrag« handeln, wenn ein Nachbar eigenständig ein Paket annimmt, ohne dass der Empfänger ihn damit beauftragt hat. Die Konsequenz daraus wäre, dass der Nachbar gemäß §§ 681, 667 BGB die Pflicht hätte, das Paket dem eigentlichen Empfänger schnellstmöglich auszuhändigen.

Erst einmal ist es empfehlenswert, den Nachbarn irgendwie zu benachrichtigen, wenn es mit der Abholung länger dauert. Vielleicht hat der Paketzusteller ja keinen Zettel im Briefkasten hinterlassen, dass das Paket bei euch abgegeben wurde. Wahrscheinlich wartet er schon darauf. Reagiert der Nachbar aber partout nicht und holt das Paket auch nach Wochen nicht ab (eine mögliche Urlaubszeit sollte abgewartet werden), könnt ihr das Paket auch anders loswerden. Ihr dürft es entweder zurückschicken, tragt dann jedoch die Versandkosten, oder ihr gebt es einfach im örtlichen Fundbüro ab. Nur wegwerfen dürft ihr es selbstverständlich nicht!

§ IST MAN DAZU VERPFLICHTET, DEN SCHNEE VOR DER HAUSTÜR ZU SCHIPPEN?

Wacht man morgens auf und wird beim Blick aus dem Fenster von einer Schneelandschaft überrascht, ist die Freude meist groß. Wunderhübsch sieht es aus. Es ist Wochenende, man legt sich noch eine Runde hin und denkt nicht daran, den Schnee vor der Haustür wegzuschippen. Schließlich will man selbst das Haus ja nicht verlassen. Oder muss man trotzdem ran?

Schnee und Eis können vor allem Fußgänger zum Stürzen bringen, weshalb Hauseigentümer – und auch deren Mieter – die Pflicht haben, die Gefahrenquelle zu beseitigen. Eigentlich müssen die Gemeinden öffentliche Gehwege von Schnee und Eis befreien. In der Praxis läuft das aber anders ab: Zwar werden viele Straßen geräumt, um die Bürgersteige müssen sich jedoch die Eigentümer der anliegenden Grundstücke kümmern, wenn die Pflicht zur Schnee- und Eisbeseitigung per Satzung an die Anlieger übertragen wurde. Aber wer muss wann genau und wo räumen? Und wer haftet, wenn jemand auf der eisglatten Fläche ausrutscht?

Die jeweiligen Räum- und Streuzeiten variieren von Ort zu Ort. Häufig müssen Gehwege werktags von 7 bis 20 Uhr sowie sonn- und feiertags ab 9 Uhr frei sein. Es gibt – wie so oft –Ausnahmen: So verurteilte das OLG Naumburg einen Restaurantbesitzer, der nach 20 Uhr während der Öffnungszeiten seines Lokals nicht darauf geachtet hatte, dass der Weg sicher betreten werden konnte (Urteil vom 10 05.2013, Aktenzeichen 10 U 54/12). Nachdem er seiner Pflicht nicht nachgekommen war, ereignete sich ein Unfall unmittelbar vor der Eingangstür der Gaststätte. Ein Gast war auf eisglatter Fahrbahn ausgerutscht und gefallen. Der Gastwirt wurde daraufhin zur Zahlung von Schmerzensgeld in Höhe von 2666,67 Euro sowie zum Ersatz von Verdienstausfall und Rechtsanwaltskosten verurteilt.

Ganz wichtig ist vor allem eins: Wenn ihr für den Winterdienst zuständig seid, solltet ihr die Sache ernst nehmen! Wenn ihr verreist, krank seid oder arbeiten müsst, müsst ihr euch um einen Ersatz kümmern, der die Arbeit für euch übernimmt. In einigen Kommunen sind bei Verletzung der Winterdienstpflichten auch Geldbußen möglich. Also immer zuerst den Schnee wegfegen, bevor die Schneeballschlacht beginnt – und aus dem beiseite geschippten Schnee lässt sich anschließend ganz einfach ein schöner Schneemann bauen!

§ IST MAN DURCH DAS SCHILD »VORSICHT, BISSIGER HUND!« VON DER HAFTUNG BEFREIT?

Der Hund ist der beste Freund des Menschen! Dieser Feststellung werden vermutlich alle Hundebesitzer zustimmen. Doch in der Realität ist nicht jede Begegnung zwischen Mensch und Hund freundlich. Leider wird immer mal wieder ein Mensch gebissen. Das kann durchaus im Interesse des Hundehalters sein, wenn sich beispielsweise ein Einbrecher unrechtmäßig Zugang zu seinem Grundstück verschafft. Aber was, wenn es nur der Postbote ist, der die Post einwerfen will?

Die Rechtslage ist eigentlich klar: Gemäß § 833 BGB ist der Tierhalter für Schäden, die sein Hund verursacht, zum Ersatz verpflichtet.

Aber gilt das auch, wenn man vorausschauend an das Gartentor oder die Haustür das Schild »Vorsicht, bissiger Hund!« angebracht hat?

Wie so oft, kommt es auf den Einzelfall an. Das Oberlandesgericht Stuttgart entschied in einem Fall, dass den Tierhalter trotz Schildes weiterhin die volle Verantwortung treffe, nachdem ein Besucher auf dem Grundstück vom Hund gebissen wurde (Beschluss vom 24.06.2010, Aktenzeichen 1 U 38/10). Am Gartentor des Grundstücks befand sich ein Schild mit der Aufschrift »Hier wache ich! Betreten auf eigene Gefahr« auf dem zudem ein Hund abgebildet war. Nach Ansicht des Gerichtes weist ein solches Schild aber lediglich darauf hin, dass ein Hund anwesend ist, und nicht, dass er besonders aggressiv sein könnte. Deshalb ist das Betreten nicht fahrlässig und den Gebissenen trifft keine Schuld.

Hinzu kam in dem Fall, dass das Gartentor recht niedrig und nicht verschlossen war und dort keine Klingel angebracht war. Wäre schon am Gartentor eine Klingel gewesen, hätte man jedem vernünftigen Besucher zumuten können, diese zu betätigen und sich hereinbeten zu lassen. Außerdem ging das Gericht davon aus, dass ein Schild mit »Vorsicht, bissiger Hund« einen stärkeren Warncharakter gehabt hätte als das Schild im vorliegenden Fall. Daraus folgt, dass ein Besucher, der offensichtliche Warnungen oder Vorsichtsmaßnahmen am Grundstück übergeht, fahrlässig handelt, was die Haftung des Tierhalters zumindest zum Teil entfallen lassen würde.

§ MUSS MAN DEN SCHLÜSSELDIENST BEZAHLEN, EGAL WIE VIEL ER KOSTET?

Ist der Schlüssel weg, hilft in der Regel nur der Schlüsseldienst. Der kommt bereitwillig an jedem Wochentag, und nach maximal zehn Sekunden Arbeit und mit zwei Handgriffen ist die Tür wieder auf. Wird der Dienst an Sonn- und Feiertagen oder zu Nachtzeiten gerufen, kommt er besonders gern – schließlich gibt es dafür einen Zuschlag. Das macht dann schlappe … 863,94 Euro! Wie bitte?! Das ist doch Wucher – oder nicht?

Mit diesen absurd hohen Rechnungen mussten sich in der Vergangenheit auch schon Gerichte beschäftigen. Dabei sind grundsätzlich zwei Fälle zu unterscheiden: Der Preis wurde vorher nicht besprochen – oder eben doch. Wenn vorher keine Preise besprochen wurden, darf nur die gängige Vergütung verlangt werden. Je nachdem, an welchem Wochentag und zu welcher Uhrzeit die Leistung erfolgt, kann der übliche Preis von circa 85 Euro tagsüber an Werktagen bis rund 200 Euro an Feiertagen variieren. Zudem kann eine geringe Fahrtkostenpauschale dazukommen. Die Rechnung kann anwachsen, wenn weitere Dienstleistungen hinzukommen oder sogar Materialkosten anfallen: Beispielsweise, wenn der Schließzylinder getauscht werden muss oder die Türöffnung doch länger als 15 Minuten dauert.

Wenn der Preis vorher am Telefon abgesprochen wurde, ist er grundsätzlich auch zu zahlen. Ausnahmen können nur dann gelten, wenn es sich um Wucher handelt. Die gängige Rechtsprechung geht von Wucher aus, wenn jemand rund das Doppelte vom üblichen Preis verlangt und zusätzlich etwa eine Zwangslage des anderen ausgenutzt wird. Dies ist aber nicht immer sicher: Das Amtsgericht München entschied zum Beispiel, dass der Besteller des Schlüsseldienstes sogar die stolze Summe von 863,94 Euro bezahlen muss, wenn der Preis vorher so abgesprochen war (Urteil vom 08.01.2020, Aktenzeichen 171 C 7243/19). Denn schließlich hätte man ja auch einen anderen Schlüsseldienst rufen können. Erst kommen lassen und sich dann aus der Affäre ziehen wollen, das klappte in diesem Fall nicht.

Um nicht Opfer einer Abzocke zu werden und gegebenenfalls vor Gericht zu unterliegen, sollte man deshalb schon beim Rufen eines Schlüsseldienstes Vorsicht walten lassen. Am besten, man ruft einen nahe gelegenen Dienstleister an, um unnötig hohe Fahrkosten zu vermeiden, und vereinbart schon am Telefon den Preis: Bei einfachen Öffnungen sollte es unter der Woche tagsüber nicht weit über 100 Euro hinausgehen, am Wochenende sind rund 180 Euro normal. Wird ein viel zu hoher Preis oder gar keiner genannt, wählt man besser einen anderen Schlüsseldienst – es gibt selbstverständlich auch seriöse Anbieter.

MUSS DER STALKER DEN UMZUG ZAHLEN?

Stalker können ihren Opfern das Leben wahrlich zur Hölle machen. Was also, wenn meine stalkenden Nachbarn mich so unruhig machen, dass ich in meinen eigenen vier Wänden nicht mehr zur Ruhe komme? Kann ich dann auf Kosten des Stalkers umziehen?

Diese Frage musste sich aktuell auch ein Gericht stellen: Ein Ehepaar war von einem Mann immer wieder verfolgt und bedroht worden. So klopfte der Mann unter anderem nachts an die Hauswand des Paares oder rannte eines Tages dem Ehemann mit einem Beil hinterher. Kein Wunder, dass sich das Ehepaar dazu entschloss, schnellstmöglich in ein neues Haus zu ziehen.

Allein diese drastische Maßnahme zeigt, dass mit Stalking nicht zu scherzen ist – im Gegenteil. Stalker können nicht nur nach dem Strafgesetzbuch bestraft werden, sondern müssen zudem mit weiteren rechtlichen Konsequenzen rechnen. So erhob das Ehepaar schließlich Schadensersatzklage gegen ihren Stalker. Er sollte sowohl die Umzugskosten als auch die Nebenkosten für den Hauskauf (also Notarkosten, Grundstückserwerbssteuer, Mindererlös und Maklerprovision für das ehemalige Haus) zahlen, insgesamt über 44 000 Euro. Zwar scheiterte das Vorhaben zunächst in erster Instanz, das Oberlandesgericht Karlsruhe sprach dem Paar letztlich jedoch knapp ein Drittel der Kosten zu (Urteil vom 05.11.2021, Aktenzeichen 10 U 6/20). Die Wertminderung und auch die Maklerprovision seien jedoch nicht erstattungsfähig. Wer hätte das gedacht? Aber gut, wer anderen Menschen das Leben zur Hölle macht, muss mit solchen Konsequenzen wohl rechnen. Das Urteil stellt tatsächlich einen kleinen Meilenstein in der Rechtslage zum Stalking dar.

Entweder ihr gebt uns jetzt den WLAN-Schlüssel oder wir sehen uns am Europäischen Gerichtshof!!!

ELTERNFREUDE: MIT DEN KINDERN WACHSEN DIE RECHTSFRAGEN

Man könnte meinen, Rechtsfragen betreffen nur Erwachsene, doch weit gefehlt. Kaum ist ein Mensch auf der Welt, geht es für die Eltern schon los. Zunächst benötigen Kinder einen Vornamen – je ausgefallener, desto besser, scheinen manche Eltern zu denken. Aber wo ist die Grenze? Weiter geht es mit dem Nachnamen. Ist doch klar: Das Kind bekommt den Nachnamen des Vaters, oder nicht?

Kinder spielen und toben gern – zum Beispiel im Planschbecken im Garten. Dürfen Eltern davon einen Schnappschuss machen und mit einem Sonnen-Smiley und einer Temperaturangabe in ihre Instagram-Story laden? Auch in Nachbars Garten spielen die Kinder manchmal gern. Was muss der sich eigentlich alles von einem Kind gefallen lassen? Was passiert, wenn dabei etwas zu Bruch geht – müssen die Eltern dann dafür aufkommen? Und können Eltern ihre Kinder getreu nach dem Motto »Ist ja mein Kind« sanktionieren – zum Beispiel mit einem Klaps auf den Po, Handy-Verbot oder auch Aufgaben im Haushalt? Alles Fragen, die sich Eltern sicher schon gestellt haben …

§ DIE WAHL DES VORNAMENS: ICH NENNE MEIN KIND, WIE ES MIR GEFÄLLT ... ODER NICHT?

Jennifer, Chantal, Jaqueline oder Kevin war gestern. Heute stehen eher Namen wie Lovelyn, Kathalea, Anima, Dwayn, Giorgi oder Jönne an der Spitze der ungewöhnlichsten Namen. Apropos Jennifer … Hättet ihr gedacht, dass der Vorname der deutschen Schauspielerin und Influencerin Jenefer Riili nur deshalb so außergewöhnlich geschrieben wird, weil ihre Eltern nicht wussten, wie man den Namen Jennifer tatsächlich schreibt? Unglaublich, aber wahr! Wer also vermutet, hier hätten die Eltern lediglich versucht, bei der Namenswahl »irgendwie anders« zu sein, der irrt. Bedeutet aber nicht, dass die Suche nach einem möglichst extravaganten Namen nicht tagtäglich vorkommt.

Viele Eltern denken noch immer, dass sie ihre Kinder nennen können, wie sie möchten. Sind ja schließlich ihre Kinder, da können sie doch wirklich mal kreativ werden bei der Namenswahl – aber weit gefehlt. Das mussten auch Eltern feststellen, die ihre Tochter »Pfefferminza« nennen wollten, beim Standesamt jedoch auf wenig Verständnis stießen und daher den Weg zu mir in die Kanzlei suchten. Doch auch ich konnte bei der Durchsetzung dieses Namenswunsches nicht helfen. »Pfefferminza« ist einer der vielen Vornamen der berühmten »Pippi Langstrumpf« von Astrid Lindgren, und den dürfen Standesämter ablehnen, weil der Name die Gefahr birgt, das Kind der Lächerlichkeit preiszugeben oder es in der Entfaltung seiner Persönlichkeit zu beeinträchtigen.

Der Namenswahl der Eltern sind also Grenzen gesetzt. Klingt vielleicht erst einmal seltsam, ist aber nachvollziehbar, wenn man bedenkt, dass Standesämter auch schon Namen wie Satan, Waldmeister, Puppe, Atomfried, Bierstübl, Crazy Horse, McDonald, Möhre, Nelkenheini, Schnucki, Schröder oder auch Verleihnix ablehnen mussten. Die Kinder jedenfalls werden es ihnen danken!

§ BEKOMMEN KINDER AUTOMATISCH DEN NACHNAMEN DES VATERS?

Geschlecht und Name des Kindes sind die Top-Themen für werdende Eltern. Bei dem Namen geht es aber nicht immer nur um den Vornamen. Auch die Wahl des Nachnamens beschäftigt die Eltern. Aber wie ist das eigentlich mit dem Nachnamen? Gibt es da eine Regel?

Noch vor wenigen Jahrzehnten war klar, dass der Familienname derjenige des Vaters ist. Schon bei der Eheschließung gab es keine andere Möglichkeit, als dass die Frau den Namen des Mannes annimmt. Heute ist dies aber nicht mehr immer der Fall. Zum einen können beide Ehegatten ihre Nachnamen bei der Hochzeit behalten und weiterhin unterschiedliche Namen haben. Des Weiteren ist es heute nicht mehr unüblich, Kinder zu bekommen, ohne vorher die Ehe einzugehen. Welchen Namen bekommt dann aber das Kind?

Falls beide Elternteile sorgeberechtigt sind und unterschiedliche Nachnamen tragen, dürfen sie sich entscheiden, welchen Nachnamen das Kind bekommen soll. Es muss nicht der Name des Vaters sein. Zu beachten ist aber, dass ein Doppelname bei Kindern nicht möglich ist. Heißt die Mutter beispielsweise Meier und der Vater Müller, können die Kinder nicht den Namen Meier-Müller tragen. Auch sogenannte Begleitnamen der Eltern sind nicht auf die Kinder übertragbar. Begleitnamen sind die richtige Bezeichnung für Doppelnamen, die bei der Eheschließung angenommen werden. Also auch, wenn der Papa seit der Hochzeit Meier-Müller heißen sollte, wird das Kind so keinesfalls heißen. In diesem Fall würde es definitiv Meier heißen, da dies der gemeinsame Ehename ist und Müller nur noch der Begleitname. Können sich Eltern nicht auf einen Nachnamen für das Kind einigen, muss ein Familiengericht entscheiden.

Übrigens: Wer einmal für den Nachwuchs die Entscheidung getroffen hat, ist auch bei möglicherweise folgenden Geschwisterkindern daran gebunden. Geschwister haben also immer denselben Namen.

§ IST ES ALLEIN MEINE SACHE, WENN ICH LUSTIGE NACKEDEI-FOTOS MEINER KINDER IM INTERNET POSTE?

Endlich eigene Kinder! Der Stolz so mancher Eltern über ihre wohl geratenen, süßen, lustigen und ach so knuddeligen Sprösslinge kennt oft keine Grenzen. Und so verbreiten viele wirklich jeden Schnappschuss und jedes Video in den sozialen Medien: Nackedeis im Swimmingpool oder auf dem Töpfchen, die Tochter auf der Schaukel, während ihr Rock hochfliegt. Das Phänomen hat sogar einen eigenen Namen: »Sharenting«. Ist ja auch alles zu niedlich – und es sind doch nur harmlose Kinderfotos – oder?

Spätestens aber, wenn diese »harmlosen« Schnappschüsse sich dann auf Kinderporno-Seiten im Netz verbreiten, ist der Schreck groß. Denn harmlos ist daran nun wahrlich nichts. Teilweise werden die Aufnahmen obszön kommentiert, manchmal nennen die Täter auch Namen und Alter des Kindes und verlinken sogar die ursprünglichen Social-Media-Profile. Und auf YouTube gibt es sogar Netzwerke, die Links zu Videos von Kindern verbreiten, in denen versehentlich mal deren Unterwäsche zu sehen ist.

Mit solchen Fällen haben wir in der Kanzlei schon zu tun gehabt. Wir müssen dann eine Anzeige bei der Polizei stellen und versuchen, die Fotos wieder aus dem Netz zu bekommen. Das geht meist nur über die jeweiligen Websites, denn die Täter handeln nur selten unter ihrem Klarnamen. Letztlich ist es ein mühseliges bis vergebliches Unterfangen. Am Ende ist es praktisch unmöglich, einmal im Internet verbreitete Aufnahmen wieder vollständig aus dem Netz zu bekommen. Vorsicht ist daher besser als Nachsicht!

Kinderfotos im Internet sind aber nicht nur deswegen keine gute Idee, weil Kriminelle sie in die Hände bekommen könnten. Auch dem Kind selbst könnte die Veröffentlichung später mehr als peinlich sein. Oder andere finden die Fotos und nutzen sie zum Cybermobbing. Dabei können die Täter sogar vermeintlich harmlose Fotos nutzen und digital nachbearbeiten, um die Person bloßzustellen. Im Jahr 2016 ging der Fall der 18-jährigen Österreicherin Anna Meier medial um die

Welt. Angeblich hatte sie ihre eigenen Eltern verklagt, weil die mehr als 500 Fotos von ihr als Kind (darunter Nacktfotos im Bett und auf dem Töpfchen) mit ihren 700 Facebook-Freunden geteilt haben sollen. Zwar kamen später große Zweifel auf, ob der Fall so tatsächlich passiert ist – doch die Nachricht hat damals viele Eltern wachgerüttelt!

§ HAFTEN ELTERN WIRKLICH IMMER FÜR IHRE KINDER?

Der Schuss mit dem Ball in Nachbarsgarten geht nicht immer glimpflich aus. Dabei kann auch mal der ein oder andere Blumentopf dran glauben. Müssen die Eltern das dann bezahlen? Bei der Beantwortung dieser Frage denken bestimmt viele an die Baustellenschilder, auf denen immer groß steht: »Eltern haften für ihre Kinder!« Aber stimmt das eigentlich?

Richtig ist, dass Eltern für Schäden, die ihre Kinder verursacht haben, haften müssen, wenn sie ihre elterliche Aufsichtspflicht verletzt haben. Jeder ist allerdings nur für sein eigenes Verhalten verantwortlich. Eltern haften also nicht grundsätzlich für ihre Kinder, sondern nur, wenn auch sie einen Fehler gemacht und nicht ausreichend auf ihr Kind aufgepasst haben. Wie viel Aufsicht nötig ist, hängt vom Alter und Charakter des Kindes ab. Wenn abenteuerlustige Kinder trotz aller Vorsichtsmaßnahmen der Eltern die Baustelle betreten oder beim Fußballspielen einen Blumentopf zerschmettern, dann müssen die Eltern nicht dafür aufkommen. So blieben beispielsweise in einem Fall 33 Eigentümer von Autos auf einem Schaden von insgesamt 60 000 Euro sitzen, nachdem drei Mädchen im Alter von neun und zehn Jahren den Lack zerkratzt hatten.

Im Fall der berühmten Baustelle ist zudem zu beachten, dass der Baustellenbetreiber selbst die Pflicht hat, die Baustelle vor dem Zutritt Unbefugter zu sichern, schließlich handelt es sich bei einer Baustelle um eine Gefahrenquelle. Und wenn der kleine Paul auf der Baustelle in seiner Nachbarschaft einfach so spielen kann, dann bestehen an der Einhaltung dieser Pflicht erhebliche Bedenken. Haften tun die Eltern dann wohl eher nicht …

§ EIN KLAPS AUF DEN HINTERN HAT NOCH KEINEM KIND GESCHADET, ODER?

Kinder schlagen gern über die Stränge, aber dürfen Eltern deshalb gegenüber ihren Kindern handgreiflich werden und ihnen eine »Lektion« verpassen? Ganz sicher nicht! Auch wenn eine früher gängige (und leider auch heute noch verbreitete) Bestrafung für unfolgsame Kinder ein Klaps auf den Hintern ist, ist dies klar verboten. Denn Eltern steht gegenüber ihren Kindern kein Züchtigungsrecht zu. Das elterliche Züchtigungsrecht wurde im Jahr 2000 abgeschafft. Der Gesetzeswortlaut des § 1631 Absatz 2 BGB lautet seitdem: »Kinder haben ein Recht auf gewaltfreie Erziehung. Körperliche Bestrafungen, seelische Verletzungen und andere entwürdigende Maßnahmen sind unzulässig.« Deshalb gilt: Eltern haben kein Recht, ihre Kinder zu schlagen, ihnen eine Ohrfeige oder auch »nur« einen Klaps auf den Hintern zu geben. Auch unnötig festes, schmerzhaftes Zupacken und Festhalten sind nicht erlaubt. Wer sein Kind schlägt, hat nicht nur keine Ahnung von Erziehung, sondern macht sich auch strafbar, nämlich wegen Körperverletzung oder Misshandlung von Schutzbefohlenen.

Kinder sollten sich das auf keinen Fall gefallen lassen! Wenn du glaubst, dass deine Eltern sich nicht richtig verhalten, kannst du mit jemandem darüber sprechen. Es gibt viele Beratungsangebote, bei denen du Unterstützung findest, wenn es häusliche Gewalt in deiner Familie gibt. Du kannst dich auch an die Polizei oder einen Vertrauenslehrer in der Schule wenden!

§ DÜRFEN ELTERN IHREN KINDERN DAS HANDY WEGNEHMEN?

Gewalt ist keine Lösung, das haben wir gelernt. Doch im Zeitalter der Digitalisierung ist eine andere Strafe gerade für Kinder deutlich schmerzhafter: Handyverbot. Wenn die Kinder mal wieder ihre Grenzen etwas zu stark ausgetestet haben oder auch ihr Handy zu exzessiv nutzen, platzt Eltern regelmäßig der Kragen und sie beschlagnahmen die Geräte kurzerhand bis zum nächsten Tag. Das darauffolgende Geschrei ist groß. »Das ist mein Handy, du bestimmst nicht darüber«, heißt es nicht selten von Seiten der Kinder. »Das Handy habe ich gekauft« oder »In diesem Haus gebe ich die Regeln an«, ist oftmals die Reaktion der Eltern. Aber wer hat recht?

Eltern dürfen ihren Kindern das Smartphone wegnehmen, wenn es als pädagogische Strafe gedacht ist. Das gilt selbst dann, wenn sich das Kind das Telefon vom eigenen Taschengeld oder von Geldgeschenken gekauft hat und die Eltern dem Kauf zugestimmt haben. Nicht nur das: Auch haben die Eltern bei minderjährigen Kindern sogar die Pflicht, die Handynutzung zum Wohl des Kindes zu begleiten und zu überwachen – dazu gibt es sogar schon Gerichtsentscheidungen (z. B. OLG Frankfurt a. M., Beschluss vom 15.06.2018, 2 UF 41/18).

Es gibt allerdings keine rechtlichen Vorgaben dafür, wie lange Eltern das Handy ihres Kindes einbehalten dürfen. Hier kommt es – wie so oft – auf den Einzelfall an. So kann die Dauer zum Beispiel davon abhängen, was das Kind konkret »ausgefressen« hat. Je nach Situation können Eltern das Smartphone tatsächlich ein bis zwei Wochen einbehalten – falls sie das entsprechende Gejammer so lange ertragen.

§ DARF MAN KINDERN ZUR STRAFE HAUSARREST GEBEN?

»Geh auf dein Zimmer! Du hast Hausarrest!« – diese Sätze hat jeder schon mal gehört, ob nun von seinen Eltern oder in Filmen und Serien. Hausarrest ist wohl die bekannteste aller Strafen für Kinder. Aber ist es rechtlich erlaubt, seinen Kindern zu verbieten, das Haus oder gar nur ihre Zimmer zu verlassen?

Grundsätzlich dürfen Eltern frei bestimmen, wo sich das Kind aufhält. Außerdem ist es erlaubt, Kinder für Fehlverhalten angemessen zu bestrafen, wenn es sich dabei um eine sinnvolle, pädagogische Maßnahme handelt – wenn die Eltern das Kind also erziehen und sein Fehlverhalten bestrafen wollen. Nicht aber, um das Kind zu schikanieren und die eigene schlechte Laune an ihm auszulassen. So etwas kann

Kinder entwürdigen und ist verboten. Auch der Hausarrest kann entwürdigend und deshalb unzulässig sein, wenn die Kinder und Jugendlichen dabei eingeschlossen werden oder über mehrere Tage oder gar Wochen ihr Zimmer oder die Wohnung nur für unerlässliche Dinge verlassen dürfen. Es ist jedoch erlaubt, dem Kind zu verbieten, für einen oder mehrere Abende auszugehen, etwas zu tun, was es gern möchte, oder Freunde zu treffen. Das gilt nicht nur als Strafe, sondern zum Beispiel auch, wenn das Kind für Prüfungen lernen und ausschlafen soll.

§ SIND KINDER DAZU VERPFLICHTET, IM HAUSHALT ZU HELFEN?

Während die einen Eltern ihren Kindern mit Smartphone-Verboten eine Lektion verpassen wollen, drücken andere ihren Kindern unliebsame Aufgaben aus dem Haushalt auf. Ab einem bestimmten Alter halten es viele Eltern für eine Pflicht der Kinder, im Haushalt mitzuhelfen: Waschen, Bügeln, Putzen, Einkaufen, die Spülmaschine ein- und ausräumen, Müll wegbringen … Das können auch mal die Kinder erledigen, oder?

Dass Kinder ihren Eltern im Haushalt helfen müssen, steht sogar im Gesetz, und zwar in § 1619 BGB. Sie sind verpflichtet, in einer ihren Kräften und ihrer Lebensstellung entsprechenden Weise den Eltern im Hauswesen und im Geschäft Dienste zu leisten. Aber was bedeutet das konkret? In einem gewissen Rahmen können Eltern von ihren Kindern verlangen, bei der Hausarbeit mitzuhelfen, ihre Zimmer aufzuräumen oder auf die Geschwister aufzupassen. Eltern dürfen ihre Kinder mit diesen Aufgaben aber nicht überfordern. Das heißt, es muss noch genügend Freizeit bleiben, die Arbeit darf nicht zu schwer sein und die schulischen Leistungen dürfen nicht darunter leiden.

So spricht nichts dagegen, wenn Eltern ein fünfjähriges Kind bitten, den Tisch abzuräumen oder von einem Siebenjährigen erwarten, dass er unter Anleitung sein Zimmer aufräumt oder einen kleinen Einkauf tätigt. Denn Eltern haben auch ein Recht auf Hilfe im gemeinsamen Haushalt!

KAPITEL 16

DER TOD: AUCH STERBEN IST NICHT SO EINFACH

So viele Rechtsfragen begleiten einen durch das Leben. Man könnte meinen, das ganze Theater mit den Gesetzen und Regelungen hätte ein Ende, wenn auch das Leben zu Ende geht. Doch weit gefehlt! Los geht es schon, wenn man zu gebrechlich oder dement wird, um allein zu wohnen: Wer zahlt eigentlich das Pflegeheim, wenn man zum Pflegefall wird? Ein schrecklicher Gedanke für viele Menschen. Da ist gerade bei älteren Menschen der Satz »Dann zieht einfach den Stecker, ich will in Würde sterben« schnell gesagt. Doch ist Sterbehilfe überhaupt erlaubt? Viele möchten auch, dass ihre Organe gespendet werden. Doch was ist dabei zu beachten?

Weitere Rechtsfragen kommen vor der Beerdigung auf: Wer zahlt die eigentlich? Es folgt das besonders beliebte Thema Erbe: Wer bekommt was? Kann jemand auch gar nichts bekommen? Kann der Hund alles bekommen? Und wo muss man aufschreiben, wie das Erbe verteilt werden soll? Kann man ein Testament auf einem Schmierzettel machen?

Neben diesen Fragen, die mit dem natürlichen Tod im Alter einhergehen, gibt es Rechtsfragen, die den unnatürlichen Tod betreffen. Wann darf ich jemanden in Notwehr töten? Und ist ein Mord immer geplant, wohingegen der Totschlag zwangsläufig im Affekt passiert? Hier die Antworten zu den letzten Dingen …

§ WENN MAN INS PFLEGEHEIM MUSS, ZAHLEN DANN DIE ANGEHÖRIGEN DIE KOSTEN?

Wie sieht mein Leben aus, wenn ich einmal alt bin? Was passiert, wenn ich dement bin und nicht mehr allein für mich sorgen kann? Wer zahlt für meine Pflege in einem Heim? Den Kindern will man ungern zur Last werden und man weiß vielleicht auch, dass sie solche Kosten nicht tragen könnten. Gleichzeitig ist die Pflege zu Hause für die Angehörigen nicht immer realisierbar. Zu gern werden solche Gedanken daher verdrängt.

Eine Unterbringung im Heim ist tatsächlich ziemlich teuer. Meist fallen mehrere Tausend Euro im Monat an, in etwas luxuriöseren Heimen wird es besonders teuer. Die Pflegekasse, in die man sein gesamtes Berufsleben lang eingezahlt hat, übernimmt jedoch nur einen Teil davon. Für einen Eigenanteil der Pflegekosten, Unterkunft, Verpflegung und Zusatzkosten muss man selbst aufkommen. Aber woher nehmen, wenn nicht stehlen?

Wenn die Rente und das Vermögen des zu Pflegenden nicht ausreichen und keine private Pflegezusatzversicherung abgeschlossen worden ist, übernimmt zunächst das Sozialamt den Rest der Heimkosten. Allerdings kann sich das Amt das Geld möglicherweise von den Ehepartnern oder den Kindern zurückholen (§ 94 SGB XII). Denn Ehepartner müssen bis zu einer Grenze von insgesamt 5000 Euro (insgesamt, nicht monatlich!) fast ihr gesamtes Hab und Gut für die Pflege des jeweils anderen abgeben. Zumindest darf man im bewohnten Eigenheim wohnen bleiben und muss das nicht auch noch verkaufen. Und was ist mit denen, die keinen Ehepartner haben? Wenn es Kinder gibt, müssen die dann ran?

Hier kommt es darauf an: Kinder werden seit 2020 erst ab einem Jahresbruttoeinkommen von 100 000 Euro zur Kasse gebeten (§ 94 Abs. 1a SGB XII). Zu diesem Einkommen zählen nicht nur das Gehalt, sondern auch Einkünfte aus Vermietung oder Kapitalerträge. Allerdings kann man auch gewisse Ausgaben wir Unterhaltspflichten davon abziehen.

Vorhandenes Vermögen wird zwar grundsätzlich nicht berücksichtigt. Davon gibt es aber eine Ausnahme: Die Eltern haben dem

Kind innerhalb der letzten zehn Jahre Geld oder andere Vermögenswerte wie etwa ein Haus geschenkt und sind deshalb »verarmt« (§ 528 BGB). In diesem Fall kann das Sozialamt sich den Wert dieser Geschenke zurückholen und davon die Kosten für das Heim begleichen. Das heißt, die Angehörigen müssen ein geschenktes Haus im Zweifel verkaufen und das Geld an das Sozialamt übertragen, um die Heimkosten zu decken.

Doch was, wenn man gar keinen Kontakt zu den Eltern mehr hat? Muss man dennoch für deren Pflege einstehen, wenn man grundsätzlich dazu verpflichtet ist? Sicher nicht, dachte sich ein Bremer Beamter, der 36 Jahre keinen Kontakt zu seinem Vater hatte, dann aber zur Kasse gebeten wurde, als sein Vater ins Pflegeheim kam. Der Fall landete vor Gericht: Der Sohn verweigerte die Zahlung, da sein Vater den Kontakt zu ihm im Alter von 19 Jahren abgebrochen hatte. Versuche des Sohns, eine Bindung aufzubauen, scheiterten am mangelnden Interesse des Vaters. Das reichte jedoch nicht aus. Denn nach Auffassung des BGH wog diese Verfehlung nicht so schwer, dass die Unterhaltspflicht des Sohnes entfiel (Urteil vom 12. Februar 2014, Aktenzeichen XII ZB 607/12). Erst wenn es zu gravierendem Fehlverhalten durch die Eltern gekommen ist, sind Kinder von ihrer Unterhaltspflicht entbunden. Das ist beispielsweise dann anzunehmen, wenn Eltern ihre Kinder körperlich oder gar sexuell misshandelt haben. Wenigstens hier zieht die Rechtsprechung eine Grenze …

§ IST STERBEHILFE IN DEUTSCHLAND ERLAUBT?

Irgendwann einmal im Pflegeheim leben zu müssen, ist eine belastende Vorstellung für viele Menschen. Ein weiteres hochsensibles Thema ist das würdevolle Sterben. Denn ein würdevolles Sterben trotz Krankheit und Alter empfinden die meisten als ebenso wichtig wie eine würdevolle Behandlung zu Lebzeiten. Deshalb wird immer wieder über die Möglichkeit von Sterbehilfe als Beitrag zum selbstbestimmten Sterben diskutiert. Die Rechtslage zur sogenannten Sterbehilfe in Deutschland ist allerdings derzeit nicht unkompliziert.

Zunächst einmal ist es durch § 216 Strafgesetzbuch grundsätzlich unter Strafe gestellt, eine andere Person auf deren Verlangen hin zu töten. Demnach wäre jedes »Entgegenkommen« gegenüber einer sterbewilligen, todkranken Person nicht erlaubt. Nahestehende Personen oder Ärzte könnten sich strafbar machen. Aber nicht in jeder Situation, die man als »Sterbehilfe« verstehen kann, besteht das Bedürfnis nach Strafe. Der Bundesgerichtshof hat deshalb Fallgruppen und Kriterien entwickelt, welche Arten der Sterbehilfe unter diese Norm fallen sollen und welche Handlungen straflos bleiben.

Nach Ansicht unseres höchsten ordentlichen Gerichtes soll aktive, direkte Sterbehilfe stets unter die Strafnorm fallen. Gemeint sind alle Fälle, in denen eine Handlung explizit auf die Einleitung oder die Beschleunigung des Sterbevorgangs abzielt. Beispielsweise wäre das der Fall, wenn ein Arzt ein Medikament spritzt, das zeitnah den Herzschlag und die Atmung zum Erliegen bringt. Ein Arzt, der so handelt, soll stets als Straftäter behandelt werden. Erlaubt ist hingegen die »indirekte« Sterbehilfe. Diese bezeichnet Vorgänge, die das Leben nur als Begleiterscheinung verkürzen. Regelmäßig betrifft das Maßnahmen der Palliativmedizin, wenn einem sterbenden Patienten starke schmerzstillende Medikamente verabreicht werden, die nicht nur die Schmerzen stillen, sondern auch den Todeseintritt nachweislich beschleunigen. In solchen Fällen wird argumentiert, dass das Verabreichen des Medikaments nicht auf das Töten abzielt, sondern ein würdevolles, schmerzfreies Leben ermöglichen soll – auch wenn dies womöglich nur noch Stunden oder Tage dauert. Die indirekte Sterbehilfe diene dem Leben und nicht dem Tod.

Ebenfalls nicht strafbar ist passive Sterbehilfe, die vom Bundesgerichtshof auch unter den Begriff »Behandlungsabbruch« gefasst wird. Schlicht gesagt sind dies alle Situationen, in denen lebenserhaltende oder lebensverlängernde Maßnahmen unterlassen werden. Wünschen ein Patient oder seine Angehörigen, dass eine lebensrettende Operation nicht stattfinden oder eine künstliche Ernährung oder Beatmung abgebrochen werden soll, so ist dies eine Entscheidung, die von Ärzten respektiert werden muss und durch deren Verwirklichung sich ein Arzt nicht strafbar machen soll.

Die Möglichkeit, über das eigene Leben und den eigenen Tod bestimmen zu können, wurde 2020 durch das Bundesverfassungsgericht noch einmal gestärkt. Das Gericht erklärte den erst 2015 eingefügten § 217 Strafgesetzbuch für nichtig. Der Paragraf hieß »Geschäftsmäßige Förderung der Selbsttötung« und stellte es unter Strafe, jemandem geschäftsmäßig die Gelegenheit zum Suizid zu gewähren. Unser Gesetzgeber wollte damit Institutionen verbieten, deren Arbeit gesellschaftlich häufig auch als Sterbehilfe bezeichnet wird – nämlich Institutionen für assistierte Suizide. Nach Ansicht des Bundesverfassungsgerichts schränkte die Norm das Selbstbestimmungsrecht zu sehr ein. Es schrieb dazu: »Das Recht auf selbstbestimmtes Sterben schließt die Freiheit ein, sich das Leben zu nehmen. Die Entscheidung des Einzelnen, seinem Leben entsprechend seinem Verständnis von Lebensqualität und Sinnhaftigkeit der eigenen Existenz ein Ende zu setzen, ist im Ausgangspunkt als Akt autonomer Selbstbestimmung von Staat und Gesellschaft zu respektieren. […] Die Freiheit, sich das Leben zu nehmen, umfasst auch die Freiheit, hierfür bei Dritten Hilfe zu suchen und Hilfe, soweit sie angeboten wird, in Anspruch zu nehmen.«

Insgesamt werden die Tötungsdelikte aber nach wie vor von den meisten Juristen als reformbedürftig eingestuft. Unter anderem könnte auch der § 216 StGB (Tötung auf Verlangen) als nicht mit dem vom Bundesverfassungsgericht aufgestellten »Recht auf selbstbestimmtes Sterben« vereinbar angesehen werden. Zudem werden die Kategorisierungen der aktiven und passiven, direkten und indirekten Sterbehilfe und des Behandlungsabbruchs kritisiert, weil diese nicht direkt dem Gesetz entspringen und Fallgruppen grundsätzlich Rechtsunsicherheit in Bezug auf ihre Abgrenzung bieten.

§ KANN ICH MEINE ORGANE NACH DEM TOD SPENDEN ODER ZU LEBZEITEN VERKAUFEN?

Habt ihr einen Organspendeausweis? Und tragt ihr den Ausweis immer bei euch, zum Beispiel im Portemonnaie? Allein diese Fragen mögen für euch vielleicht schon unangenehm sein, denn viele denken nicht gern darüber nach, was nach dem Tod mit dem eigenen Körper passiert. Allerdings solltet ihr euch ein paar Gedanken machen, sobald ihr älter als 16 Jahre seid und diese Entscheidung treffen dürft. Wenn ihr zu Lebzeiten die Entscheidung für oder gegen die Spendebereitschaft aller oder einiger Organe trefft und sie im Organspendeausweis oder in einer Patientenverfügung eintragen lasst, ist eure Familie genauso daran gebunden wie die Ärzte. Trefft ihr sie hingegen nicht und kommt aber prinzipiell für eine Organspende in Betracht, werden die Ärzte deine nächsten Verwandten fragen, was du gewollt hättest.

Doch was, wenn ihr beispielsweise eure Niere nicht erst nach dem Tod spenden, sondern zu Lebzeiten verkaufen wollt? Ist ja schließlich euer Körper, mit dem ihr machen könnt, was ihr wollt, oder? Auf die Idee kam im Jahr 2001 auch ein 19-Jähriger, der im Internet seine Niere für 100 000 Mark anbot. Das Amtsgericht Homburg verurteilte ihn daraufhin zu hundert Stunden gemeinnütziger Arbeit wegen unerlaubten Organhandels. Denn dabei handelt es sich seit Ende 1997 um eine Straftat, die für Erwachsene mit bis zu fünf Jahren Haft angedroht wird. Lebendspenden von Organen sind nur ohne Gewinnabsicht unter Personen mit enger emotionaler Bindung erlaubt. Und das macht auch Sinn. Denn andernfalls gäbe es ein erhebliches moralisches Problem, wenn gerade Menschen mit finanziellen Sorgen ihre eigene Gesundheit nur aus der Not heraus aufs Spiel setzen würden. Verschuldete Menschen müssten sich von ihren Gläubigern womöglich anhören, sie könnten ja nach Haus und Hof auch die Niere noch verkaufen, um ihre Schulden zu begleichen. Vor solchen Zuständen will der deutsche Gesetzgeber seine Bevölkerung jedoch zu Recht schützen.

§ MÜSSEN DIE HINTERBLIEBENEN DIE BEERDIGUNG BEZAHLEN?

Aus Filmen kennt man diese Bilder: Eine große Trauergemeinde, ein schöner Grabstein, ein Sarg mit einem riesigen Bouquet aus weißen Lilien. Alles ist geschmückt, im Anschluss kommt der Leichenschmaus. Klingt schön, ist schön, ist aber auch teuer. Wer soll das Ganze jetzt bezahlen? Was, wenn jemand keine Angehörigen hat oder mit diesen bis zuletzt zerstritten war? Können Hinterbliebene dazu gezwungen werden, eine Beerdigung zu bezahlen?

Tatsächlich ist auch dieser letzte Prozess im Leben eines Menschen rechtlich recht klar geregelt. Nach dem gesetzlichen Grundsatz sollen die Erben für die Beerdigung des Verstorbenen aufkommen (§ 1968 BGB). Wenn nach einem Todesfall die Erbenstellung noch unklar ist und jemand zahlt, der eigentlich nicht Erbe ist, kann dieser von den Erben später die Kosten zurückverlangen.

Wenn ihr in der Pflicht sein solltet, für eine Beerdigung aufzukommen, die Kosten für euch aber unzumutbar sind, könnt ihr beim Sozialamt eine Sozialbestattung beantragen. Eine filmreife Beerdigung bezahlt das Amt natürlich nicht.

Fühlt sich zunächst niemand für die Beisetzung verantwortlich und schlagen alle Angehörigen das Erbe aus, wird diese von der Gemeinde oder Stadt organisiert, da es gesetzlich vorgeschrieben ist, Tote zeitnah zu beerdigen. Hat die Gemeinde oder Stadt alle Kosten bezahlt, darf sie diese dann allerdings von den Unterhaltspflichtigen des Verstorbenen zurückverlangen. Zumindest wenn die Kosten für die Bestattung und die Bezahlung sämtlicher Gläubiger des Verstorbenen den Betrag des Nachlasses überschreiten. Die Unterhaltspflichtigen müssen nicht zwangsweise auch die Erben sein, nämlich insbesondere dann nicht, wenn der Verstorbene testamentarische Regelungen getroffen hat. Ist dies nicht der Fall, sind die Unterhaltspflichtigen meist dieselben wie die Erben: die nächsten Angehörigen. Angefangen mit dem Ehegatten, dann die Kinder, Eltern und weitere Verwandten.

§ WER KANN NACH MEINEM TOD AUF MEINE ONLINE-KONTEN ZUGREIFEN?

Was passiert eigentlich mit meinem Facebook-, Twitter-, LinkedIn oder Instagram-Account, wenn ich sterbe? Wer darf meine E-Mails lesen? Habt ihr euch solche Fragen schon einmal gestellt? Schon ziemlich unangenehm, darüber nachzudenken. Doch wenn ihr es nicht zu

Lebzeiten tut, bekommen eure gesetzlichen Erben automatisch den Zugang zu sämtlichen Konten. Die sind als »digitales Erbe« nämlich Teil des Nachlasses, genauso wie ein Haus, Bücher oder die Summe auf eurem Bankkonto.

Der Fall, in dem diese Rechtslage geklärt wurde, war mehr als traurig. Die Mutter eines verstorbenen 15-jährigen Mädchens hatte auf Zugang zu dem Facebook-Konto ihrer Tochter geklagt. Sie besaß zwar die Zugangsdaten, Facebook verweigerte ihr aber den Zugriff auf das Konto. Das war in diesem Fall besonders tragisch, da das junge Mädchen auf ungeklärte Weise auf den Gleisen der U-Bahn umgekommen war. Durch den Zugriff auf die Social-Media-Konten der Tochter wollte die Mutter mehr über die Umstände des Todes erfahren. Es war unklar, ob die Tochter vielleicht Selbstmord begangen hatte.

Nach einer Reihe unterschiedlicher Gerichtsurteile gab der Bundesgerichtshof der Mutter am Ende recht. Facebook müsse ihr vollen Zugang zum Konto gewähren (Urteil vom 12.7.2018, Aktenzeichen III ZR 183/17). Allerdings dürften die Erben das Konto nicht aktiv nutzen, sondern es nur anschauen. Facebook könne sich nicht auf die anders lautenden Nutzungsbedingungen berufen, denn diese seien unwirksam. Das Erbe von digitalen Konten in sozialen Netzwerken sei letztlich vergleichbar mit vererbten Tagebüchern oder Liebesbriefen. Die seien zu Lebzeiten ebenfalls privat, nach dem Tod aber nicht mehr.

Möchtest du vielleicht, dass nur eine ganz bestimmte Person Zugriff auf deine gesamte digitale Privatsphäre haben soll? Oder sollen die Erben deine Konten sofort löschen, ohne sie zu lesen? Das kannst du alles vorab im Testament bestimmen. Zusätzlich bieten manche Online-Dienste die Option, die Kontoverwaltung im Falle des eigenen Ablebens vorab selbst zu regeln. Bei Facebook etwa kannst du entweder einen Nachlasskontakt bestimmen, der sich um dein Konto kümmert, oder festlegen, dass dein Konto dauerhaft gelöscht wird. Diese Einstellungen sollten aber mit deinem Testament übereinstimmen, denn sonst können deine Erben dagegen vorgehen.

§ DARF MAN DAS TESTAMENT AUF EINEN SCHMIERZETTEL SCHREIBEN?

Wie sieht eigentlich ein Testament aus? Eine Frage, die sich viele noch nie gestellt haben. Ein Stück Papier halt, ne? Aber ist jedes erdenkliche Stück Papier erlaubt? Also beispielsweise auch ein Notizzettel, wenn der wenigstens unterschrieben ist? Nicht so ganz – wie der Fall einer im Jahr 2013 im stolzen Alter von 102 Jahren verstorbenen Frau zeigt: Sie war Eigentümerin eines Hausgrundstücks. Ihr Testament war auf zwei besonderen Schriftstücken festgehalten worden. Bei dem einen handelte es sich um einen per Hand ausgeschnittenen Zettel mit der handschriftlichen Aufschrift »Tesemt / Haus / Das für H.«. Darunter folgte die Angabe »1986« und ein Schriftzug mit dem Nachnamen der Frau. Das zweite Schriftstück war ein mehrfach gefaltetes Stück Pergamentpapier, das dieselben Angaben in leicht veränderter Anordnung enthielt.

Nach Meinung des Gerichts, das den Fall zu entscheiden hatte, sprachen sowohl die äußere Form als auch der dürftige Inhalt dafür, dass es sich allenfalls um Entwürfe eines Testaments handelte (OLG Hamm, Beschluss vom 27.11.2015, Aktenzeichen 10 W 153/15). Die Überschrift enthielt Schreibfehler, und im Text fehlte ein vollständiger Satz. Dabei habe die Frau die deutsche Sprache und Grammatik nachgewiesenermaßen beherrscht. Außerdem hielten die Richter es nicht für nachvollziehbar, wieso die Verstorbene im Jahr 1986 gleich zwei inhaltlich gleichlautende Testamente aufgesetzt haben sollte.

Etwas mehr Sorgfalt kann also beim Testament nicht schaden! Ein ordentlicher Ausdruck mit Unterschrift ist allerdings auch keine gute Idee. Denn das Testament muss nicht nur eigenhändig unterzeichnet, sondern insgesamt mit der Hand geschrieben sein. Denn andernfalls ist das Risiko einer Fälschung doch recht hoch! Wer auf Nummer sicher gehen möchte, sollte sein Testament bei einem Notar anfertigen lassen und auch dort hinterlegen.

§ BEKOMMEN KINDER WIRKLICH NICHTS, WENN SIE ENTERBT WERDEN?

Es ist ein dramatischer Satz, den Eltern zu ihren – aus ihrer Sicht – missratenen Kindern sagen: »Ich werde dich enterben!« Im Streit gesagt, werden solche Drohungen dann selten Realität. Aber was, wenn doch? Geht das überhaupt, ein Kind komplett zu enterben?

Es ist zwar durchaus möglich, jemanden per Testament zu enterben, der eigentlich per Gesetz erbberechtigt wäre. Das geht sogar ohne Angabe von Gründen. So ganz leer ausgehen wird der liebe Nachwuchs aber nie. Denn in der Regel haben Kinder gemäß § 2303 BGB einen Anspruch auf den »Pflichtteil« des Erbes, ebenso wie die Ehepartner und in seltenen Ausnahmefällen auch die Eltern, Enkel und Urenkel. Hintergrund ist, dass der Verstorbene für seine nahen Angehörigen eine Fürsorgepflicht hat, die auch nach dem Tod weiter gilt. Der Pflichtteil ist die Hälfte der gesetzlich vorgesehenen Erbmasse. Diesen Anteil muss der Enterbte allerdings von den anderen Erben einfordern.

Ein Beispiel: Der Vater stirbt, seine Frau ist bereits verstorben. Er hinterlässt zwei Töchter, von denen er eine enterbt hat. Hätte er das nicht getan, hätten die Kinder jeweils 50 Prozent des Erbes erhalten. Weil eine Tochter enterbt wurde, erhält nun die andere Tochter zunächst 100 Prozent. Ihre Schwester kann von ihr allerdings 25 Prozent des Erbes als Pflichtteil verlangen.

In besonderen Ausnahmefällen haben Kinder keinen Anspruch auf den Pflichtteil. So zum Beispiel, wenn ein Kind seine Eltern getötet hat – wenig überraschend. Solche Gründe können auch im Testament niedergelegt werden. Das macht zum Beispiel dann Sinn, wenn das Kind bereits ernsthaft gedroht hat, die Eltern umzubringen oder andere schwere Straftaten begangen hat, die sich gegen die Eltern richteten oder derentwegen das Kind zu mindestens einem Jahr Gefängnis verurteilt wurde. Was aber nicht reicht: Ein Kontaktabbruch und die Weigerung, sich um die gebrechlichen Eltern zu kümmern.

§ DARF ICH MEIN GANZES GELD MEINEM TERRIER DAISY VERERBEN?

Hat man sich im Alter mit allen Angehörigen verkracht, bleibt meist der Hund der einzige treue Wegbegleiter. Also fügt man beim Verfassen des Testaments nach dem Satz »Ich enterbe meine Kinder« noch folgende schöne Anweisung ein: »Zu meinem Alleinerben bestimme ich meinen Hund Schnuffel.« Auf diese Idee kann auch kommen, wer gar keine Kinder hat und sicherstellen will, dass der Hund gut versorgt bleibt.

So auch im Fall des Münchner Modeunternehmers Rudolph Moshammer, der seinem über alles geliebten Yorkshire-Terrier Daisy sein Vermögen vererben wollte. Moshammer und Daisy waren zwar zu Lebzeiten unzertrennlich, doch das finanzielle Band zwischen den beiden wurde mit dem Tod Moshammers getrennt. Denn die Hündin konnte das Vermögen des ermordeten Modeschöpfers nicht erben. Ähnlich erging es auch Choupette, der Birma-Katze von Karl Lagerfeld, die von dem 800-Millionen-Euro-Erbe profitieren sollte.

Tiere können nicht als Erben eingesetzt werden. Das ergibt sich aus einem anderen Fall, das dem Landgericht München zur Entscheidung vorlag: Da Hunde keine rechtsfähigen Personen seien, könnten sie nichts erben (Beschluss vom 22.01.2004, Aktenzeichen 16 T 22604/03). Rechtsfähig sind nach § 1 BGB nur Menschen sowie gemäß einigen Spezialgesetzen sogenannte juristische Personen wie eingetragene Vereine, Gesellschaften mit beschränkter Haftung oder Aktiengesellschaften. Tiere dagegen sind nicht rechtsfähig. Im konkreten Fall hatte eine Hundebesitzerin ihren Vierbeiner neben anderen Familienangehörigen als Erben benannt. Nach ihrem Tod kümmerte sich dann eine Bekannte der Verstorbenen um den hinterbliebenen Hund und erhoffte sich einen Anteil des Erbes. Doch die Richter machten ihr einen Strich durch die Rechnung.

Wem die Vierbeiner jedoch grundsätzlich am Herzen liegen, der kann sein Vermögen einem Tierschutzverein vermachen. Das ist durchaus möglich und auch nicht unüblich. Dabei macht es Sinn, im Testament klar zu benennen, welcher Organisation das Erbe zugutekommen soll.

§ DARF MAN JEMANDEN IN NOTWEHR TÖTEN?

Nicht jeder Tod geschieht altersbedingt und aus natürlichen Gründen. Häufig tritt der Tod auch bei Unfällen oder im Rahmen von Straftaten ein. Jemand anderen getötet zu haben, ist für normale Menschen eine immense psychische Belastung, mit der sie ein Leben lang nur schwer zurechtkommen. Das gilt selbst dann, wenn sie Opfer eines Angriffs geworden sind und sich nur verteidigt, also in Notwehr gehandelt haben. Von juristischer Seite zu befürchten hat man dann nichts, sofern man sich verhältnismäßig gegen einen unmittelbar bevorstehenden rechtswidrigen Angriff gewehrt hat. Doch was heißt eigentlich verhältnismäßig? Diese Frage beschäftigt die Gerichte immer dann, wenn eine Notwehrhandlung weit über das Ziel hinausschießt.

So auch in einem Fall vor dem Landgericht Stade (Urteil vom 27.10.2014, Aktenzeichen 10a Ks 151 Js 32983/10): Mehrere Jugendliche überfielen einen Rentner in dessen Haus und raubten ihn aus. Doch der Mann war selbst waffenkundiger Jäger und schoss zu seiner Verteidigung einem Sechzehnjährigen in den Rücken, der gerade mit dem Geld des alten Mannes davonrennen wollte – der Jugendliche verstarb. Die Richter verurteilten den Rentner zu einer Freiheitsstrafe von neun Monaten auf Bewährung wegen Totschlags in einem minder schweren Fall. Zwar kenne das deutsche Recht keinen offiziellen Ausschluss von Notwehrmitteln, also kein grundsätzliches Verbot des Tötens zur Notwehr. Allerdings müsse man in Notwehrsituationen stets das mildeste Mittel wählen, das den Angriff abwehren kann. Und als kundiger Jäger hätte der Mann auch auf die Beine anstatt auf den Rumpf des Jugendlichen zielen können, um ihn von der Flucht abzuhalten. Dann wäre der Jugendliche nicht gestorben, und trotzdem hätte der Rentner sein Geld zurückbekommen.

Das Notwehrrecht ist ein Recht, das der Gesetzgeber einem zur Verteidigung gibt. Ausreizen sollte man dieses Recht aber besser nicht!

§ MORD IST EINE GEPLANTE TÖTUNG – UND TOTSCHLAG PASSIERT IM AFFEKT, ODER?

Gerade im Kontext von Straftaten und Tötungen hält sich ein Rechtsirrtum ganz vehement: Mord und Totschlag sollen sich darin unterscheiden, dass Mord eine geplante Tat sei, der Totschlag hingegen »nur« eine Tötung im Affekt. Doch so weitverbreitet diese Annahme ist, so falsch ist sie auch. Denn Mord (§ 211 StGB) und Totschlag (§ 212 StGB) sind beides vorsätzliche Delikte. Das bedeutet, dass beides nicht zwingend eine umfangreiche, bösartige Planung erfordert, aber die Tötung gewollt sein muss und nicht nur fahrlässig herbeigeführt wird. Ein Totschlag kann durchaus sechs Monate geplant werden, und ein Mordentschluss kann wenige Minuten vor der Tat gefasst werden.

Der Unterschied der Delikte liegt ausschließlich in den sogenannten Mordmerkmalen. Mordmerkmale sind Motive oder Vorgehensweisen, die zur Tötung hinzukommen und diese NOCH verwerflicher und schlimmer machen, als es ein Totschlag – also eine »beliebige« vorsätzliche Tötung – ohnehin schon ist. Diese Mordmerkmale sind im Gesetz vollständig aufgezählt: Mordlust, Töten zur Befriedigung des Geschlechtstriebs, Habgier oder sonstige niedrige Beweggründe, heimtückische oder grausame Vorgehensweise, Tötung mit gemeingefährlichen Mitteln sowie das Töten zum Ermöglichen oder Verdecken anderer Straftaten.

Die Konsequenz: lebenslängliche Haft. So mancher wird jetzt denken, was heißt schon lebenslänglich … das sind in Deutschland doch eh nur 15 Jahre, und dann kommt eine Haftprüfung und man ist wieder raus. Nicht so wie in den USA, wo man gleich zu 385 Jahren Haft verurteilt wird …

Falsch gedacht! Die Annahme, dass lebenslang »eigentlich« nur 15 Jahre sind, ist so nicht richtig. Vielmehr besteht gem. § 57a Abs. 1 StGB grundsätzlich frühestens nach Absitzen von 15 Jahren Haft die Möglichkeit, die restliche Strafe zur Bewährung auszusetzen. Eine lebenslange Freiheitsstrafe kann durchaus für den Rest eines Lebens vollstreckt werden, wenn dies nötig ist. Allerdings passiert das tatsächlich fast nie – was daran liegt, dass das Bundesverfassungsgericht

(Urteil vom 21.06.1977, Aktenzeichen 1 BvL 14/76) schon im Jahr 1977 ein wichtiges Urteil zur Bedeutung der Menschenwürde im Strafvollzug verkündet hat. Die Menschenwürde steht an allererster Stelle unserer Verfassung und beinhaltet, dass ein Mensch vom Staat niemals so behandelt werden darf, als wäre er nur ein Objekt. Daher muss grundsätzlich »die Chance für ihn bestehen, je wieder der Freiheit teilhaftig werden zu können«. Wurde bei der Verurteilung des Täters aber eine »besondere Schwere der Schuld« festgestellt, können sich die 15 Jahre Mindestzeit noch eine ganze Ecke verlängern. So wurde im Jahr 2021 beispielsweise ein Gefangener in Baden-Württemberg erst nach 58 Jahren Haft entlassen (OLG Karlsruhe, Beschluss vom 17.03.2021, Aktenzeichen 1 Ws 198/20) – er hatte im Alter von 25 Jahren ein Paar überfallen und erschossen.

§ NACHWORT

Eine ganze Menge Rechtsfragen habe ich für euch in diesem *Taschenanwalt* aufgedröselt. Wie ihr seht: Von der Wiege bis zur Bahre gibt es nicht nur Formulare, sondern auch viele Paragrafen und Urteile. Nicht jede Entscheidung, die unser Rechtssystem trifft, mag euch vielleicht einleuchten – ganz ehrlich, das geht mir manchmal genauso. Doch die meisten Regelungen sind absolut sinnvoll, und wir können froh sein, dass es sie gibt. Wäre ja noch schöner, wenn jeder um Mitternacht hämmern oder sich auf der Liebesschaukel austoben könnte, wie er wollte. Des einen Recht ist halt manchmal des anderen Leid, und ohne Regeln funktioniert kein Zusammenleben. Besser ist es daher, wenn man die wichtigsten Regeln, die im Alltag gelten, auch kennt – dafür ist dieses Buch ja da. Und auch wenn man selbst gerade kein Rechtsproblem hat, können die Probleme anderer mitunter sehr unterhaltsam sein.

Natürlich könnte ich noch Hunderte weitere Rechtsfragen zusammenstellen und beantworten! Wenn euch meine kleinen Geschichten gefallen haben, schaut doch mal auf unserer Website *taschenanwalt.de* vorbei! Dort findet ihr immer unsere aktuellsten Artikel und Videos zu weiteren Alltagsfragen und außerdem alle Links aus diesem Buch zum Anklicken. Oder ihr geht direkt auf meinen YouTube-Kanal *Kanzlei WBS*. Hier findet ihr immer die aktuellste Rechtsprechung, Berichte über neueste Gesetze und Urteile, skurrile und interessante Fälle aus der Alltagswelt sowie Tipps und Rat, zum Beispiel bei Abmahnungen. Außerdem beantworte ich häufig auch eure Nutzerfragen. Darüber hinaus könnt ihr mir noch auf Twitter *@solmecke*, Instagram *kanzlei_wbs* oder auf Facebook *Kanzlei WBS* folgen und euch dort updaten lassen.

In diesem Sinne hoffe ich, ihr hattet viel Spaß bei der Lektüre dieses Buches!

Euer Christian Solmecke

§ ÜBER DEN AUTOR

Christian Solmecke ist Deutschlands wohl bekanntester Rechtsanwalt. Keine Suche nach einer auch für Nicht-Juristen verständlichen Antwort auf rechtliche Fragen führt an ihm vorbei. Doch wie kam es überhaupt dazu? Solmecke studierte Jura in Köln und Bochum, absolvierte anschließend einen »Master of Laws« und spezialisierte sich dann als Rechtsanwalt auf die Beratung der Internet- und IT-Branche. Seit 2010 ist er Partner der Kölner Medienrechtskanzlei WILDE BEUGER SOLMECKE. »Nebenbei« hat er mehrere Unternehmen gegründet und mit »Legalvisio« eine neue Software für Anwaltskanzleien ins Leben gerufen. Darüber hinaus ist er ehemaliger Radiomoderator und freier Journalist. Er weiß, wie man Rechtsfragen vor einem Mikrofon und einer Kamera verständlich beantwortet und wird deshalb häufig um seine Einschätzung zu aktuellen Rechtsfragen gebeten. Für viele ist das Allround-Talent jedoch vor allem eines: der »YouTube-Anwalt«, der die aktuell knapp 850 000 Abonnenten seines Kanals *Kanzlei WBS* über die neuesten Rechtsthemen informiert. Dabei beleuchtet er neben höchstrichterlichen Urteilen und neuen Gesetzen auch mal (kriminelle) Prominente oder skurrile juristische Fälle von nebenan. Solmecke weiß, was die Menschen bewegt. Als Wahlkölner lebt er nicht nur den rheinischen Frohsinn aus, sondern kennt als Vater eines Teenagers zudem stets das aktuelle Jugendwort des Jahres.